공인중개사법및중개실무

홍길성 교수　경영학박사(감정평가사) / 성대경영행정대학원 교수 / 감정평가학회장 역임
정신교 교수　법학박사 / 목포해양대 교수 / 한국부동산학회 분과위원장
김상현 교수　법학박사 / 건대 · 한북대 교수 / 한국부동산학회 학술위원 / 한국지식재단 연구위원
유원상 교수　부동산학박사 / 한양대학교 교수 / 한국부동산학회 분과위원장
양영준 교수　부동산학박사 / 제주대부동산학 교수 / 한국부동산학회 지역학회장
김동현 교수　부동산학박사 / 이학박사, 청암대 교수 / 자산정보연구소장 / 한국부동산학회 학술위원
조광행 교수　경제학박사 / 열린사이버대 교수 / 한국부동산학회 부학회장
김성은 교수　법학박사 / 고려대 · 창신대부동산학과 교수 / 고려대법학연구원 연구위원
방경식 교수　행정학박사(부동산) / 주택산업연구원연구실장 · 한국부동산학회 수석부학회장 역임
윤황지 교수　법학박사 / 건국대 · 강남대부동산학과 전교수 / 한국부동산학회 자문위원
박기원 연구위원　부동산학전공 / 건대행정대학원 / 한국부동산학회이사 역임, 연구위원
장재원 교수　국민대법무대학원 중개실무연구 / 단국대 강사 / 한국지식재단 연구교수

부동산공법

송명규 교수　환경토지정책박사 / 단국대부동산학과 교수 / 한국부동산학회 부학회장
윤준선 교수　공학박사 / 강남대부동산건축공학부 교수 / 한국부동산학회 부학회장
정태용 교수　서울대법학전공, 아주대 로스쿨 교수 / 법제처 행정심판관리국장 역임
김행종 교수　행정학박사 / 세명대 교수 / LH토지연수석연구원 역임 / 한국부동산학회 지역학회장
김진수 교수　행정학박사 / 건국대행정대학원 교수 / 한국부동산학회 부학회장 / 한국지식재단 자문위원
이옥동 교수　경영학박사(부동산) / 성결대도시계획부동산학부 교수 / 한국부동산학회 부학회장
홍성지 교수　행정학박사 / 백석대부동산학 교수 / 한국지식재단 연구위원
김동환 교수　부동산학박사 / 서울사이버대부동산학과 교수 / 한국부동산학회 학술위원
백연기 교수　한국부동산학회 공법연구위원 겸 연구교수 / 인하대강사
이윤상 연구위원　도시계획학박사 / LH연구원 연구위원 / 한국부동산학회 학술위원
이춘호 교수　공학박사 / 강남대부동산건축공학부 교수 / 한국부동산학회 학술위원
이기우 교수　법학박사 / 호남대학교대학원장 역임 / 한국부동산법학회장 역임
김용민 교수　법학박사 / 강남대부동산학과 전교수 / 한국부동산학회 지역학회장 역임
진정수 연구위원　행정학박사(부동산학) / 국토연구원 전연구위원
조정환 교수　법학박사 / 건국대 · 대진대법무대학원장 · 한국부동산학회 부학회장 역임
김재덕 교수　법학박사 / 건국대부동산학과 교수 · LA캠퍼스총장 역임 / 한국지식재단 자문위원

부동산공시법

조재영 교수　법학박사 / 한양대학교 교수 / 한국부동산학회 부학회장
최승영 교수　법학박사 / 목포대지적부동산학과 교수 / 한국부동산학회 학술위원
천　영 교수　법학박사 / 감정평가사 / 건국대부동산대학원 교수 / 한국부동산학회 부학회장
이승섭 교수　서울대법학전공, 충남대로스쿨 교수 / 대전 · 인천지방법원판사역임 / 한국지식재단 전문위원
주명식 교수　민사집행실무연구회장 / 사법연수원 교수 / 대법원법정국장 역임
정삼석 교수　도시계획학박사 / 창신대부동산대학원 교수 / 한국지식재단 연구위원
이진경 교수　공학박사 / 감사원평가연구원 · SH연구원팀장 / 상지대교수 / 한국부동산학회 학술위원
이기우 교수　법학박사 / 호남대 교수 · 대학원장 · 한국부동산법학회장 · 한국부동산학회 자문위원 역임
송현승 교수　부동산학박사 / 평택대학교 교수 / 한국부동산학회 학술이사
윤창구 교수　경영학박사 / 인천대경영대학원부동산학 교수 / 한국감정원연수원장 역임
임이택 교수　경영학박사 / 목포대지적부동산학과 교수 · 대학원장 · 교수협의장 · 한국부동산회장 역임
오현근 교수　법학박사(부동산학) / 청주대지적학과 교수 · 사회과학대학장 · 한국부동산학회 부학회장 역임
박준석 변호사　건국대 / 수원지방법원/군판사역임
조형래 변호사　한국부동산학회 학술위원
손기선 연구원　부동산공시전문 / 한국지식재단 연구원 / 한국부동산학회 연구원
임석회 연구위원　지리학박사 / 대한감정평가협회 연구위원

부동산세법

이찬호 교수　경영학박사(회계학) / 부동산학박사 / 부산대학교 교수 / 한국부동산학회 지역학회장
김용구 교수　부동산학박사 / 건국대학교 부동산대학원강사 / 단국대학교 겸임교수
장　건 교수　법학박사 / 김포대부동산경영학과 교수 / 한국부동산학회 학술위원 / 한국지식재단 연구위원
황재성 교수　기획재정부 재산세과장 역임 / 세무대학교 교수
안상인 교수　경영학박사(회계학) / 창신대부동산학과 전교수 / 한국지식재단 연구위원
이옥동 교수　경영학박사(부동산) / 성결대도시계획부동산학과 교수 / 한국부동산학회 부학회장
최정일 교수　경영학박사(재무, 금융) / 성결대학교 교수 / 한국부동산학회 분과위원장
양해식 교수　세무대학세법전공 / 국세청 전재직 / 중부대학겸임교수
송진영 교수　세무사시험출제위원 / 한국지식재단 연구교수
김재운 교수　부동산전공 / 남서울대부동산학과 전교수 / 한국부동산학회 윤리위원
김정완 연구원　법학박사(수) / 한국부동산학회 연구원 / 한국지식재단 연구원
오맹렬 연구원　법무전문 / 한국지식재단 연구원 / 한국부동산학회 연구원
김병준 교수　경영학박사(금융) / 강남대실버산업학과 교수 / 한국부동산학회 학술위원
나병삼 교수　행정학박사(부동산학) / 명지전대부동산경영과 전교수
박상학 연구위원　경제박사(금융/부동산) / LH토지주택연구원 연구위원 / 한국부동산학회 분과위원장

그 밖에 시험출제위원 활동중인 교수그룹 등은 참여생략

알고 보니
경록이다

우리나라 부동산전문교육의 본산 경록 1957

한방에 합격은 경록이다

제1회 시험부터 수많은 합격자를 배출한 전문성 - 경록

별☆이☆일☆곱☆개

경록 부동산학·부동산교육 최초 독자개척 고객과 함께, 68주년 기념

1957

2025 100% PASS PROJECT

경록 공인중개사 문제집

6 2차 부동산세법

1회 시험부터 수많은 합격자를 배출한 독보적 정통교재

SINCE1957

우리나라 최초 부동산학을 개척하고 교육한 정통 부동산전문교육본산

알고 보니 경록이다

우리나라 부동산전문교육의 본산 경록 1957

머리말

매년 99% 문제가 경록 교재에서!!

경록 교재는 공인중개사사 시험 통계작성 이후 27년간 매년 99% 문제가 출제되는 독보적 정답률을 기록한 유일한 교재입니다. 경록은 우리나라 부동산 교육의 본산이며 경록교재는 우리나라 부동산교육의 정통한 역사를 이끌어가는 오리지널 교재입니다.

이 교재는 우리나라 부동산교육의 본산인 경록의 68년간 축적된 전문성을 기반으로 130여 명의 역대 최대 '시험출제위원 부동산학 대학교수그룹'이 제작, 해마다 완성도를 높여가며 시험을 리드하는 교재입니다.

특히 경록의 온라인과정 전문기획인강은 언택트시대를 리드하는 뉴 트렌드가 되었습니다. 업계 최초로 1998년부터 〈경록 + MBN TV 족집게강좌〉 8년, 현재까지 28년차 검증된 99%족집게 강좌입니다.
일반 학원의 6개월에 1회 수강과정을 경록에서는 1개월마다 2회 반복완성이 가능합니다.

경록의 전문성이 곧 합격의 지름길로 이끌어 드립니다. 성공은 경록과 함께 시작됩니다.

여러분의 건투를 빕니다.

지속가능한 직업
공인중개사

■ 공인중개사란

🔍 공인중개사?
공인중개사법령에 의한 공인중개사자격을 취득한 자를 말한다(「공인중개사법」 제2조 제2항).

🔍 중개업?
중개업은 다른 사람의 의뢰에 의하여 일정한 보수를 받고 중개대상물에 대한 거래당사자 간의 매매, 교환, 임대차 그 밖의 권리의 득실변경에 관한 행위의 알선을 업으로 하는 것이다(「공인중개사법」 제2조 제1호, 제3호 참조).

🔍 중개대상물?

| 토지 | 건축물 그 밖의 토지의 정착물 | 입목 |
| 광업재단 | 공장재단 | 분양권 | 입주권 |

(대판 2000.6.19. 2000도837 등 참조)

■ 개업 공인중개사 업역
(「공인중개사법」 제14조 참조)

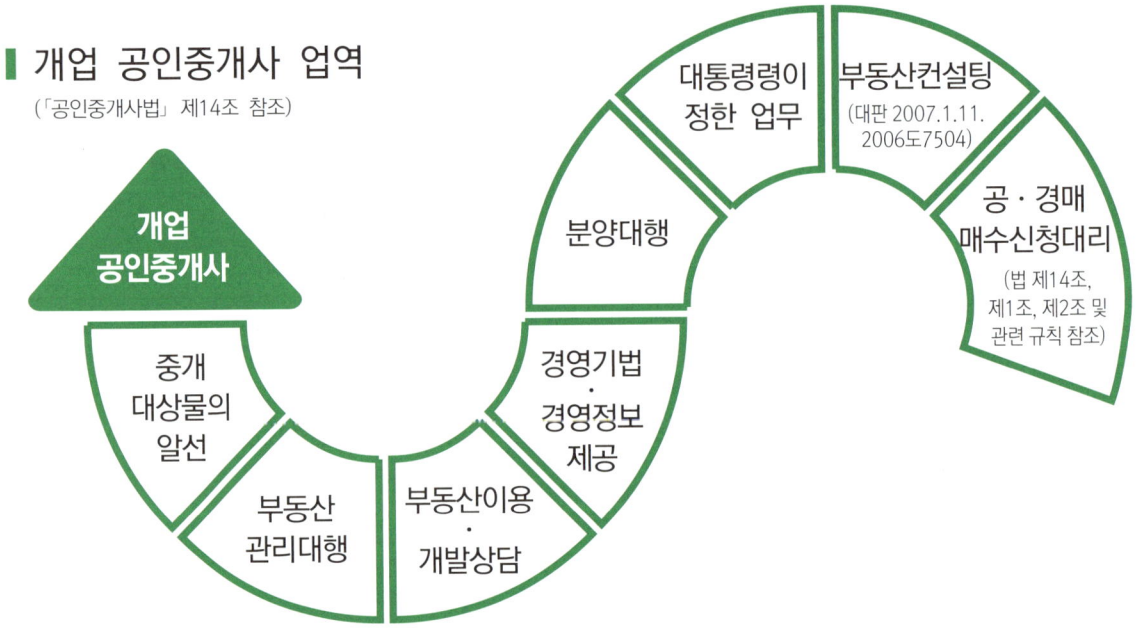

개업(창업)

중개업의 개업은 공인중개사시험에 합격한 후 소정의 교육을 받고, 개설코자 하는 사무소 소재지 시·군·구청에 "사무소" 개설 등록을 하면 된다.

개인중개사무소, 합동중개사무소, 법인중개사무소를 개설하여 영위할 수 있다.

세상에는 수많은 직업이 있으나 돈이 되고, 시장규모가 크고, 경제성이 높고, 일반 진입이 용이한 직업은 거의 없다.

100세가 되어도 건강하면 경제활동이 가능하고, 시장규모가 크고, 높은 경제성이 있고, 일반 진입이 가능한 직업은 공인중개사뿐이다.

법정취업

- **개인중개사무소, 합동중개사무소, 법인공인중개사무소의 소속공인중개사로 취업**
  11만 4천여 개(법인 포함) 중개업체의 소속 공인중개사, 법인의 사원 또는 임원으로 취업 (2021현재)

- **특수 중개법인 취업**(「공인중개사법」 제9조 참조)
  - **지역농업협동조합** : 농지의 매매·교환·임대차 업무
  - **산림조합** : 임야, 입목의 매매·교환 업무
  - **산업단지관리기관** : "산단" 내 공장용지·건축물의 매매·임대차 업무
  - **자산관리공사** : 금융회사 부실자산 등 비업무용 부동산의 매매 업무

일반취업(가산점 등)

공인중개사 수요는 경제성장과 함께 폭발적으로 증가한다.

국내외 부동산투자회사, 부동산투자신탁회사, LH토지주택공사, SH공사 등 각 지자체공사, 금융기관, 보험기관 등에서 유자격자를 내부적으로 보직 고려나 승급 시 가산점을 부여한다.

일반기업, 공무원 등에서 보직 참고, 승급 등의 업무소양을 가늠하는 전문자격 및 직능향상 기능을 한다.

탁월한 선택

경록의 선택은 탁월한 선택입니다. 우리나라 부동산교육의 본산으로서 65년 전통과 축적된 전문성, 그리고 국내 최대 전문가 그룹이 서포트합니다.

부동산학을 독자연구 정립하고, 최초로 한국부동산학회를 설립하였으며 대학원에 최초로 독립학과를 설립 교육하고, 공인중개사 제도를 주창, 시험시행 전부터 교육해 시험을 리드한 역사적 전통과 축적을 이룬 기관은 경록뿐입니다(설립자 김영진 박사 1957~현재).

공인중개사 시험

■ 시험일정 : 매년 1회 1, 2차 동시 시행

시험 시행기관 등	인터넷 시험접수	시험일자	응시자격
• 법률근거 : 공인중개사법 • 주무부 : 국토교통부 • 시행기관 : 한국산업인력공단	• 매년 8월 둘째 주 5일간 • 특별추가 접수기간 : 별도 공지 일정은 변경될 수 있음	매년 10월 마지막 토요일	학력, 연령, 내·외국인 제한 없이 누구나 가능 (법에 의한 응시자격 결격사유에 해당하는 자는 제외)

※ 큐넷(http://www.q-net.or.kr) 참조, 이상의 일정 등은 변경될 수 있습니다.

■ 시험과목 및 시험방법

구 분	시험과목	시험방법	문항 수	시험시간	휴대
1차 시험 1교시 (2과목)	■ 부동산학개론 (부동산감정평가론 포함) ■ 민법 및 민사특별법 중 부동산중개에 관련되는 규정	객관식 5지선다형	과목당 40문항 (1번~80번)	100분 (9:30~11:10)	계산기
2차 시험 1교시 (2과목)	■ 공인중개사의 업무 및 부동산거래신고 등에 관한 법령·중개실무 ■ 부동산공법 중 부동산중개에 관련되는 규정		과목당 40문항 (1번~80번)	100분 (13:00~14:40)	
2차 시험 2교시 (1과목)	■ 부동산공시에 관한 법령(「부동산등기법」, 「공간정보의 구축 및 관리등에 관한 법률」) 및 부동산 관련 세법		40문항 (1번~40번)	50분 (15:30~16:20)	

※ 답안작성 시 법령이 필요한 경우는 시험시행일 현재 시행되고 있는 법령을 기준으로 작성

주의사항
1. 수험자는 반드시 입실시간까지 입실하여야 함(시험시작 이후 입실 불가)
2. 개인별 좌석배치도는 입실시간 20분 전에 해당 교실 칠판에 별도 부착함
3. 위 시험시간은 일반응시자 기준이며, 장애인 등 장애유형에 따라 편의제공 및 시험시간 연장가능
(장애 유형별 편의제공 및 시험시간 연장 등 세부내용은 큐넷 공인중개사 홈페이지 공지사항 참조)

▎합격기준

구분	합격결정기준
1차 시험	매 과목 100점을 만점으로 하여 매 과목 40점 이상, 전 과목 평균 60점 이상 득점한 자
2차 시험	

▎시험과목 및 출제비율

구 분	시험과목	출제범위	출제비율
1차 시험 (2과목)	부동산학개론 (부동산감정평가론 포함)	부동산학개론	85% 내외
		부동산감정평가론	15% 내외
	민법 및 민사특별법 중 부동산중개에 관련되는 규정	민법(총칙 중 법률행위, 질권을 제외한 물권법, 계약법 중 총칙·매매·교환·임대차)	85% 내외
		민사특별법(주택임대차보호법, 집합건물의 소유 및 관리에 관한 법률, 가등기담보 등에 관한 법률, 부동산 실권리자명의 등기에 관한 법률, 상가건물 임대차보호법)	15% 내외
2차 시험 (3과목)	공인중개사의 업무 및 부동산거래신고 등에 관한 법령·중개실무	공인중개사법, 부동산거래신고 등에 관한 법률	70% 내외
		중개실무	30% 내외
	부동산공법 중 부동산중개에 관련되는 규정	국토의 계획 및 이용에 관한 법률	30% 내외
		도시개발법, 도시 및 주거환경정비법	30% 내외
		주택법, 건축법, 농지법	40% 내외
	부동산공시에 관한 법령 (「부동산등기법」, 「공간정보의 구축 및 관리등에 관한 법률」) 및 부동산 관련 세법	부동산등기법	30% 내외
		공간정보의 구축 및 관리 등에 관한 법률 (제2장 제4절 및 제3장)	30% 내외
		부동산 관련 세법(상속세, 증여세, 법인세, 부가가치세 제외)	40% 내외

차 례

Part 1 국세와 지방세의 기본내용

1. 조세의 일반 4

Part 2 지방세

1. 취득세 40
2. 등록에 대한 등록면허세 105
3. 재산세(Ⅰ) - 건축물, 주택 등 129
4. 재산세(Ⅱ) - 토 지 157
5. 목적세 178

Part 3 국세

1. 종합부동산세 186
2. 소득세 198

PART 01 국세와 지방세의 기본내용

구 분		26회	27회	28회	29회	30회	31회	32회	33회	34회	35회	계	비율(%)
국세와 지방세의 기본내용	제1장 조세의 일반	0	2	0	0	1	1	0	1	0	0	5	3.1
	제2장 국세와 지방세의 기본법 중 주요내용	1	0	1	2	2	0	0	2	1	2	11	6.9
소 계		1	2	1	2	3	1	0	3	1	2	16	10.0

CHAPTER 01

조세의 일반

학습포인트

- 이 장은 조세의 일반적이고 공통적인 내용을 설명한 것이다. 세법을 처음 시작하는 수험생에게는 부동산세법 공부에 쉽게 접근할 수 있는 길잡이가 될 것이다.
- 따라서 처음에는 개략적으로 한 번 읽고 난 후 이 책을 모두 읽은 다음 본 장을 정독하는 게 도움이 된다.
- 주요 학습포인트는 국세와 지방세의 구분, 보통세와 목적세의 구분, 부동산의 취득·보유·양도 단계별 세금의 종류이다.
- 세법은 매년 개정이 이뤄지고 있어 개정된 세법에 관한 정보를 요약해 두는 것이 수험준비에 필수이다(시험과 관련된 개정사항은 경록홈페이지에서 확인 가능함).

CHAPTER 학습 & 출제되는 키워드

- ☑ 조세의 기본개념
- ☑ 국세
- ☑ 지방세
- ☑ 내국세와 관세
- ☑ 보통세와 목적세
- ☑ 직접세와 간접세
- ☑ 인세와 물세
- ☑ 종가세와 종량세
- ☑ 독립세와 부가세
- ☑ 세율
- ☑ 비례세율
- ☑ 누진세율
- ☑ 가산세와 가산금
- ☑ 체납처분비
- ☑ 납세의무자
- ☑ 과세기간
- ☑ 과세표준
- ☑ 표준세율
- ☑ 보통징수·신고납부·특별징수
- ☑ 유통과세
- ☑ 보유과세
- ☑ 서류의 송달
- ☑ 송달방법
- ☑ 국세부과의 원칙

CHAPTER 학습 & 출제되는 질문

- ☑ 모두 국세에 해당하는 것은?
- ☑ 지방세의 종류 중 목적세인 것은?
- ☑ 부동산을 취득할 때 납부하는 조세에 해당하지 않는 것은?
- ☑ 부동산의 보유단계에서 과세되는 지방세로서 옳은 것은?

제1장 조세의 일반(기본)

기본 출제예상문제

제1절 조세의 기본개념

01 조세의 일반이론에 의하여 분류할 경우 다음 중 세목별 조세의 분류가 틀린 것은?
① 취득세 ·················· 지방세, 보통세, 직접세, 독립세, 물세
② 양도소득세 ············· 국세, 보통세, 직접세, 독립세, 인세
③ 종합부동산세 ·········· 국세, 보통세, 직접세, 독립세, 물세
④ 등록에 대한 등록면허세 ··· 지방세, 보통세, 직접세, 독립세, 물세
⑤ 재산세 ·················· 지방세, 보통세, 직접세, 독립세, 물세

해설 조세의 분류
종합부동산세는 인세에 해당한다. 즉, 개인의 재산이 많은지, 적은지 여부 등의 인적사정을 고려한다.

02 다음은 조세의 분류에 대한 설명이다. 옳은 것은?
① 재산세와 종합부동산세는 각 지방자치단체가 관할구역 내에 소재하는 부동산에 대하여 과세하며 조세의 분류를 국세와 지방세로 구분할 경우 지방세에 속한다.
② 과세표준을 가액으로 하는 조세를 종량세라고 하고, 과세표준을 수량 또는 면적 등으로 하는 조세를 종가세라고 한다.
③ 재산에 대하여 과세하는 물세는 일반적으로 대상이 되는 재산을 합산하여 과세하고, 인세는 과세대상별로 개별과세하는 것이 일반적이다.
④ 조세수입의 용도를 정하여 특별한 목적으로 부과·징수하는 교육세와 같은 조세를 목적세라고 한다.
⑤ 납세의무자가 담세자에게 조세부담을 전가시키는 조세를 직접세라고 하고, 그렇지 않은 조세를 간접세라고 한다.

해설 조세의 분류
① 재산세는 지방세이나 종합부동산세는 국세이다.
② 과세표준을 가액으로 하는 조세가 종가세이다.
③ 물세는 개별과세, 인세는 합산과세가 일반적이다.
⑤ 조세부담이 전가되는 조세가 간접세이다.

정답 01. ③ 02. ④

03 ★ 다음은 조세의 종류를 설명한 것이다. 가장 틀린 내용은?

① 국세와 지방세의 구분은 과세주체에 따른 구분으로 국세에는 양도소득세가 해당되고, 지방세에는 재산세가 해당된다.
② 조세수입의 용도가 특정(목적)되어 있느냐의 여부에 따른 구분은 보통세와 목적세로 구분할 수 있고 보통세는 종합부동산세가 해당되고, 목적세에는 지방교육세가 해당된다.
③ 직접세와 간접세의 구분은 조세부담의 전가 여부에 따른 분류로 직접세에는 양도소득세, 취득세 등이 해당되고, 간접세에는 부가가치세, 지방소비세, 인지세 등이 해당된다.
④ 과세표준의 결정기준을 가액 또는 수량 등으로 하느냐 여부에 따른 구분으로 종가세와 종량세로 나눌 수 있고 종가세에는 취득세가 해당되고, 종량세에는 등록에 관한 등록면허세 중 일부가 해당된다.
⑤ 독립세와 부가세는 독립된 세원 여부에 따른 구분으로 독립세에는 지방소득세가 해당되고, 부가세에는 재산세가 해당된다.

해설 조세의 종류

독립세에는 재산세, 양도소득세, 취득세, 등록에 대한 등록면허세, 지방소득세 등이 있고, 부가세에는 농어촌특별세, 지방교육세 등이 있다.

04 ★ 다음 부동산조세를 전통적인 학설에 의하여 직접세와 간접세로 구분할 경우 간접세에 속하는 것은?

① 부가가치세
② 재산세
③ 증여세
④ 양도소득세
⑤ 취득세

해설 간접세

부가가치세는 납세의무자가 납부하는 세액을 유통과정에서 공급을 받는 자(=일반적으로 소비자)에게 조세전가를 시킬 수 있는 조세이므로 최종소비자가 담세자가 된다. 우리나라 조세 중에서 부가가치세, 지방소비세, 개별소비세, 주세, 인지세, 증권거래세 등이 간접세에 속한다.

05 조세를 국세와 지방세, 보통세와 목적세로 구분할 경우 지방세(地方稅) 중 목적세(目的稅)에 해당하는 세목은?

㉠ 취득세	㉡ 교육세	㉢ 농어촌특별세
㉣ 지역자원시설세	㉤ 종합부동산세	㉥ 등록면허세
㉦ 지방소득세	㉧ 양도소득세	㉨ 재산세
㉩ 지방교육세	㉪ 자동차세	㉫ 주민세

① ㉢, ㉤, ㉨, ㉩
② ㉡, ㉢
③ ㉣, ㉥, ㉨, ㉫
④ ㉣, ㉩
⑤ ㉦, ㉪

정답 03. ⑤ 04. ① 05. ④

제1장 조세의 일반(기본)

> **해설** 목적세
> 1) 국　세 : 교육세, 농어촌특별세
> 2) 지방세 : 지역자원시설세, 지방교육세

06 조세를 독립세 또는 본세와 부가세로 구분할 경우 독립세 또는 본세에 부가되는 세목으로 가장 올바른 것은?

① 재산세　　　　② 균등분 주민세　　　　③ 부가가치세
④ 증여세　　　　⑤ 농어촌특별세

> **해설** 부가세
> ■ 취득세를 납부하는 경우 농어촌특별세 부과기준 취득세액의 10/100을 농어촌특별세로 납부하여야 한다. 이 경우 취득세를 독립세, 농어촌특별세를 부가세라 한다. 부가세의 주요 세목으로는 지방교육세, 농어촌특별세, 교육세 등이 있다.
> • 취득세 – 농어촌특별세, 지방교육세
> • 등록에 대한 등록면허세 – 지방교육세
> • 종합부동산세 – 농어촌특별세
> • 재산세 – 지방교육세

07 다음의 지방세 세율의 종류 중 표준세율을 채택하고 있는 세목이 아닌 것은?

① 취득세　　　　　　　　　　② 재산세
③ 등록면허세(부동산등기에 한함)　　④ 주민세
⑤ 레저세

> **해설** 세율의 종류
> 지방세 세율의 종류는 일정세율, 표준세율, 제한세율, 임의세율로 구분되며 세율종류에 따라 현행 지방세 세목을 주요 세목을 중심으로 살펴보면 다음과 같다.

08 지방소득세의 부과기준 금액인 양도소득과세표준액이 10,000,000원일 경우 지방소득세로 부과되는 금액은 얼마인가? (단, 세율은 0.6% 가정)

① 1,000,000원　　② 100,000원　　③ 600,000원
④ 60,000원　　　⑤ 3,000원

> **해설** 지방소득세
> 10,000,000 × 0.6% = 60,000원이다.

정답　06. ⑤　07. ⑤　08. ④

09 취득세와 등록에 대한 등록면허세 및 재산세의 「지방세법」상 면세점과 소액징수면제에 대한 설명이다. 틀린 것은?
① 면세점제도는 과세표준 등이 일정한 금액 또는 일정한 수량 이하인 과세대상을 과세에서 제외하는 것이다.
② 소액징수면제제도는 징세비 절감 등을 위하여 일정한 세액 이하인 경우에는 징수하지 않는 것을 말한다.
③ 취득세의 과세대상 물건의 취득가액이 50만원인 때에는 취득세를 부과하지 아니한다.
④ 재산세의 고지서 1장당 세액이 2,000원인 때에는 재산세를 징수하지 아니한다.
⑤ 부동산등기에 대한 등록면허세의 세액이 6,000원 미만인 때에는 6,000원으로 한다.

> **해설** 면세점과 소액징수면제
> 재산세의 세액이 2,000원 미만인 때에는 재산세를 징수하지 아니한다. 따라서 2,000원은 징수한다.

제2절 조세의 일반규정

10 지방세의 경우에는 납세의무자가 과세표준과 세액을 신고하고, 신고한 금액을 납부하는 신고납부방식을 인정하고 있다. 신고납부의 대상이 되는 세목이 아닌 것은?
① 취득세
② 재산세
③ 지방소비세
④ 지방소득세
⑤ 등록에 대한 등록면허세

> **해설** 신고납부의 대상
> 신고납부하는 조세에는 취득세, 등록에 대한 등록면허세, 레저세, 담배소비세, 지방소득세, 지방교육세, 지방소비세 등이 있으며, 보통징수방법으로 부과징수하는 조세에는 재산세, 지방교육세, 면허에 대한 등록면허세 등이 있다.

11 다음 중 조세와 관련된 용어에 대한 설명으로 틀린 것은?
① 과세표준이란 세법에 의하여 직접적으로 세액산출의 기초가 되는 수량 또는 가액을 말한다.
② 가산세란 세법에 규정하는 의무의 성실한 이행을 확보하기 위하여 그 세법에 의하여 산출된 세액에 가산하여 징수하는 금액을 말한다.
③ 연대납세의무자란 납세자가 납세의무를 이행할 수 없는 경우에 납세자에 갈음하여 납세의무를 지는 자를 말한다.
④ 과세대상이란 조세부과의 목적이 되는 소득·재산·행위·수익 등을 말한다.
⑤ 지방세의 경우 가산세는 신고불성실가산세와 납부지연가산세가 있다.

정답 09. ④ 10. ② 11. ③

> **해설** 조세와 관련된 용어
> 제2차 납세의무자란 납세자가 납세의무를 이행할 수 없는 경우에 납세자에 갈음하여 납세의무를 지는 자를 말한다.

12 ★ 납세의무의 승계에 해당하는 내용 중 올바른 것은?

① 사업양도양수에 있어서 사업양도인
② 상속인의 상속세에 있어서 피상속인
③ 체납된 세금에 있어서 체납처분참관인
④ 합병에 있어서 합병법인
⑤ 상속으로 인한 납세의무의 승계는 한도가 없다.

> **해설** 납세의무의 승계
> ④ 사업양수도에 있어서 사업양수인이, 합병에 있어서 합병법인이, 상속에 있어서 상속인 또는 상속재산관리인이 납세의무를 승계한다.
> ③의 체납처분참관인은 아무런 관계도 없고, ⑤의 경우 상속받은 재산을 한도로 한다.

13 ★ 당초 신고납부기한 이내에 납세의무자가 과세표준과 세액을 과소신고하였다. 나중에 과세표준과 세액을 증액하여 올바르게 신고한 경우에 해당하는 것은?

① 수정신고　　② 경정청구　　③ 정정신고
④ 기한 후 신고　　⑤ 기한 전 신고

> **해설** 신 고
> ① 당초 과소신고하였으나 증액하여 올바르게 신고한 경우이므로 수정신고에 해당한다.
> ② 경정청구 : 당초에 많이 신고하였으나 올바르게 감액신고(청구)하는 경우를 말한다.
> ③ 정정신고 : 세법에 따른 정정신고는 없다.
> ④ 기한 후 신고 : 세법에서 정한 기일을 지난 후에 신고하는 경우를 말한다.
> ⑤ 기한 전 신고 : 법정기일 이내에 신고한 경우를 말한다.

14 국세의 경우 경정청구의 가장 긴 기한으로 가장 올바른 것은?

① 1월 이내　② 6월 이내　③ 2년 이내　④ 3년 이내　⑤ 5년 이내

> **해설** 경정청구
> 원칙적으로 국세와 지방세 모두 5년 이내이다. 후발적 사유가 있을 경우 안 날로부터 3월(지방세의 경우 90일) 이내이다.

정답　12. ④　13. ①　14. ⑤

제1편 국세와 지방세의 기본내용

15. 국세의 경우 법정신고기한 경과 후 최장(最長) 몇 월 이내에 수정신고시 과소신고 가산세의 10%를 감면하는가?

① 3월 ② 1년 ③ 2년 ④ 3년 ⑤ 5년

해설 수정신고
- 1개월 이내 수정신고시 : 90% 감면
- 1개월 이후 3개월 이내 수정신고시 : 75% 감면
- 3개월 이후 6개월 이내 수정신고시 : 50% 감면
- 6개월 이후 1년 이내 수정신고시 : 30% 감면
- 1년 이후 1년 6개월 이내에 수정신고시 : 20% 감면
- 1년 6개월 이후 2년 이내에 수정신고시 : 10% 감면

16. 과세표준신고서를 법정신고기한까지 제출한 자 또는 국세·지방세의 과세표준 및 세액의 결정을 받은 자는 후발적 사유에 의한 경정청구를 할 수 있다. 후발적 사유로 올바른 것은?

> ㉠ 최초의 신고·결정 또는 경정에서 과세표준 및 세액의 계산근거가 된 거래 또는 행위 등이 그에 관한 소송에 대한 판결(판결과 같은 효력을 가지는 화해나 그 밖의 행위를 제외함)에 의하여 다른 것으로 확정되었을 때
> ㉡ 소득이나 그 밖의 과세물건의 귀속을 제3자에게로 변경시키는 결정 또는 경정이 있을 때
> ㉢ 조세조약에 따른 상호합의가 최초의 신고·결정 또는 경정의 내용과 다르게 이루어졌을 때
> ㉣ 위의 ㉠, ㉡, ㉢과 유사한 사유로서 그 사유가 해당 국세 또는 지방세의 법정신고기한 이내에 발생하였을 때

① ㉠, ㉡ ② ㉡, ㉢ ③ ㉢, ㉣ ④ ㉠, ㉢ ⑤ ㉡, ㉣

해설 후발적 사유에 의한 경정청구
㉠ 판결과 같은 효력을 가지는 화해나 그 밖의 행위를 포함한다.
㉣ 그 사유가 국세 또는 지방세의 법정신고기한이 지난 후 발생하였을 때 후발적 사유에 해당한다.

17. 다음 중 납세의무의 성립시기에 대한 설명으로 틀린 것은?

① 재산세 : 과세기준일(= 매년 6월 1일)
② 양도소득세 : 과세기간이 끝나는 때
③ 취득세 : 과세대상을 취득한 때
④ 종합부동산세 : 과세기간이 끝나는 때
⑤ 등록에 대한 등록면허세 : 등록을 하는 때

정답 15. ③ 16. ② 17. ④

> **해설** 납세의무의 성립시기
> - 종합부동산세의 납세의무 성립시기 : 과세기준일, 즉 매년 6월 1일
> - 양도소득세의 납세의무 성립시기 : 과세기간이 끝나는 때

18. 조세의 납세의무 성립시기를 설명한 것 중 틀린 내용은?

① 취득세는 과세물건을 취득하는 때이다.
② 등록에 대한 등록면허세는 재산권과 그 밖의 권리를 등기하거나 등록하기 전이다.
③ 재산세는 매년 부과하는 조세이므로 매년 6월 1일인 과세기준일이 납세의무 성립시기이다.
④ 양도소득세에 해당되는 지방소득세의 납세의무 성립시기는 양도소득세의 납세의무가 성립하는 때이다.
⑤ 양도소득세의 납세의무 성립시기는 과세기간이 끝나는 때이므로 원칙적으로 매년 12월 31일이다.

> **해설** 납세의무 성립시기
> 등록에 대한 등록면허세는 등기하거나 등록하는 때에 납세의무가 성립하고, 신고납부는 등기 또는 등록하기 전까지 하여야 한다.

19. 다음 중 과세관청의 처분에 의하여 납세의무가 확정되는 세목만으로 묶인 것은?

① 양도소득세, 상속세
② 취득세, 등록에 대한 등록면허세
③ 증여세, 재산세
④ 취득세, 종합부동산세
⑤ 부가가치세, 재산세

> **해설** 납세의무의 확정
> 취득세, 등록에 대한 등록면허세, 양도소득세, 부가가치세는 신고확정 세목이고, 상속세, 증여세, 재산세는 부과확정(=과세관청의 처분)세목이다. 인지세는 자동확정 세목에 해당한다. 종합부동산세는 부과확정이 원칙이고 예외적으로 신고확정을 허용하고 있다.

구 분	확정권자	주요 세목
신고납세제도	납세의무자	취득세, 등록에 대한 등록면허세, 양도소득세 등
부과과세제도	과세주체	재산세, 종합부동산세, 상속세, 증여세 등
자동확정제도	자동확정	인지세, 원천징수하는 소득세 등

정답 18. ② 19. ③

제1편 국세와 지방세의 기본내용

20 ★★ 다음은 국세와 지방세의 납부의무 소멸사유이다. 납부의무의 소멸사유에 해당되지 않는 것은?
① 납부
② 충당
③ 부과의 취소
④ 제척기간의 만료
⑤ 강제징수

> **해설** 납부의무 소멸사유
> ■ 강제징수는 체납된 조세를 체납자로부터 징수하기 위한 절차이다.
> ■ 납부의무 소멸사유는 ① 내지 ④와 소멸시효완성이 있다.

21 ★ 과세주체가 납세의무자에게 서류를 송달하는 방법 중 우편송달방법이 있다. 우편송달방법 중 반드시 등기우편으로 하여야 하는 경우이다. 해당되지 아니한 것은?
① 납세 고지
② 신고안내통지
③ 강제징수
④ 정부명령관계서류
⑤ 독촉

> **해설** 서류의 송달
> ■ 신고안내통지는 일반우편으로 송달할 수 있다. 반드시 등기우편으로 하여야 하는 경우에는 ①, ③, ④, ⑤의 4가지 경우이다.
> ■ 과세주체가 납세의무자에게 하는 서류의 송달방법에는 교부송달, 우편송달, 전자송달방법이 있다. 예외적으로 공시송달방법이 있다.

22 ★ 과세주체가 납세의무자에게 서류를 송달할 경우 서류송달에 관한 효력발생시기를 설명한 것이다. 틀린 것은?
① 우편송달은 발송주의 또는 발신주의에 의한다.
② 전자송달은 송달받을 자가 지정한 전자우편주소에 입력된 때이며, 국세정보 통신망에 저장한 경우에는 저장한 때이다.
③ 교부송달의 경우에는 도달한 때에 효력이 발생한다.
④ 공시송달의 경우에는 서류의 요지를 공고한 날부터 14일이 경과한 때이다.
⑤ 공시송달의 경우에는 효력이 발생하는 날부터 14일 전에 공고함으로써 효력이 발생한다.

> **해설** 서류의 송달
> 서류의 송달은 과세주체가 납세의무자에게 송달할 경우이다. 우편송달은 도달주의에 의한다.

23 국세의 경우 억울한 세금고지서를 받았을 때 억울함을 호소하고 싶다. 세금고지서를 수령한 날부터 며칠 이내 이의신청 등 불복청구를 하여야 하는가?
① 30일
② 60일
③ 90일
④ 120일
⑤ 150일

> **해설** 불복청구
> 불복청구의 종류에는 이의신청·심사청구·심판청구가 있으며, 이의신청·심사청구·심판청구 모두 90일 이내에 청구하여야 한다.

정답 20. ⑤ 21. ② 22. ① 23. ③

제1장 조세의 일반(기본)

24. 납세의무성립이란 과세요건을 충족하는 시점을 말한다. 일반적으로 과세요건의 4대 요소에 해당하지 <u>아니한</u> 것은?

① 세 율   ② 과세대상   ③ 납세의무자   ④ 과세기간   ⑤ 과세표준

해설 과세요건의 4대 요소
일반적으로 과세요건의 4대 요소는 ①, ②, ③, ⑤를 말한다.

25. 납세의무는 성립, 확정 그리고 소멸로 나눌 수 있다. 납세의무소멸에 관한 설명 중 틀린 내용은?

① 납세의무 소멸사유는 납부, 충당, 부과의 취소, 제척기간의 만료, 소멸시효완성이다.
② 취득세의 경우 일반적인 부과제척기간은 5년이고, 사기나 그 밖의 부정한 행위로 취득세를 포탈하거나 경감 받은 경우 제척기간은 10년이다.
③ 양도소득세를 무신고한 경우 제척기간은 10년이 아니고 7년이다.
④ 제척기간은 중단과 정지가 있으나 소멸시효는 중단과 정지가 없다. 중단사유로는 납세고지, 독촉, 납부최고, 교부청구, 압류가 있다.
⑤ 소멸시효의 완성은 과세주체가 그 권리를 행사할 수 있는 때부터 5년간 행사하지 않으면 시효로 인하여 소멸한다는 내용이다.

해설 납세의무소멸
제척기간은 중단과 정지가 없고, 소멸시효는 중단과 정지가 있다.

26. 납세의무 소멸사유로 납부, 충당, 부과취소, 제척기간만료, 소멸시효완성으로 구분할 수 있다. 소멸사유에 대하여 비교 설명한 것 중 틀린 것은?

① 납부와 충당은 현실적으로 세금이 현금으로 납부되는 결과이다.
② 취득세와 양도소득세의 제척기간은 5년, 10년 등이 있다.
③ 국세와 지방세의 징수권은 그 권리를 행사할 수 있는 때부터 5년간 행사하지 아니하면 시효로 소멸한다.
④ 제척기간은 중단과 정지가 적용되나 소멸시효는 중단과 정지가 적용되지 않는다. 중단사유로는 납세고지, 독촉, 납부최고, 압류, 교부청구가 있다.
⑤ 제척기간이 만료하면 부과권이 장래를 향하여 소멸하고 소멸시효가 완성되면 국세와 지방세의 징수권은 기산일에 소급하여 소멸한다.

해설 소멸사유
제척기간은 중단과 정지가 적용되지 않으나 소멸시효는 중단과 정지가 적용된다.

정답   24. ④   25. ④   26. ④

제1편 국세와 지방세의 기본내용

27. 국세와 지방세는 일정기간이 경과하면 부과할 수 없다. 부과제척기간을 설명한 것 중 가장 틀린 것은?

① 상속을 원인으로 취득하는 취득세 : 10년
② 상속세 및 증여세 : 10년
③ 사기 기타 부정한 행위로 등록면허세를 포탈한 경우 : 10년
④ 양도소득세 : 5년
⑤ 부담부증여에 해당하는 양도소득세 : 5년

> **해설** 부과제척기간
> 부담부증여에 해당하는 양도소득세는 10년이다.

28. 납세의무의 성립과 확정, 그리고 소멸에 대하여 연결이 가장 틀린 것은?

	납세의무 성립	확 정	소 멸
①	취득세 : 사실상의 잔금지급일	법정신고기한 이내 신고하는 때	납 부
②	등록에 대한 등록면허세 : 등록하기 전	법정신고기한 이내 신고하는 때	충 당
③	재산세 : 과세기준일	부과결정하는 때	제척기간만료
④	종합부동산세 : 과세기준일	부과결정하는 때	부과취소
⑤	양도소득세 : 과세기간 끝나는 때	법정신고기한 이내 신고하는 때	소멸시효완성

> **해설** 납세의무의 성립·확정·소멸
> 등록하는 때에 납세의무가 성립한다.

29. 주된 납세의무자와 2차 납세의무자의 연결이 올바르지 못한 것은?

	주된 납세의무자	2차 납세의무자
①	비상장법인	무한책임사원
②	무한책임사원	법인(상장법인 포함)
③	청산인 또는 잔여재산을 분배받은 자	법 인
④	사업양도인	사업양수인
⑤	비상장법인	과점주주

> **해설** 2차 납세의무자
> 법인이 주된 납세의무자이고 청산인 등이 2차 납세의무자이다.

정답 27. ⑤ 28. ② 29. ③

제1장 조세의 일반(기본)

30 ★★ 국세에 대하여 이의신청 등 억울함을 호소할 경우 틀린 내용은?
① 이의신청은 세무서장 또는 지방국세청장에게 하며 결정기간은 30일 이내이다.
② 심사청구와 심판청구는 둘 중 하나를 반드시 거쳐야 행정소송을 제기할 수 있으며 안 날로부터 90일 이내에 청구하여야 한다.
③ 심사청구는 국세청장에게 하며 결정기간은 90일 이내이다.
④ 심판청구는 조세심판원장에게 하며 결정기간은 90일 이내이다.
⑤ 이의신청을 거쳐 심사청구 또는 심판청구를 하여야 한다.

> **해설** 이의신청
> 이의신청은 임의적 절차이므로 생략해도 된다.

31 납세자의 사전적 권리구제제도로 볼 수 있는 제도는?
① 이의신청 ② 과세 전 적부심사 ③ 행정소송
④ 감사원심사청구 ⑤ 심판청구

> **해설** 권리구제제도
> - 납세자의 권리구제제도는 세금을 부과하기 전에 이루어지는 사전적 권리구제제도와 세금을 부과한 후에 이루어진 사후적 권리구제제도로 나눌 수 있다.
> - 과세 전 적부심사는 과세하기 전에 이루어진 절차이므로 사전적 권리구제제도이며, 나머지는 사후적 권리구제제도로 볼 수 있다.

32 조세의 일반적인 내용을 설명한 것 중 올바른 것은 몇 개인가?

> ㉠ 수정신고 : 납세의무자가 법정신고기한 이내 또는 이후에 제출한 과세표준 및 세액신고서에 기재된 과세표준과 세액이 세법에서 산출한 금액보다 적은 경우에 올바르게 신고하는 것을 말한다.
> ㉡ 경정청구 : 납세의무자가 법정신고기한 이내 또는 이후에 제출한 과세표준 및 세액신고서에 기재된 과세표준과 세액이 세법에서 산출한 금액보다 많은 경우에 많이 낸 세금을 환부 또는 환급요청하는 신고를 말한다.
> ㉢ 기한 후 신고 : 세법에서 정한 기일 이내에 과세표준과 세액을 신고하지 못한 경우 신고기한 경과 후에 신고하는 것을 말한다.
> ㉣ 수정신고와 경정청구 : 수정신고는 법정신고기한 이내에 신고를 한 경우에만 적용되나, 경정청구는 법정신고기한 이내에 신고하지 못한 경우에도 할 수 있는 제도이다.
> ㉤ 경정청구 : 국세의 경우 법정신고기한 경과 후 최장 5년 이내에 할 수 있다.
> ㉥ 수정신고 : 법정신고기한 경과 후 1개월 이내에 수정신고할 경우 신고불성실가산세의 90%를 경감한다.

① 6개 ② 5개 ③ 4개 ④ 3개 ⑤ 2개

정답 30. ⑤ 31. ② 32. ②

제1편 국세와 지방세의 기본내용

해설 **수정신고**
ㄹ 수정신고와 경정청구는 법정신고기한 이내 또는 이후에 신고한 자도 할 수 있다.

33 ★ 조세채권과 일반채권과의 관계를 설명한 내용 중 올바른 것은?

① 직접경비에 해당하는 공익비용은 국세와 지방세보다 우선하지 못한다.
② 지방세의 우선 징수순서는 강제징수비, 가산금, 지방세의 순서로 한다.
③ 피담보채권 보다 국세와 지방세가 우선하는 경우에 해당하는 "그 재산에 부과된 국세 또는 지방세"에는 재산세, 소방분에 대한 지역자원시설세, 자동차 소유에 대한 자동차세, 지방교육세(재산세와 자동차세에 부가되는 경우에 한함), 종합부동산세, 상속세, 증여세가 있다.
④ 우선변제대상 소액임차보증금은 국세나 지방세에 우선하지 못한다.
⑤ 조세채권과 담보된 채권 간의 우선여부를 결정하는 기준으로 법정기일이 있다. 그 법정기일의 사례로 과세표준과 세액의 신고에 의하여 납세의무가 확정되는 국세 또는 지방세의 경우 신고한 해당 세액에 대하여는 납세고지서의 발송일이다.

해설 **조세채권과 일반채권과의 관계**
① 직접경비에 해당하는 공익비용은 국세나 지방세보다 우선한다.
② 지방세의 우선 징수순서는 강제징수비, 지방세, 가산금의 순서로 한다.
④ 우선변제대상 소액임차보증금은 국세나 지방세에 우선한다.
⑤ 과세표준과 세액의 신고에 의하여 납세의무가 확정되는 국세 또는 지방세의 경우 신고한 해당 세액에 대하여는 그 신고일이다.

제3절 현행 조세의 구분

34 국세와 지방세로 구분할 경우 다음 중 국세에 해당하는 것은?

① 등록면허세 ② 인지세 ③ 주민세
④ 지방소비세 ⑤ 지방소득세

해설 **국 세**
인지세는 국세이다. 나머지는 지방세이다.

정답 33. ③ 34. ②

제1장 조세의 일반(기본)

35. 현행 지방세는 크게 도세와 시·군세로 나누어진다. 다음 중 도세에 해당하지 않는 것은?

① 재산세　　② 취득세　　③ 등록면허세
④ 레저세　　⑤ 지방소비세

해설 도 세

도세에는 취득세, 등록면허세, 레저세, 지역자원시설세, 지방소비세 등이 있다. 재산세는 특시·특도·시·군·구세이다.

36. 조세를 국세와 지방세로 구분할 경우 모두 지방세에 해당하는 것은?

① 양도소득세, 인지세, 상속세, 재산세
② 종합부동산세, 종합소득세, 등록면허세
③ 재산세, 지방소득세, 취득세
④ 상속세, 증여세, 양도소득세, 농어촌특별세
⑤ 주민세, 인지세, 교육세, 지역자원시설세

해설 지방세

지방세의 주요 세목으로 취득세, 등록면허세, 재산세, 지방소득세, 주민세, 지역자원시설세, 지방교육세 등이 있다.

37. 국세인 양도소득세를 신고·납부할 의무가 있는 자는 지방세도 신고·납부하여야 한다. 해당 세목으로 올바른 것은?

① 재산세　　② 지역자원시설세　　③ 사업소득세
④ 지방소득세　　⑤ 농어촌특별세

해설 지방세

「소득세법」에 따른 소득세 또는 「법인세법」에 따른 법인세의 납세의무가 있는 자는 지방소득세를 납부할 의무가 있다. 예를 들면 양도소득세의 과세표준이 10,000,000원(가정)인 경우 지방소득세의 세율이 0.6%이다. 지방소득세 60,000원을 신고하고 납부하여야 한다.

38. 다음 중 지방세의 특징이라 볼 수 없는 것은?

① 획일적인 세제
② 독립세주의(獨立稅主義)의 채택
③ 단일세법(單一稅法)에서 규정
④ 소득과세(所得課稅) 중심
⑤ 기초적 지방자치단체 우선

해설 지방세의 특징

현행 지방세는 세원의 성질별 배분에 있어서 지방세의 특수성과 관련하여 주로 자산과세 중심으로 배분하고 있으며, 소득과세와 소비과세에 있어서는 극히 빈약한 배분을 하고 있다. 그 결과 세수의 안정성에는 비교적 기여하고 있으나 세수의 신장성이 미약함을 면할 수 없다.

정답　35. ①　36. ③　37. ④　38. ④

제1편 국세와 지방세의 기본내용

39 지방세의 특성을 설명한 것 중 올바른 것은 모두 몇 개인가?

> ㉠ 보편성의 원칙 : 모든 지방정부가 재정권이 독립되어 있으므로 그 세원이 가급적 각 지방정부에 골고루 분포되어 있는 세목을 지방세로 하여야 한다는 원칙이다.
> ㉡ 안정성의 원칙 : 지방세가 경기에 좌우되지 않고 매년 안정적으로 조달할 수 있는 세수여야 한다는 원칙이다.
> ㉢ 지역성의 원칙 : 세원이 가급적 어느 하나의 지역에 정착되어 있어야 한다는 원칙이다.
> ㉣ 부담분임의 원칙 : 지방정부는 그가 제공하는 행정서비스에 소요되는 경비를 가능한 한 많은 구성원들이 분담하여야 한다는 원칙이다.

① 0개   ② 1개   ③ 2개   ④ 3개   ⑤ 4개

해설 지방세의 특성
㉠ ~ ㉣ 이외에 응익과세의 원칙, 간소성의 원칙, 재산과세의 원칙 등이 있다.

제4절 부동산 관련 조세

40 다음 중 부동산의 취득과 보유시에 부과되는 조세는?
① 재산세   ② 취득세   ③ 지방교육세
④ 종합소득세   ⑤ 양도소득세

해설 취득과 보유시에 부과되는 조세
지방교육세는 취득세(취득)와 재산세(보유)의 부가세이다.

41 ★ 다음 조세의 세목 중 부동산 양도단계에 부과되는 세목으로 가장 올바른 것은?
① 상속세, 농어촌특별세, 부가가치세   ② 취득세, 교육세, 종합소득세
③ 재산세, 인지세, 주민세   ④ 증여세, 양도소득세, 법인세
⑤ 종합소득세, 법인세, 양도소득세

해설 양도단계에 부과되는 세목
개인의 경우 주택신축판매업, 부동산매매업에 해당하면 사업소득으로 종합소득세가 해당되며, 그 외의 경우는 양도소득세가 해당된다. 법인의 경우 주택신축판매업에 해당하면 법인소득을 구성하므로 법인세가 해당된다.

정답   39. ⑤   40. ③   41. ⑤

42. 다음은 본세에 부가되는 세목을 설명한 것이다. 가장 틀린 것은?

	본세(독립세)	부가세
①	재산세	지방교육세
②	등록에 대한 등록면허세	지방교육세
③	취득세	농어촌특별세
④	종합부동산세	지방소비세
⑤	취득세	지방교육세

해설 본세에 부가되는 세목

종합부동산세에 부가되는 세목은 농어촌특별세이다.

43. 인지세과세표준(印紙稅課稅標準)에 관한 설명 중 맞지 않는 것은?

① 계급정액세율(階級定額稅率)이 적용되는 증서로서 금액의 기재가 없는 경우에 증서면에 표기한 가격의 단위 기타 기재사항에 의하여 그 금액을 산출할 수 있는 때에는 이에 의한 총금액을 기재금액으로 본다.

② ①에 의해 기재금액을 산출할 수 없는 때에는 계급정액세율(階級定額稅率) 적용에 있어서의 최저금액을 당해 증서의 기재금액으로 본다.

③ 동산양도증서의 기재금액은 양도에 관련된 비용을 합계한 금액으로 한다.

④ 증서에 외국화폐로서 금액을 기재한 때에는 내국화폐로 환산한 금액에 상당하는 인지세를 납부하여야 한다.

⑤ 인지세의 과세표준은 문서에 기재된 금액 또는 문서의 수량이 된다.

해설 인지세과세표준

- 인지세는 과세문서에 기재된 금액을 기준으로 차등정액세율을 적용하는 것과 과세문서 1통당 정액적으로 부과하는 것이 있다.
- 과세문서의 기재금액이 명백할 때는 이에 대한 판단에 아무런 문제가 있을 수 없다. 그러나 다음의 경우에는 기재금액의 판단에 주의를 요하게 된다.
  1) **기재금액이 없는 경우**: 기재금액에 따라 과세하는 문서에 기재금액이 없는 경우는 문서상 표기되어 있는 단가나 수량 등으로 그 금액의 산출이 가능한 경우는 그 금액을 기재금액으로, 산출이 불가능한 경우는 해당 문서의 최저세율이 적용되는 최저기재금액을 그 문서의 기재금액으로 본다.
  2) **외화표시기재금액**: 원화로 환산한 금액을 기재금액으로 한다.
  3) **기재금액이 변동된 문서**: 과세문서를 작성한 후에 그 기재문서를 증액하여 변경한 경우의 인지세액은 변경 전의 계약금액과 증액한 금액의 합계액을 기재금액으로 한 세액에서 변경 전의 계약금액을 기재금액으로 하여 납부한 세액을 차감한 금액으로 한다. 다만, 그 기재금액을 감액하여 변경한 경우에는 기재금액의 변경이 없는 것으로 본다.

정답 42. ④ 43. ③

제1편 국세와 지방세의 기본내용

44 재산권의 창설·이전·변경 또는 소멸을 증명하는 과세문서에 부과되는 조세는?

① 인지세 ② 등록에 대한 등록면허세 ③ 종합소득세
④ 취득세 ⑤ 재산세

> **해설** 인지세
> 인지세는 국내에서 재산에 관한 권리 등의 창설·이전 또는 변경에 관한 계약서 기타 이를 증명하는 문서의 작성에 대해 과세하는 조세로서 유통세의 성격을 띤다. 인지세는 과세문서의 작성이 있어야만 과세되는 것으로서, 재산권의 변경이 있는 사실만으로는 인지세의 납세의무가 성립하지 아니한다. 인지세는 일반적으로 과세문서의 해당 세액에 상당하는 인지를 당해 문서에 첨부(=부착)함으로써 납세가 된다(경우에 따라 금전으로 납부할 수 있음).

45 부동산의 취득·양도·보유단계에 따라 다른 세목이 부과되고 있다. 다음 중 취득단계에 부과되는 세목 중 가장 올바른 것은?

① 취득세, 양도소득세 ② 취득세, 증여세 ③ 증여세, 재산세
④ 재산세, 종합부동산세 ⑤ 법인세, 종합소득세

> **해설** 취득단계에 부과되는 세목
> 취득단계에 부과되는 주요 세목으로는 취득세, 상속세, 증여세, 농어촌특별세, 지방교육세, 인지세 등이 있다.

46 부동산의 취득과 보유 그리고 양도의 단계별로 조세를 연결한 것이다. 가장 틀린 것은?

① 취득단계 — 취득세 — 지방교육세, 농어촌특별세
② 취득단계 — 증여세
③ 보유단계 — 종합부동산세 — 농어촌특별세
④ 보유단계 — 재산세 — 지방교육세
⑤ 양도단계 — 양도소득세 — 지방소비세

> **해설** 단계별 조세
> 양도단계에서 양도소득세와 관련되는 세목은 지방소득세이다.

정답 44. ① 45. ② 46. ⑤

47. 다음은 조세의 일반적인 내용을 설명한 것이다. 틀린 것은?

① 납세의무의 성립요건으로 일반적으로 납세의무자, 과세대상, 과세표준, 세율을 말한다. 이를 4대 요소 또는 4대 요건이라 한다.
② 부동산의 취득단계에 해당되는 주요세목으로는 취득세, 지방교육세, 농어촌특별세 등이 있다.
③ 부동산의 양도단계의 세금 종류는 양도소득세, 지방소득세 등이 있다.
④ 부동산의 보유단계의 세목으로는 재산세, 종합부동산세, 지방교육세, 농어촌특별세 등이 있다.
⑤ 신고납부세목과 보통징수세목으로 구분할 경우 신고납부세목으로 취득세, 양도소득세, 재산세 등이 있다.

해설 조세의 일반적인 내용
신고납부세목으로 취득세, 등록에 대한 등록면허세 등이 있고 보통 징수방법으로는 재산세, 지역자원시설세(소방분) 등이 있다.

48. 세법을 적용함에 있어서 부당 또는 부정에 해당하면 가산세를 무겁게 부과하는 등 차별을 하고 있다. 부당 또는 부정의 유형에 해당하는 것을 모두 몇 개인가?

① 이중장부의 작성 등 장부의 거짓 기록
② 거짓증명 또는 거짓문서(이하 '거짓증명 등'이라 함)의 작성
③ 거짓증명 등의 수취(거짓임을 알고 수취한 경우만 해당)
④ 장부와 기록의 파기
⑤ 재산의 은닉이나 소득·수익·행위·거래의 조작 또는 은폐
⑥ 그 밖에 국세 또는 지방세를 포탈하거나 환급·공제받기 위한 사기, 그 밖의 부정한 행위 또는 위계(僞計)에 의한 것

① 2개 ② 3개 ③ 4개 ④ 5개 ⑤ 6개

해설 부정 또는 부당의 유형
모두 부정 또는 부당의 유형에 해당한다.

정답 47. ⑤ 48. ⑤

제1편 국세와 지방세의 기본내용

특별수험대책

1 출제경향분석

(1) 난이도A(기본문제)
① 국세와 지방세 중에서 일상생활에 직접 관련된 세목이 출제되었다. 즉, 취득세, 등록면허세, 재산세, 양도소득세, 종합소득세, 종합부동산세 중에서 국세와 지방세를 분류하는 문제이다.
② 국세와 지방세 중에서 보통세와 목적세를 분류하는 문제이다.
③ 본세에 부가되는 지방교육세와 농어촌특별세의 일반적인 내용이 출제되었다.
④ 납세의무의 성립·확정·소멸에 관한 내용을 이해하고 있는지 여부에 관한 문제이다.

(2) 난이도B(중급문제)
① 부동산의 취득·보유·양도 단계에 부과되는 조세의 세목을 알고 있는지 여부를 묻는 문제이다.
② 2차 납세의무자, 국세의 우선권에 대하여 출제되었다.

2 수험대책

(1) 기본내용정리
  조세의 총론분야는 깊게 공부하기 보다는 넓게 공부하여야 한다. 따라서 기본서에 있는 내용을 전반적으로 이해하여야 한다. 문제풀이를 통하여 기본내용을 정리하기 바란다.

(2) 기본적인 조세분류 암기
  기본문제의 조세의 분류는 반드시 암기하여야 한다. 그러나 본세에 부가되는 세목은 현실적으로 암기하기가 매우 어렵다. 따라서 수험준비기간이 많지 않은 수험생은 단계별로 수험전략을 수립하여 실천하여야 한다.

(3) 단계별 수험전략

  1) 조세의 분류

   1단계
   ① **국 세**: 양도소득세, 종합소득세, 종합부동산세
   ② **지방세**: 취득세, 등록면허세, 재산세

   2단계: 목적세
   ① **국 세**: 교육세, 농어촌특별세
   ② **지방세**: 지역자원시설세, 지방교육세

3단계

상기 세목을 완전히 암기한 후 시간이 허락되면 다음 〈표〉의 조세의 분류를 암기한다.

▼ 조세의 분류(주요세목)

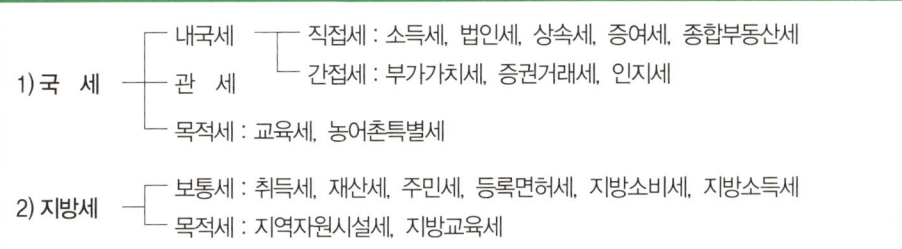

2) 본세에 부가되는 세목

1단계

본세에 부가되는 주요 세목으로 지방교육세, 교육세, 농어촌특별세가 있다.

2단계

① **지방교육세**

지방교육세 부과기준 취득세액·등록면허세액·재산세액(도시지역분 제외)의 $\frac{20}{100}$

② **농어촌특별세**

- 양도소득세 감면세액의 $\frac{20}{100}$
- 농어촌특별세 부과기준 취득세액($\frac{20}{1,000}$)의 $\frac{10}{100}$
- 취득세·등록면허세 감면세액의 $\frac{20}{100}$

→ 조세에는 독립세에 대응되는 개념으로 부가세가 있다.

  예) 취득세를 납부할 때 취득세 해당분의 농어촌특별세를 하나 더 부가해서 납부하는 경우 취득세를 독립세로, 농어촌특별세를 부가세로 구분함.

3) 부동산의 취득·보유·양도 단계별 조세의 세목

1단계

① 취득단계 ─┬─ 개 인 : 취득세, 상속세, 증여세
　　　　　　 └─ 법 인 : 취득세, 법인세(수유·수증)

② 보유단계 ── 개인·법인 : 재산세

③ 양도단계 ─┬─ 개 인 : 양도소득세
　　　　　　 └─ 법 인 : 법인세

2단계

① **취득단계** ── 개인·법인 : 농어촌특별세(취득세, 취득세 감면세액), 지방교육세(취득세, 등록에 대한 등록면허세)

② **보유 또는** ── 개인·법인 : 지방소득세(종합소득세, 법인세), 지방교육세(재산세)
활용단계
　➡ • 개 인 : 종합소득세, 법 인 : 법인세
　　• 일정금액초과자 : 종합부동산세와 농어촌특별세가 해당됨

③ **양도단계** ┬ 개 인 : 종합소득세(부동산매매업, 주택신축판매업), 지방소득세, 농어촌특별세(소득세 감면세액)
　　　　　　　└ 법 인 : 법인세, 지방소득세, 농어촌특별세(법인세 감면세액 또는 법인세 과세표준액 중 5억원 초과하는 금액)

3단계

기타 세목으로 인지세(취득·양도), 지역자원시설세(보유·활용), 부가가치세, 지방소비세 등이 있다.

(4) 출제예상분야

국세와 지방세의 목적세 구분, 직접세와 간접세의 구분, 제2차 납세의무자, 납세의무성립·확정·소멸, 국세의 불복절차, 부동산의 취득, 보유, 양도단계 세목에 대하여 집중정리하기 바란다.

제1장 조세의 일반(응용)

응용 출제예상문제

난이도 A 기본문제

TYPE 01 국세와 지방세의 분류

01 ★★ 「지방세기본법」상 특별시세 세목이 <u>아닌</u> 것은? `26회 출제`

① 주민세 ② 취득세 ③ 지방소비세 ④ 지방교육세 ⑤ 등록면허세

[해설] 지방세총론 – 특별시세
등록에 대한 등록면허세는 특별자치시세, 도세, 특별자치도세 및 구세이다.

TYPE 02 서류의 송달 등

02 「지방세기본법」상 공시송달할 수 있는 경우가 <u>아닌</u> 것은? `24회 출제`

① 송달을 받아야 할 자의 주소 또는 영업소가 국외에 있고 그 송달이 곤란한 경우
② 송달을 받아야 할 자의 주소 또는 영업소가 분명하지 아니한 경우
③ 서류를 등기우편으로 송달하였으나 수취인이 부재 중 또는 수취를 거부하여 반송됨으로써 납부기한 내에 송달하기 곤란하다고 인정되는 경우
④ 서류를 송달할 장소에서 송달을 받을 자가 정당한 사유없이 그 수령을 거부한 경우
⑤ 세무공무원이 2회 이상 납세자를 방문하여[처음 방문과 마지막 방문의 기간이 3일(토·공휴일 제외) 이상이어야 함] 서류를 교부하려고 하였으나 받을 사람이 없는 것으로 확인되어 납부기한 내에 송달하기 곤란하다고 인정되는 경우

[해설] 송달방법
교부송달 중 유치송달을 설명한 내용이다. 나머지는 공시송달사유를 설명한 것이다.

정답 01. ⑤ 02. ④

03 납세의무 성립·확정·소멸

03 납세의무의 성립시기로 옳은 것으로만 묶인 것은? [20회 출제]

㉠ 소득세 : 소득을 지급하는 때
㉡ 농어촌특별세 : 과세기간이 끝나는 때
㉢ 재산세 : 과세기준일
㉣ 지방교육세 : 과세표준이 되는 세목의 납세의무가 성립하는 때
㉤ 수시부과에 의하여 징수하는 재산세 : 수시부과할 사유가 발생하는 때

① ㉠, ㉡ ② ㉠, ㉡, ㉣ ③ ㉡, ㉣, ㉤
④ ㉢, ㉣, ㉤ ⑤ ㉠, ㉡, ㉢, ㉤

해설 납세의무의 성립시기
㉠ 소득세 : 과세기간이 끝나는 때(= 12.31)
㉡ 농어촌특별세 : 본세의 납세의무가 성립하는 때
• 가산세 : 가산할 국세·지방세의 납세의무가 성립한 때

---

04 원칙적으로 과세관청의 결정에 의하여 납세의무가 확정되는 지방세를 모두 고른 것은? [24회 출제]

㉠ 취득세   ㉡ 종합부동산세
㉢ 재산세   ㉣ 양도소득세

① ㉠ ② ㉡ ③ ㉢ ④ ㉡, ㉢ ⑤ ㉢, ㉣

해설 납세의무의 확정
지방세 중 재산세가 이에 속한다.

---

05 과세표준과 세액을 정부가 결정하는 때 세액이 확정됨이 원칙이나 납세의무자가 법정신고기간 내 이를 신고하면 정부의 결정이 없었던 것으로 보는 세목은? [21회 개작]

① 종합부동산세 ② 양도소득세 ③ 등록면허세
④ 취득세 ⑤ 재산세

해설 부과과세제도
■ 종합부동산세는 부과과세가 원칙이고 예외적으로 신고납부할 수 있다.
■ 양도소득세와 등록에 대한 등록면허세 및 취득세는 신고납부방법이 원칙적으로 인정되고, 재산세는 보통징수방법(부과과세)만 인정된다. 부과과세제도의 주요세목으로는 종합부동산세, 재산세, 상속세, 증여세 등이 있다.

정답 03. ④ 04. ③ 05. ①

제1장 조세의 일반(응용)

06 「국세기본법」상 사기나 그 밖의 부정한 행위로 주택의 양도소득세를 포탈하는 경우 국세부과의 제척기간은 이를 부과할 수 있는 날부터 몇 년간인가? (다만, 부담부증여에 의한 양도에는 해당하지 않으며 결정·판결, 상호합의, 경정청구 등의 예외는 고려하지 않음)

21회 출제

① 3년　　② 5년　　③ 7년　　④ 10년　　⑤ 15년

> **해설** 부과 제척기간
> - 상속세와 증여세를 제외한 양도소득세, 종합소득세, 종합부동산세, 취득세, 등록면허세, 재산세 등의 일반적인 세목에 대한 부과제척기간은 원칙적으로 5년, 무신고의 경우 7년, 사기 기타 부정한 행위의 경우 10년이다.
>   • 부담부증여부분은 양도에 해당하나 상속세 및 증여세의 규정(원칙 : 10년)을 적용한다.
>   • 상속 또는 증여를 원인으로 취득하는 경우는 10년을 적용한다.

07 「지방세기본법」상 지방자치단체의 징수금을 납부할 의무가 소멸되는 것은 모두 몇 개인가?

28회 출제

㉠ 납부·충당되었을 때	㉡ 지방세징수권의 소멸시효가 완성되었을 때
㉢ 법인이 합병한 때	㉣ 지방세부과의 제척기간이 만료되었을 때
㉤ 납세의무자의 사망으로 상속이 개시된 때	

① 1개　　② 2개　　③ 3개　　④ 4개　　⑤ 5개

> **해설** 납세의무의 소멸
> 1) 납부·충당 또는 부과가 취소되었을 때
> 2) 지방세를 부과할 수 있는 기간 내에 지방세가 부과되지 아니하고 그 기간이 만료되었을 때
> 3) 지방자치단체 징수금의 지방세징수권 소멸시효가 완성되었을 때

08 국세 및 지방세의 납세의무 성립시기에 관한 내용으로 옳은 것은? (단, 특별징수 및 수시부과와 무관함)

29회 출제

① 재산분 주민세 : 매년 7월 1일
② 거주자의 양도소득에 대한 지방소득세 : 매년 3월 31일
③ 재산세에 부가되는 지방교육세 : 매년 8월 1일
④ 중간예납 하는 소득세 : 매년 12월 31일
⑤ 자동차 소유에 대한 자동차세 : 납기가 있는 달의 10일

> **해설** 조세총론, 납세의무 성립시기
> ① 과세기준일 7월 1일　　② 12월 31일
> ③ 6월 1일　　④ 중간예납기간 종료일 6월 30일
> ⑤ 납기가 있는 달의 1일

정답　06. ④　07. ③　08. ①

09 국세기본법령 및 지방세기본법령상 국세 또는 지방세 징수권의 소멸시효에 관한 설명으로 옳은 것은?

① 가산세를 제외한 국세가 10억원인 경우 국세징수권은 5년 동안 행사하지 아니하면 소멸시효가 완성된다.
② 가산세를 제외한 지방세가 1억원인 경우 지방세징수권은 7년 동안 행사하지 아니하면 소멸시효가 완성된다.
③ 가산세를 제외한 지방세가 5천만원인 경우 지방세징수권은 5년 동안 행사하지 아니하면 소멸시효가 완성된다.
④ 납세의무자가 양도소득세를 확정신고하였으나 정부가 경정하는 경우, 국세징수권을 행사할 수 있는 때는 납세의무자가 확정신고한 법정 신고납부기한의 다음 날이다.
⑤ 납세의무자가 취득세를 신고하였으나 지방자치단체의 장이 경정하는 경우, 납세고지한 세액에 대한 지방세징수권을 행사할 수 있는 때는 그 납세고지서에 따른 납부기한의 다음 날이다.

> **해설**
> 국세와 지방세의 소멸시효에 관한 문제이다. "세금을 언제까지 징수할 수 있느냐"는 것이다. ⑤번이 정답. 고지서상의 납부기한의 다음날이다.

04 국세와 지방세 납부제도, 물납

10 부동산에 관련된 조세 중 물납을 허용하고 있는 것으로 올바른 것은?
① 양도소득세　　② 증여세　　③ 취득세
④ 재산세　　　　⑤ 종합부동산세

> **해설** 물 납
> 물납가능한 세금은 재산세, 상속세 등이다.

11 지방세 중 물납을 설명한 것이다. 틀린 것은?
① 불허가 통지를 받은 납세의무자가 그 통지를 받은 날부터 10일 이내에 다른 부동산으로 변경 신청하는 경우에는 변경하여 허가할 수 있다.
② 물납허가를 받은 부동산을 물납한 때에 납기 내에 납부한 것으로 본다.
③ 취득세, 등록에 대한 등록면허세, 재산세의 경우 물납이 가능하다.
④ 납부세액이 1천만원을 초과하는 경우에 납세의무자의 신청을 받아 허가할 수 있다.
⑤ 물납신청을 받은 부동산이 관리·처분상 부적당하다고 인정되는 경우에는 허가를 하지 아니할 수 있다.

정답　09. ⑤　10. ④　11. ③

제1장 조세의 일반(응용)

해설 물 납
취득세와 등록에 대한 등록면허세는 물납이 허용되지 않고, 재산세의 경우 물납이 가능하다.

12 조세의 납부방법으로 물납과 분할납부가 둘 다 가능한 것을 모두 고른 것은? (단, 물납과 분할납부의 법정요건은 전부 충족한 것으로 가정함)

> ㉠ 부동산임대업에서 발생한 사업소득에 대한 종합소득세
> ㉡ 주택분 재산세
> ㉢ 취득세
> ㉣ 재산세 도시지역분
> ㉤ 소방분에 대한 지역자원시설세

① ㉠, ㉡   ② ㉠, ㉢   ③ ㉡, ㉢   ④ ㉡, ㉣   ⑤ ㉣, ㉤

해설 총론, 물납과 분할납부
1) 종합소득세 : 물납(X), 분납(O)
2) 종합부동산세 : 물납(X), 분납(O)
3) 재산세(도시지역분 포함) : 물납(O), 분납(O)
4) 취득세와 등록에 대한 등록면허세 : 물납(X), 분납(X)
5) 소방분에 대한 지역자원시설세 : 물납(X), 분납(X)
6) 양도소득세 : 물납(X), 분납(O)

본세에 부가되는 세목, 지방소득세 등

13 「지방세법」상 거주자의 국내자산 양도소득에 대한 지방소득세에 관한 설명으로 틀린 것은?   **27회 출제**

① 양도소득에 대한 개인지방소득세 과세표준은 종합소득 및 퇴직소득에 대한 개인지방소득세 과세표준과 구분하여 계산한다.
② 양도소득에 대한 개인지방소득세의 세액이 2천원인 경우에는 이를 징수하지 아니한다.
③ 양도소득에 대한 개인지방소득세의 공제세액이 산출세액을 초과하는 경우 그 초과금액은 없는 것으로 한다.
④ 양도소득에 대한 개인지방소득세 과세표준은 「소득세법」상 양도소득 과세표준으로 하는 것이 원칙이다.
⑤ 「소득세법」상 보유기간이 8개월인 조합원입주권의 세율은 양도소득에 대한 개인지방소득세 과세표준의 1천분의 40을 적용한다.

정답   12. ④   13. ②

> **해설** 지방세, 지방소득세 – 일반적인 개념
> ② 2천원 미만인 경우에는 징수하지 않는다.

06 조세의 불복제도

14 「지방세기본법」상 이의신청 또는 심판청구에 관한 설명으로 틀린 것은? `23회 출제`

① 이의신청은 처분이 있은 것을 안 날(처분의 통지를 받았을 때에는 그 통지를 받은 날)부터 90일 이내에 하여야 한다.
② 이의신청을 거친 후에 심판청구를 할 때에는 이의신청에 대한 결정통지를 받은 날부터 90일 이내에 심판청구를 하여야 한다.
③ 이의신청에 따른 결정기간 내에 이의신청에 대한 결정 통지를 받지 못한 경우에는 결정 통지를 받기 전이라도 그 결정기간이 지난 날부터 심판청구를 할 수 있다.
④ 이의신청, 심판청구는 그 처분의 집행에 효력을 미치지 아니한다. 다만, 압류한 재산에 대하여는 이의신청, 심판청구의 결정처분이 있는 날부터 60일까지 공매처분을 보류할 수 있다.
⑤ 이의신청인이 재해 등을 입어 이의신청기간 내에 이의 신청을 할 수 없을 때에는 그 사유가 소멸한 날부터 14일 이내에 이의신청을 할 수 있다.

> **해설** 이의신청과 심판청구
> 압류한 재산에 대한 공매처분을 보류할 수 있는 기간은 이의신청, 심판청구의 결정처분이 있는 날부터 30일이다.

정답 14. ④

난이도 B 중급문제

01 부동산의 취득·보유·양도단계에 부과되는 조세의 세목

15 부동산을 취득하는 경우 취득단계에서 부담할 수 있는 세금을 모두 고른 것은?

㉠ 재산세　　㉡ 농어촌특별세　　㉢ 종합부동산세
㉣ 지방교육세　　㉤ 인지세

① ㉠, ㉡, ㉢　　② ㉠, ㉡, ㉤　　③ ㉠, ㉢, ㉣
④ ㉡, ㉣, ㉤　　⑤ ㉢, ㉣, ㉤

해설 총론, 부동산취득단계의 세금
재산세와 종합부동산세는 보유단계의 세금으로 구분할 수 있다.

16 다음 중 개인이 부동산을 취득할 때에 납부하는 조세에 해당하지 않는 것은?
① 농어촌특별세　　② 주민세　　③ 지방교육세
④ 취득세, 지방교육세　　⑤ 취득세

해설 개인 갑이 1억원의 부동산(대지)을 취득한 경우
- 농어촌특별세 : 2백만원(취득세액 중 농어촌특별세 부과기준취득세액) × 10% = 200,000원
- 지방교육세 : 2백만원(취득세액 중 지방교육세 부과기준취득세액) × 20% = 400,000원
- 취득세 : 1억원 × 4% = 4,000,000원
  ∴ 총 합계 : 4,600,000원

17 국내 소재 부동산의 보유단계에서 부담할 수 있는 세목은 모두 몇 개인가? **30회 출제**

- 농어촌특별세　　• 지방교육세
- 개인지방소득세　　• 소방분에 대한 지역자원시설세

① 0개　　② 1개　　③ 2개　　④ 3개　　⑤ 4개

해설 보유단계 세금의 종류
재산세(지방교육세), 종합부동산세(농어촌특별세), 임대소득에 대한 종합소득세와 (개인, 법인)지방소득세, 지역자원시설세가 보유단계세목으로 분류된다.

정답 15. ④　16. ②　17. ⑤

제1편 국세와 지방세의 기본내용

18. 부동산 보유시 부과될 수 있는 지방세와 그에 대한 부가세(附加稅)가 옳게 연결된 것은? [20회 개작]

① 재산세 – 지방교육세
② 종합소득세 – 지역자원시설세
③ 종합부동산세 – 지방소득세
④ 재산세 – 교육세
⑤ 종합부동산세 – 농어촌특별세

해설 부가세
1) 취득세(독립세) – 지방교육세, 농어촌특별세(부가세)
2) 등록에 대한 등록면허세(독립세) – 지방교육세, 농어촌특별세(감면분)
3) 소득세(독립세) – 지방소득세(독립세)
4) 종합부동산세(독립세) – 농어촌특별세(부가세)
5) 재산세(독립세) – 지방교육세(부가세)

02 국세의 우선권

19. 국세기본법령 및 지방세기본법령상 조세채권과 일반채권의 우선관계에 관한 설명으로 틀린 것은? (단, 납세의무자의 신고는 적법한 것으로 가정함) [35회 출제]

① 취득세의 법정기일은 과세표준과 세액을 신고한 경우 그 신고일이다.
② 토지를 양도한 거주자가 양도소득세 과세표준과 세액을 예정신고한 경우 양도소득세의 법정기일은 그 예정신고일이다.
③ 법정기일 전에 전세권이 설정된 사실은 양도소득세의 경우 부동산등기부 등본 또는 공증인의 증명으로 증명한다.
④ 주택의 직전 소유자가 국세의 체납 없이 전세권이 설정된 주택을 양도하였으나, 양도 후 현재 소유자의 소득세가 체납되어 해당 주택의 매각으로 그 매각금액에서 소득세를 강제징수하는 경우 그 소득세는 해당 주택의 전세권담보채권에 우선한다.
⑤ 「주택임대차보호법」 제8조가 적용되는 임대차관계에 있는 주택을 매각하여 그 매각금액에서 지방세를 강제징수하는 경우에는 임대차에 관한 보증금 중 일정액으로서 같은 법에 따라 임차인이 우선하여 변제받을 수 있는 금액에 관한 채권이 지방세에 우선한다.

해설
세금이 우선하느냐, 기타 채권이 우선하느냐에 관한 문제이다. ④번 "우선한다"를 "우선하지 아니한다"로 수정해야 한다.

정답   18. ①   19. ④

20 법정기일 전에 저당권의 설정을 등기한 사실이 등기사항증명서(부동산등기부 등본)에 따라 증명되는 재산을 매각하여 그 매각금액에서 국세 또는 지방세를 징수하는 경우 그 재산에 대하여 부과되는 다음의 국세 또는 지방세 중 저당권에 따라 담보된 채권에 우선하여 징수하는 것은 모두 몇 개인가? (단, 가산금은 고려하지 않음) 〔30회 출제〕

- 종합부동산세
- 등록면허세
- 소방분에 대한 지역자원시설세
- 취득세에 부가되는 지방교육세
- 부동산임대에 따른 종합소득세

① 1개 ② 2개 ③ 3개 ④ 4개 ⑤ 5개

해설 조세총론 – 국세 또는 지방세의 우선권
당해세 중에서 종합부동산세와 소방분에 대한 지역자원시설세가 해당된다.

21 「국세기본법」 및 「지방세기본법」상 조세채권과 일반채권의 관계에 관한 설명으로 틀린 것은? 〔29회 출제〕

① 납세담보물 매각 시 압류에 관계되는 조세채권은 담보 있는 조세채권보다 우선한다.
② 재산의 매각대금 배분 시 당해 재산에 부과된 종합부동산세는 당해 재산에 설정된 전세권에 따라 담보된 채권보다 우선한다.
③ 취득세 신고서를 납세지 관할 지방자치단체장에게 제출한 날 전에 저당권 설정 등기 사실이 증명되는 재산을 매각하여 그 매각금액에서 취득세를 징수하는 경우 저당권에 따라 담보된 채권은 취득세에 우선한다.
④ 강제집행으로 부동산을 매각할 때 그 매각금액 중 국세를 징수하는 경우 강제집행 비용은 국세에 우선한다.
⑤ 재산의 매각대금 배분 시 당해 재산에 부과된 재산세는 당해 재산에 설정된 저당권에 따라 담보된 채권보다 우선한다.

해설 조세총론, 국세와 지방세의 우선권
납세담보물을 매각한 때에는 압류에 관계되는 조세채권보다 담보 있는 조세채권이 우선한다.

22 체납된 조세의 법정기일 전에 채권담보를 위해 甲이 저당권 설정등기한 사실이 부동산등기사항 증명서에 증명되는 甲소유 토지 A의 공매대금에 대하여 그 조세와 피담보채권이 경합되는 경우 피담보채권보다 우선 징수하는 조세가 아닌 것은? 〔22회 출제〕
(단, 토지 A에 다음의 조세가 부과됨)

① 취득세 ② 종합부동산세 ③ 소방분에 대한 지역자원시설세
④ 재산세 ⑤ 재산세에 부가되는 지방교육세

정답 20. ② 21. ① 22. ①

제1편 국세와 지방세의 기본내용

해설 국세와 지방세의 우선권
- 일반적으로 피담보채권이 국세와 지방세보다 우선한다. 그러나 당해 재산에 부과된 국세와 지방세는 피담보채권보다 우선한다.
- 지방세는 재산세, 자동차세, 소방분 지역자원시설세, 지방교육세(재산세와 자동차세에 부가되는 것), 국세는 상속세, 증여세, 종합부동산세가 우선한다.

2차 납세의무

23 「지방세기본법」상 취득세의 납세의무성립일 현재 출자자로서 제2차 납세의무를 부담하지 <u>않는</u> 자는? 〔23회 출제〕
① 합명회사의 무한책임사원
② 비상장법인의 과점주주로서 법인의 경영에 대하여 지배적인 영향력을 행사하는 자
③ 비상장법인 발행주식 총수의 100분의 50의 주식에 관한 권리를 실질적으로 행사하는 자
④ 비상장법인의 과점주주 중 법인의 경영에 대하여 지배적인 영향력을 행사하는 자의 배우자
⑤ 합자회사의 무한책임사원

해설 제2차 납세의무
비상장법인 발행주식 총수의 100분의 50초과의 주식에 관한 권리에 대하여 지배적인 영향력을 행사하는 자가 제2차 납세의무를 부담하는 자이다. 따라서 50%에 해당하는 경우는 제2차 납세의무를 부담하지 않는다.

세액계산 및 신고기한·납기 등

24 취득세액 4,000,000원 중 감면세액이 1,000,000원, 나머지 3,000,000원은 정상적으로 납부할 세액이라 가정한다. 납부하여야 할 취득세와 농어촌특별세의 합계금액은 얼마인가? (단, 위의 세액은 농어촌특별세 부과기준취득세액이며, 지방교육세 부과기준 취득세액은 2,000,000원으로 가정함)

① 3,000,000원   ② 3,200,000원   ③ 3,300,000원
④ 3,500,000원   ⑤ 4,000,000원

정답   23. ③   24. ④

> **[해설]** 세액계산
> 1) 취득세 : 3,000,000원
> 2) 농어촌특별세 : 3,000,000 × 10% = 300,000원
>   1,000,000(취득세감면분) × 20% = 200,000원
> 3) 지방교육세 : 2,000,000 × 20% = 400,000원   ∴ 총합계 : 3,900,000원

25 부동산을 양도한 누리엄마는 양도단계에 적용되는 세금의 종류와 금액을 알 수 없어 세금전문가에게 자문을 의뢰했다. 5명의 세금전문가가 답변한 내용 중 올바른 것은?
(양도소득세는 2,000,000원으로 가정함)

① 부동산을 양도하였으므로 양도소득세 2,000,000원만 납부하면 된다.
② 양도소득세 2,000,000원과 농어촌특별세 400,000원을 납부하여야 한다.
③ 부동산을 양도하였으므로 취득세와 양도소득세를 납부하여야 한다.
④ 양도소득세 2,000,000원과 지방소득세 400,000원을 납부하여야 한다.
⑤ 부동산을 양도하였으므로 양도소득세 2,000,000원과 지방소득세 200,000원을 납부하여야 한다.

> **[해설]** 세액계산
> 1) 양도소득세 : 2,000,000원
> 2) 지방소득세 : 2,000,000 × 10% = 200,000원(간편법으로 계산함)
> ∴ 총합계 : 2,200,000원

26 「지방세기본법」상 부과 및 징수·불복에 관한 설명으로 옳은 것은? **26회 출제**

① 납세자가 법정신고기한까지 소득세의 과세표준신고서를 제출하지 아니하여 해당 지방소득세를 부과할 수 없는 경우에 지방세 부과 제척기간은 5년이다.
② 지방세에 관한 불복시 불복청구인은 이의신청을 거치지 않고 심판청구를 제기할 수 없다.
③ 취득세는 원칙적으로 보통징수방법에 의한다.
④ 납세의무자가 지방세관계법에 따른 납부기한까지 지방세를 납부하지 않은 경우 납부불성실 가산세가 부과된다.
⑤ 지방자치단체 징수금의 징수순위는 강제징수비, 지방세, 가산금의 순서로 한다.

정답   25. ⑤   26. ⑤

해설 **지방세총론** – 제척기간, 불복, 가산세 등 전반
① 지방소득세 무신고는 7년이다.
② 이의신청을 거치지 않고 제기할 수 있다.
③ 취득세는 신고납부가 원칙이다.
④ 납부지연가산세가 부과된다.

27 가산세와 가산금액에 관한 설명으로 옳은 것은 모두 몇 개인가? (단, 국가와 지방자치단체 및 지방자치단체조합이 아니며, 징수유예는 없음) 〔22회 출제〕

- 국세의 가산세는 해당 의무가 규정된 해당 국세의 세목으로 하며 해당 국세를 감면하는 경우 가산세는 그 감면대상에 포함시키지 아니하는 것으로 한다.
- 지방세를 납세고지서상 납부기한까지 완납하지 아니하였을 때에는 그 납부기한이 지난 날부터 체납된 지방세의 100분의 3에 상당하는 납부지연가산세를 적용한다.
- 가산세는 신고불성실가산세와 납부지연가산세로 구분한다.
- 체납된 납세고지서별 지방세액이 30만원 미만인 때에는 납부지연가산세의 일부를 적용하지 아니한다.

① 0개 ② 1개 ③ 2개 ④ 3개 ⑤ 4개

28 「지방세기본법」상 가산세에 관한 내용으로 옳은 것은? 〔27회 출제〕

① 무신고가산세(사기나 그 밖의 부정한 행위로 인하지 않은 경우) : 납부세액의 100분의 20에 상당하는 금액
② 무신고가산세(사기나 그 밖의 부정한 행위로 인한 경우) : 납부세액의 100분의 50에 상당하는 금액
③ 과소신고가산세(사기나 그 밖의 부정한 행위로 인하지 않은 경우) : 과소신고분 세액의 100분의 20에 상당하는 금액
④ 과소신고가산세(사기나 그 밖의 부정한 행위로 인한 경우) : 부정과소신고분 세액의 100분의 50에 상당하는 금액
⑤ 납부지연가산세 : 납부하지 아니한 세액의 100분의 20에 상당하는 금액

해설 **지방세, 총론** – 가산세
신고불성실가산세(과소신고 10%, 무신고 20%, 사기 기타 부정한 행위 40%), 납부지연가산세(= ㉠+㉡)
㉠ 미납부세액 × 1일당(납부기한의 다음날부터 납부일까지) × $\frac{2.2}{10,000}$
㉡ 납세고지후 미납부세액 × 3%
※ 납세고지서별·세목별 세액이 30만원(국세의 경우 150만원) 미만인 경우 ㉠을 적용하지 아니한다.

정답 27. ⑤ 28. ①

제1장 조세의 일반(응용)

특별수험대책

Ⅰ. 부동산의 취득과 보유 그리고 양도 단계별로 어떤 세금이 해당되는가?

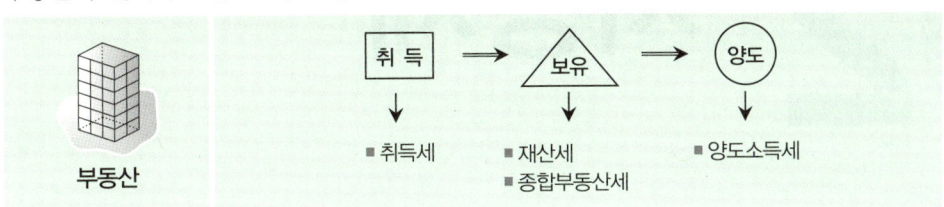

Ⅱ. 취득·보유·양도단계별로 해당 세금을 누가 세금 낼 의무가 있는가(=납세의무자), 어떤 물건이 해당되는가(=과세대상), 세금 부과 기준금액을 얼마로 할 것인가(=과세표준), 부담률은 몇 %인가(=세율), 언제를 기준으로(=취득시기, 과세기준일, 양도시기 등), 어느 기관에(=납세지), 어떤 방법으로(=신고납세, 부과과세 등), 언제까지(=신고·납부기한 등) 이행해야 하는가?, 이 행하지 않을 경우에는 의무불이행에 따른 벌칙은 어떠한가(=가산세, 가산금 등)에 대한 내용이 출제됩니다.

구 분		취득·보유·양도단계별 세금 (취득세, 재산세, 양도소득세 등)
■ 누가	*	납세의무자
■ 무엇을	*	과세대상
■ 기준금액 얼마로	*	과세표준
■ 부담률 몇 %	*	세율
■ 기준일자는 언제		취득시기, 과세기준일, 양도시기 등
■ 어느 기관에		납세지
■ 어떤 방법		신고납세, 부과과세 등
■ 언제까지		신고기한, 납부기한 등
■ 의무불이행 하면		가산세, 가산금 등

* 납세의무 성립요건 또는 4대 요소라 하며, 이 부분이 가장 중요하다.

Ⅲ. 이제부터는 여러분 스스로 혼자 공부하셔도 이미 합격입니다.

PART 02 지방세

	구 분	26회	27회	28회	29회	30회	31회	32회	33회	34회	35회	계	비율(%)
지방세	제1장 지방세 총설	1	0	0	0	0	0	0	0	0	0	1	0.6
	제2장 취득세	3	3	3	3	3	1	2	2	3	3	26	16.3
	제3장 등록에 대한 등록면허세	1	1	2	2	1	3	1	1	2	0	14	8.8
	제4장 재산세	3	3	3	3	4	3	3	2	2	3	29	18.1
	제5장 목적세	0	0	0	0	0	1	0	0	0	0	1	0.6
	제6장 지방특례제한법	0	0	0	0	0	0	0	0	0	0	0	0.0
	소 계	8	7	8	8	8	8	6	5	7	6	71	44.4

CHAPTER 01

취득세

학습포인트

- 취득세 분야는 중개사 시험에서 항상 출제되었다. 출제유형과 난이도는 한마디로 기본개념을 정확히 이해했느냐를 테스트하는 문제였다. 따라서 취득세 전반에 걸쳐서 기본개념을 정확히 이해하면 어떠한 유형의 문제가 출제된다 하더라도 대처할 수 있다.
- 구체적인 공부방법은 취득세의 체계를 전반적으로 이해한 다음, 중요하고 기본적인 내용인 취득시기, 과세대상, 과세표준, 세율부분에 집중투자하기 바란다. 구체적인 사례를 자기 자신에 가정하여 설정한 다음 취득세 규정이 어떻게 적용되는지 확인하면서 공부하기 바란다.

CHAPTER 학습 & 출제되는 키워드

- ☑ 취득세
- ☑ 실질과세
- ☑ 취득의 범위
- ☑ 건축물
- ☑ 건축 개수
- ☑ 증축·개축
- ☑ 과점주주
- ☑ 납세대상
- ☑ 사실상 취득자
- ☑ 수입하는 자
- ☑ 배우자등과의 사이의 취득
- ☑ 납세지
- ☑ 취득의 시기
- ☑ 과세대상
- ☑ 토지
- ☑ 건축물
- ☑ 과세표준
- ☑ 시가표준액
- ☑ 사실상 취득가격
- ☑ 과점주주의 과세표준
- ☑ 세율
- ☑ 표준세율·중과세율
- ☑ 고급주택
- ☑ 비과세

CHAPTER 학습 & 출제되는 질문

- ☑ 취득세의 납세의무를 설명한 것이다. 틀린 내용은?
- ☑ 취득세의 부과에 있어서 취득시기의 설명으로 옳은 것은?
- ☑ 취득세 과세표준에 관한 내용이다. 가장 옳은 것은?
- ☑ 취득세의 중과대상과 그 세율이 맞지 않는 것은?
- ☑ 취득세의 표준세율을 설명한 것이다. 올바른 것은?

제1장 취득세(기본)

기본 출제예상문제

제1절 의의

01 「지방세법」상 취득세를 설명한 것 중 가장 틀린 것은?
① 취득세의 과세주체는 납세의무자의 주소지를 관할하는 서울특별시·광역시·도이다.
② 취득세의 과세객체는 부동산, 차량, 기계장비, 항공기, 입목 등의 취득행위이다.
③ 취득세는 공부상 등기·등록에 관계없이 사실상 취득자에게 과세하는 것이므로 실질과세원칙이 적용된다.
④ 취득세의 간주취득에 해당하는 과점주주의 주식취득은 비상장법인의 주식을 취득한 경우에 적용한다.
⑤ 과점주주가 되는 주식의 취득은 법인 설립시에 발행하는 주식 또는 지분을 취득함으로써 과점주주가 된 경우를 제외한다.

> **해설** 취득세
> 취득세의 과세주체는 납세의무자의 주소지가 아니고, 과세물건의 소재지를 관할하는 서울특별시·광역시·특별자치시·특별자치도·도이다(법 제8조).

02 취득세의 성격을 설명한 것이다. 틀린 것은?
① 유상취득, 무상취득을 불문한 일체의 취득에 대하여 과세한다.
② 지방세의 대종으로서 보통세이고, 취득세의 부가세로는 농어촌특별세와 지방교육세가 있다.
③ 실질과세(實質課稅)의 원칙에 의거하여 과세하는 세목이다.
④ 출원(出願)에 의한 광업권·어업권의 취득은 과세면제한다.
⑤ 토지의 지목변경과 건축물의 개수는 취득의 의제에 해당하므로 항상 취득세를 신고납부할 의무가 없다.

> **해설** 취득세
> 취득의 의제도 취득에 포함하며, 토지의 지목변경으로 가액이 증가한 경우와 건축물의 개수로 가액이 증가한 경우에는 취득세를 신고하고 납부하여야 한다.

정답   01. ①   02. ⑤

03 다음은 취득세의 내용을 설명한 것이다. 틀린 것은?

① 증축(增築)한 건축물은 증가가액만 취득으로 본다.
② 취득가액이 50만원 이하이면 과세하지 아니한다.
③ 고급주택의 취득세 세율은 표준세율 + 8%이다.
④ 취득세 표준세율은 1,000분의 20이다.
⑤ 취득일로부터 60일 내에 신고·납부해야 한다.

> **해설** 취득세
> 취득세 표준세율은 취득원인과 물건의 종류에 따라 다양하다. 예를 들어 농지를 상속으로 취득하면 $\frac{23}{1,000}$, 상가를 매매로 취득하면 $\frac{40}{1,000}$, 건축물을 원시취득하면 $\frac{28}{1,000}$ 등으로 다양하다.

04 다음은 취득세에 대한 설명이다. 잘못된 것은?

① 전(田)이 답(畓) 및 대(垈)로 변경되든지 또는 대(垈)에서 전(田)으로 변경되는 등 어떤 지목에서 다른 지목으로 변경되는 때는 당해 토지가액의 변동과 관계없이 간주취득으로 보아 취득세과세대상이 된다.
② 취득이란 매매·교환·증여·법인에 대한 현물출자 등과 기타 이와 유사한 취득으로서 원시취득·승계취득 또는 유상·무상을 불문한 일체의 취득을 말한다.
③ 유상승계취득의 경우에는 그 사실상의 잔금지급일(사실상 잔금지급일을 확인할 수 없는 경우에는 계약상의 잔금지급일)에 취득한 것으로 본다.
④ 증여나 기부의 경우에는 별도의 약정이 없는 한 증여·기부의 약정일에 납세의무가 성립하며 서면에 의하지 아니한 경우에는 소유권이전등기·등록일에 납세의무가 발생한다.
⑤ 상속으로 인한 취득의 경우에는 상속개시일에 취득한 것으로 한다.

> **해설** 취득세
> 선박·차량과 건설기계의 종류의 변경 또는 토지의 지목을 사실상 변경함으로써 그 가액이 증가한 경우에 이를 취득으로 본다.

05 다음 취득에 관련된 조세에 관한 설명이다. 올바른 것은?

① 등기, 미등기, 허가, 무허가에 관계없이 취득세, 등록에 대한 등록면허세를 부과한다.
② 공부상 용도에 따라 취득세, 등록에 대한 등록면허세를 부과한다.
③ 상속으로 인한 무상승계취득은 취득세의 과세표준을 시가표준액으로 과세한다.
④ 과점주주(寡占株主)의 주식취득은 취득세와 등록에 대한 등록면허세를 납부한다.
⑤ 증축으로 인한 취득은 증가된 면적으로 취득세를 납부한다.

정답 03. ④ 04. ① 05. ③

해설 취득에 관련된 조세
① 등록에 대한 등록면허세는 등기신청하기 전에 신고납부한다. 등기하지 아니한 경우 등록에 대한 등록면허세 납세의무는 없다.
② 공부상 용도에 불구하고 사실상 용도에 따라 취득세를 부과한다.
④ 과점주주의 주식취득은 취득세만 부과한다.
⑤ 증축으로 인한 취득의 과세표준은 증가한 가액으로 한다.

06 「지방세법」상 취득세에 있어서 취득의 유형을 설명한 것이다. 가장 틀린 내용은?
① 토지의 지목변경, 건축물의 개수, 과점주주의 주식취득 등은 취득의 의제에 해당한다.
② 토지의 공유수면매립, 간척 등은 원시취득에 해당한다.
③ 건축물의 신축, 재축, 증축, 개축, 이전은 원시취득에 해당한다.
④ 매매, 교환, 현물출자, 대물변제, 연부취득 등은 유상 또는 무상 승계취득에 해당한다.
⑤ 차량, 기계장비, 항공기 및 주문을 받아 건조하는 선박은 승계취득의 경우에만 과세하고 원시취득의 경우 과세하지 않는다.

해설 취득의 유형
유상승계취득은 매매, 교환, 현물출자, 대물변제, 연부취득 등이 있고 무상승계취득은 상속, 기부, 증여 등이 있다.

07 ★ 취득세의 납세의무를 이행함에 있어서 상속취득, 증여취득, 유상취득 등에 따라 세율적용이 다르게 적용되는 등 납세의무이행에 차이가 발생한다. 취득의 범위를 설명한 것 중 유상취득은 모두 몇 개인가?

> ㉠ 배우자 또는 직계존비속의 부동산을 취득하는 경우
> ㉡ 배우자 또는 직계존비속의 부동산을 공매를 통하여 취득하는 경우
> ㉢ 권리의 이전이나 행사에 등기 또는 등록이 필요한 부동산을 배우자 또는 직계존비속 사이에 서로 교환하는 경우
> ㉣ 배우자 또는 직계존비속 사이에 파산선고로 인하여 처분되는 부동산을 취득하는 경우
> ㉤ 배우자 또는 직계존비속 사이에 해당 부동산의 취득을 위하여 그 대가를 지급한 사실을 증명한 경우
> ㉥ 부담부증여에 있어서 증여자의 채무를 수증자가 인수하는 경우에는 그 채무액에 상당하는 부분

① 2개　　② 3개　　③ 4개　　④ 5개　　⑤ 6개

해설 취득세의 납세의무
㉡~㉥은 모두 유상취득에, ㉠은 증여취득에 해당된다.

정답　06. ④　07. ④

제2편 지방세

제2절 납세의무자

08 다음은 취득세의 납세의무자를 설명한 것이다. 틀린 것은?

① 지목변경 : 지목이 변경되어 가액이 증가된 시점의 당해 토지소유자
② 토지의 취득 : 사실상의 취득자
③ 공유수면매립 : 매립면허자
④ 과점주주취득 : 과점주주가 된 자
⑤ 건축물의 개축에 대한 납세의무자 : 개축한 건설업자

> **해설** 취득세 납세의무자
> 건축물의 증축·개축에 대한 납세의무자는 건축물을 증축·개축한 건설업자가 되는 것이 아니고, 건축물을 증축·개축한 소유자가 납세의무자가 된다.

09 취득세의 납세의무자에 대한 설명이다. 틀린 것은? ★★

① 해당 취득물건의 소재지의 특·광·특시·특도 및 도에서 그 취득자에게 부과한다.
② 차량·기계장비·항공기 및 주문에 의하여 건조하는 선박의 경우에는 승계취득의 경우만 취득으로 보아 승계취득자가 납세의무를 진다.
③ 골프회원권은 골프장 소재지의 도에서 그 취득자에게 부과한다.
④ 비상장 법인의 주식 또는 지분을 취득함으로써 과점주주(법인설립시 제외)가 된 때에는 그 과점주주는 당해 법인의 부동산 등 취득세 과세대상을 취득한 것으로 본다.
⑤ 외국인소유의 시설대여물건을 국내의 대여시설이용자에게 대여하기 위하여 임차하여 수입하는 경우에는 대여시설이용자가 취득한 것으로 본다.

> **해설** 취득세의 납세의무자
> ⑤의 경우 대여시설이용자가 아니고 수입하는 자가 취득한 것으로 본다.

정답   08. ⑤   09. ⑤

제1장 취득세(기본)

10 취득세의 납세의무자에 대한 설명이다. 가장 올바른 것은?
① 주택조합이 당해 조합원용으로 취득하는 조합주택용 부동산의 경우에는 주택조합이 취득한 것으로 본다.
② 상속인의 경우에는 상속인 각자가 상속받은 과세물건을 취득한 것으로 본다.
③ 「여신전문금융업법」에 의한 시설대여업자가 차량·기계장비·선박 또는 항공기를 시설대여하는 경우에는 그 등기 또는 등록 명의자를 납세의무자로 본다.
④ 건축물 중 조작설비, 그 밖의 부대설비에 속하는 부분으로서 그 주체구조부와 일체가 되어 건축물로서 효용가치를 이루고 있는 것에 대하여는 주체구조부 취득자 이외의 자가 가설한 경우에는 주체구조부 취득자 이외의 자가 취득한 것으로 본다.
⑤ 사실상 소유자가 따로 있음이 당해 업체의 납세실적, 차주대장 등에 의하여 명백히 입증되는 차량과 기계장비에 대하여는 등록명의자를 납세의무자로 본다.

> **해설** 취득세의 납세의무자
> ① (×) 조합원이 취득한 것으로 본다.
> ② (○) 상속인 각자가 상속받은 과세물건을 취득한 것으로 본다.
>   즉, 상속인 각자의 지분에 해당하는 과세물건을 취득한 것으로 본다.
> ③ (×) 그 등기 또는 등록명의자에 불구하고 시설대여업자를 납세의무자로 본다.
> ④ (×) 주체구조부 취득자가 취득한 것으로 본다.
> ⑤ (×) 등록명의에 불구하고 취득대금을 지급한 자를 납세의무자로 본다.

11 ★ 취득세의 납세의무자에 대한 설명이다. 가장 올바른 것은?
① 관계법령에 따른 등기 또는 등록을 하지 아니한 경우라도 사실상 취득하면 취득한 것으로 보고 당해 취득물건의 소유자 또는 양수인을 각각 취득한 자로 하여 취득자의 주소지 관할 특별시, 광역시, 특별자치시, 특별자치도, 도에 신고납부하여야 한다.
② 건축물의 건축(신축 및 재축을 포함) 또는 개수로 인하여 가액이 증가한 경우 증가한 가액에 대하여 그 취득자가 납세의무를 진다.
③ 비상장법인의 주식 또는 지분을 취득함으로써 과점주주가 되는 때에는 그 과점주주는 해당 법인의 부동산 등 취득세 과세대상을 취득한 것으로 본다. 이 경우 취득세 납세의무성립일 현재 「지방세법」 또는 기타 법령에 의하여 취득세가 비과세되는 부분도 취득한 것으로 본다.
④ 상속으로 인하여 취득하는 경우에는 상속인 각자가 상속받는 취득물건을 취득한 것으로 본다. 이 경우 각 상속인은 연대납세의무를 진다.
⑤ 취득세를 신고기한 이내에 신고하지 아니한 경우 기한 후 신고를 할 수 있다. 취득세는 신고납세 또는 신고납부제도이므로 기한 후 신고를 한 경우 납세의무가 확정된다.

정답 10. ② 11. ④

해설 취득세의 납세의무자
① 취득자의 주소지가 아니라 취득물건의 소재지 관할 특별시, 광역시, 도에 신고납부하여야 한다.
② 신축 및 재축은 제외한다. 즉, 신축 및 재축은 증가한 가액이 아니라 전체금액을 과세한다.
③ 취득세가 비과세되는 부분은 제외한다. 즉 취득한 것으로 보지 아니한다.
⑤ 기한 후 신고를 한 경우 납세의무가 확정되지 않는다.

제3절 납세지

12 취득세의 납세지를 설명한 것이다. 틀린 것은?
① 부동산을 취득한 경우 취득자의 주소지가 납세지이다.
② 입목을 취득한 경우 입목소재지가 납세지이다.
③ 광업권을 취득한 경우의 납세지는 광구소재지이다.
④ 어업권의 납세지는 어장소재지이다.
⑤ 골프회원권을 취득한 경우의 납세지는 골프장 시설의 소재지이다.

해설 취득세의 납세지
부동산을 취득한 경우 납세지는 부동산소재지이다.

■ 취득물건의 종류와 납세지
  • 부동산 : 부동산소재지
  • 선 박 : 선적항 소재지
  • 차 량 : 「자동차관리법」에 따른 등록지
  • 기계정비 : 「건설기계관리법」에 따른 등록지
  • 항공기 : 항공기의 정치장 소재지
  • 입 목 : 입목 소재지
  • 광업권 : 광구 소재지
  • 어업권 : 어업 소재지
  • 회원권 : 골프장·승마장·콘도미니엄·종합체육시설 및 요트보관소의 소재지
  위의 납세지가 분명하지 아니한 경우에는 해당 취득물건의 소재지를 그 납세지로 한다.

■ 같은 취득물건이 둘 이상의 지방자치단체에 걸쳐 있는 경우
  같은 취득물건이 둘 이상의 지방자치단체에 걸쳐 있는 경우 각 지방자치단체에 납부할 취득세를 산출할 때 그 과세표준은 취득 당시의 가액을 취득물건의 소재지별 시가표준액 비율로 나누어 계산한다.

정답   12. ①

제1장 취득세(기본)

제4절 취득의 시기

13 「지방세법」상 취득세의 취득시기를 설명한 것이다. 가장 올바른 것은?
★★★
① 유상승계취득의 경우 사실상 잔금지급일을 취득일로 본다.
② 유상승계취득의 경우 계약상 잔금지급일이 명시되지 않은 경우 계약상 잔금지급일부터 30일이 경과한 날을 취득일로 본다.
③ 유상승계취득의 경우 사실상 잔금지급일보다 나중에 등기 또는 등록한 경우에는 등기접수일 또는 등록일에 취득한 것으로 본다.
④ 유상승계취득에 있어서 대금의 일부를 계약상 지급일 전에 사실상 지급한 경우에는 사실상 잔금지급일로 한다.
⑤ 유상승계취득의 경우 계약상 잔금지급일과 대금청산일 중 나중에 도래하는 날을 취득일로 본다.

해설 취득시기
② 계약일부터 60일이 경과한 날이다.
③ 계약상 잔금지급일보다 먼저 등기 또는 등록한 경우에는 등기접수일 또는 등록일에 취득한 것으로 본다.
④ 계약상 잔금지급일과 등기(접수)일 또는 사실상잔금지급일과 등기일을 비교하여 둘 중 빠른 날을 취득일로 한다.
⑤ 원칙적으로 계약상 잔금지급일로 한다.

14 취득세에 있어서 취득시기는 중요하다. 취득시기 중 가장 틀린 것은?
① 상속의 경우 취득시기는 상속개시일이다.
② 증여, 기부 등의 무상승계취득은 원칙적으로 계약일이 취득시기이다.
③ 증여의 경우 증여계약일 전에 등기 또는 등록한 경우에는 그 등기일 또는 등록일이다.
④ 장기할부취득조건 또는 연부취득조건의 경우 매회 사실상 연부금지급일보다 먼저 등기 또는 등록을 한 경우에 매회 사실상 연부금지급일을 취득일로 본다.
⑤ 어음교부에 있어서 취득시기는 어음결제일(그 이전에 등기할 경우 등기일)로 한다.

해설 취득시기
매회 사실상 연부금지급일을 취득일로 본다. 다만, 먼저 등기 또는 등록을 한 경우에는 등기일 또는 등록일을 취득일로 본다. 즉, 사실상 연부금지급일과 등기일 또는 등록일 중 빠른 날이 취득일이다.

정답 13. ① 14. ④

제2편 지방세

15 취득세의 취득시기는 부과제척기간 등에 있어서 매우 중요하다. 올바른 것은?

① 건축물의 신축에 있어서 무허가건축물은 사용승인서를 내주는 날이다.
② 신축허가 받은 건축물은 사용승인서를 내주는 날(교부일) 전에 사실상 사용하거나 임시사용승인을 받은 경우에는 사용승인서교부일이다.
③ 차량의 경우 제조 등이 완성되어 실수요자가 인도받거나 계약상의 잔금을 지급하는 날을 최초의 승계취득일로 본다.
④ 기계장비의 종류변경은 공부 등에 의하여 입증되는 날을 취득일로 본다.
⑤ 대물변제의 경우 등기 또는 등록일이 취득시기이다.

해설 취득시기
① 무허가건축물의 취득시기는 사용승인서를 내주는 날이 있을 수 없으므로 사실상 사용일이다.
② 허가받은 건축물은 원칙적으로 사용승인서를 내주는 날(교부일)과 사실상 사용일 중 빠른 날을 취득일로 본다. 다만, 사용승인서를 내주기 전에 임시사용승인을 받은 경우에는 임시사용승인일을 취득시기로 본다.
④ 차량, 선박 또는 기계장비의 종류변경은 사실상 변경한 날과 공부상 변경한 날 중 빠른 날을 취득시기로 본다.
⑤ 대물변제의 경우 상계처리일이다. 다만, 상계처리일 이전에 등기를 한 경우에는 등기일이다.

16 취득세에 있어서 취득시기는 납세의무 성립시기를 결정하는 중요한 내용이다. 다음 취득시기 중 지방세법상 내용과 틀린 것은?

① 토지의 지목변경은 사실상 변경한 날과 공부상 변경한 날 중 빠른 날을 취득일로 한다.
② 부동산을 공매방법으로 취득한 경우 사실상 잔금지급일을 취득일로 본다.
③ 관계법령의 규정에 의하여 매립·간척 등으로 토지를 원시취득하는 경우 공사준공일로 한다.
④ 수입의 경우 우리나라에 반입하지 아니하고 외국에서 직접사용하는 경우에는 그 수입물건의 등기 또는 등록일이다.
⑤ 주식의 경우 명의개서일이 취득시기이다.

해설 취득시기
공사준공일이 아니고, 공사준공인가일이 취득시기이다. 공사인가일 전에 사용승낙이나 허가를 받거나 사실상 사용하는 경우에는 사용승낙일·허가일 또는 사실상 사용일 중 빠른 날을 취득일로 본다.

정답   15. ③   16. ③

제1장 취득세(기본)

17 취득세는 취득일부터 60일 이내에 신고납부를 하여야 한다. 다음의 취득일을 설명한 것 중 사실상 잔금지급일로 하는 것을 나열한 것이다. 가장 **틀린** 것은?

① 국가·지방자치단체·지방자치단체조합으로부터의 취득인 경우
② 자동차를 수입한 경우로서 수입면장에 의하여 취득가격이 입증된 경우
③ 판결문·법인장부에 의하여 취득가격이 입증되는 취득인 경우
④ 사실상 잔금지급일을 취득시기로 하는 경우는 취득시기가 객관적이고 명백하게 입증되는 경우이다.
⑤ 국가로부터 취득한 경우에 사실상 잔금지급일보다 먼저 등기 또는 등록한 경우에 사실상 잔금지급일을 취득일로 본다.

> **해설** 취득시기
> 사실상 잔금지급일보다 먼저 등기 또는 등록한 경우에는 등기 또는 등록일이다. 즉 둘 중 빠른 날이다.

18 「지방세법」상 취득세의 취득시기에 대한 내용이다. **틀린** 것은?

① 유상승계취득의 경우 사실상 잔금지급일을 취득일로 한다. 다만, 해당 취득물건을 등기 또는 등록하지 아니하고 취득일부터 60일 이내에 계약이 해제된 사실이 화해조서 또는 공정증서 등에 의하여 입증되는 경우에는 취득한 것으로 보지 아니한다.
② 계약상의 잔금지급일이 명시되지 아니한 경우 계약일부터 60일이 경과한 날을 취득일로 한다.
③ 허가를 받은 건축물의 취득일은 사용승인서를 내주는 날과 사실상 사용일 또는 임시사용승인일 중 빠른 날을 취득일로 한다.
④ 토지의 지목변경은 사실상 변경한 날과 공부상 변경된 날 중 빠른 날을 취득일로 한다.
⑤ 공매방법에 의하여 부동산을 취득한 경우 등기일에 관계없이 언제나 사실상 잔금지급일이 취득일이다.

> **해설** 취득시기
> 국, 수, 판, 법, 매는 원칙적으로 사실상 잔금지급일이 취득일이나, 등기일이 빠르다면 등기일이 취득일이다.

정답 17. ⑤ 18. ⑤

19 취득세의 취득시기는 납세의무성립일 또는 취득세 부과제척기간 산정에 있어서 매우 중요하다. 취득세 취득시기의 설명 중 가장 알맞은 것은?

① 무상승계취득의 경우에는 그 등기일(상속으로 인한 취득의 경우에는 상속개시일) 또는 등록일에 취득한 것으로 본다.
② 무상승계취득의 경우에는 그 등기일 또는 등록일 이전에 계약일이 확인되면 계약일에 취득한 것으로 본다.
③ 건축허가를 받아 건축하는 건축물에 있어서는 사실상의 사용일을 취득일로 본다.
④ 건축허가를 받지 아니하고 건축하는 건축물에 있어서는 임시사용승인일을 취득일로 본다.
⑤ 연부로 취득하는 것으로서 취득가액 총액이 50만원을 초과한 것은 계약상의 연부금지급일(매회 계약서상 연부금 지급일)을 취득일로 본다.

> **해설** 취득시기
> ① 무상승계취득의 경우에는 그 계약일(상속으로 인한 취득의 경우에는 상속개시일)에 취득한 것으로 본다. 다만, 계약일 전에 등기 또는 등록을 한 경우에는 그 등기일 또는 등록일에 취득한 것으로 본다.
> ③ 건축허가를 받아 건축하는 건축물에 있어서는 사용승인서를 내주는 날(교부일)과 사실상 사용일 중 빠른 날을 취득일로 본다.
> ④ 건축허가를 받지 아니하고 건축하는 건축물에 있어서는 사실상 사용일을 취득일로 본다.
> ⑤ 연부로 취득하는 것으로서 취득가액 총액이 50만원 초과한 것은 사실상의 연부금지급일을 취득일로 본다. 다만, 사실상 연부금지급일 전에 등기 또는 등록을 한 경우에는 그 등기일 또는 등록일에 취득한 것으로 본다.

20 취득시기에 대한 설명으로 잘못된 것은?

① 유상승계취득(有償承繼取得)의 경우에는 사실상 잔금지급일
② 계약상 잔금지급일이 명시되지 아니한 때는 계약일로부터 60일이 경과한 날
③ 취득일 전에 등기·등록을 한 경우에는 그 등기·등록일
④ 연부(年賦)로 취득한 자산은 첫회 연부금지급일
⑤ 건축의 경우에는 사용승인서를 내주는 날(교부일)과 사실상 사용일 중 빠른 날

> **해설** 취득시기
> 연부로 취득시는 매회 사실상 연부금지급일을 취득일로 보아 그 연부금액을 과세표준으로 한다. 매회 사실상 연부금지급일이 취득일(=취득시기)이므로 연부금지급회수가 5회이면 5번의 취득시기가 성립한다. 따라서 5번 신고하고 납부하여야 한다.

정답 19. ② 20. ④

제1장 취득세(기본)

21 ★ 취득세 과세대상물건의 취득시기에 관한 설명이다. 틀린 것은?

① 유상승계취득의 경우에는 그 사실상의 잔금지급일에 취득한 것으로 본다.
② 토지의 지목변경에 따른 취득은 공부상(公簿上)의 지목변경일로 본다.
③ 무상승계취득의 경우에는 그 계약일에 취득한 것으로 본다.
④ 잔금지급일 전이라도 등기 또는 등록을 한 때에는 등기 또는 등록시에 취득한 것으로 본다.
⑤ 연부(年賦)로 취득한 경우에는 매회 연부금지급일을 취득일로 본다.

> **해설** 취득세법에 있어서 취득의 시기
>
> 1) 승계취득
>   ① 유상승계취득
>   ㉠ 사실상 잔금지급일이 입증되는 경우 : 사실상의 잔금지급일
>   ㉡ 사실상 잔금지급일을 확인할 수 없을 경우 : 계약상 잔금지급일
>   ㉢ 계약상 잔금지급일 불명 시 : 계약일부터 60일이 경과한 날
>   ㉣ 계약상 잔금지급일 전에 등기, 등록 : 등기·등록접수일
>   ② 무상승계취득(증여, 기부 등) : 특약이 없는 한 계약일 → 계약일 전에 등기, 등록 : 등기·등록일
>   ③ 연부취득 : 사실상의 연부금지급일 → 사실상 연부금지급일 전에 등기, 등록 : 등기·등록일
>
> 2) 건 축
>   ① 허가 : 사용승인서를 내주는 날(교부일) → 사용승인서교부일 전에 사실상 사용 : 사실상 사용일
>   ② 무허가 : 사실상 사용일
>
> 3) 차량, 건설기계, 선박의 제조 등
>   완성되어 실수요자가 인도를 받은 날과 계약상의 잔금을 지급하는 날 중 빠른 날
>
> 4) 선박 등의 종류변경
>   사실상 변경된 날과 공부상 변경한 날 중 빠른 날
>
> 5) 토지의 지목변경
>   사실상 변경된 날과 공부상 변경된 날 중 빠른 날
>
> 6) 매립, 간척 등으로 인한 원시취득
>   공사준공인가일 → 공사준공인가일 전에 사용승낙·사용허가 또는 사실상사용 : 가장 빠른 날

정답 21. ②

제2편 지방세

22 취득세의 과세표준은 취득 당시의 가액(價額)으로 함이 원칙이므로 취득시기는 절대적으로 중요한 요소가 된다. 이와 같은 취득시기에 관한 설명으로서 틀린 것은?

① 건축물을 유상승계취득하는데 사실상 잔금지급일과 그 계약상에 잔금지급일이 명시되지 아니한 경우에는 그 계약일로부터 60일이 경과한 날이 취득시기이다.
② 건축물을 유상승계취득(有償承繼取得)하는데 그 계약상 잔금지급일이 명시되지 아니한 경우에 계약 후 15일이 되는 날에 그 대금지급이 없이 소유권이전등기를 마쳤다면 그 등기일이 취득시기가 된다.
③ 건축물을 무상승계취득(無償承繼取得)하는 경우에는 원칙적으로 그 등기일이 취득시기이다.
④ 건축허가를 받아 건축하는 건축물의 경우에 그 사용승인서를 내주기 전에 임시사용승인을 받았다면 그 임시사용승인일이 취득시기(취득일)이다.
⑤ 건축허가를 받지 않고 건축하는 건축물의 경우에는 그 사실상의 사용일이 취득시기(취득일)이다.

해설 취득시기
무상승계취득시 취득시기는 계약일이다. 계약일보다 먼저 등기접수를 했다면 등기접수일이다.

23 다음은 「지방세법」상 취득세에 있어서 취득시기를 설명한 것이다. 가장 올바른 내용은?

① 유상승계취득의 경우에는 원칙적으로 그 계약상의 잔금지급일에 취득한 것으로 본다.
② 유상승계취득의 경우 사실상 잔금지급일을 알 수 없을 때에는 계약일부터 60일이 경과한 날에 취득한 것으로 본다.
③ 잔금을 계약상의 지급일 후에 사실상 지급한 경우에는 등기일 또는 등록일에 취득한 것으로 본다.
④ 계약상의 잔금지급일 전에 등기 또는 등록을 한 경우에는 사실상 잔금지급일에 취득한 것으로 본다.
⑤ 사실상 잔금지급일 이전에 등기 또는 등록을 한 경우에는 그 등기일 또는 등록일에 취득한 것으로 본다.

해설 취득시기
① 유상승계취득의 경우에는 원칙적으로 그 사실상의 잔금지급일에 취득한 것으로 본다.
② 유상승계취득의 경우 계약상 잔금지급일이 명시되지 아니한 경우에는 계약일부터 60일이 경과한 날에 취득한 것으로 본다.
③, ④ 계약상의 잔금지급일 전에 등기 또는 등록을 한 경우에는 그 등기일 또는 등록일에 취득한 것으로 본다.

정답　22. ③　23. ⑤

24 취득세의 취득시기를 설명한 것 중 가장 **틀린** 것은?

① 차량·기계장비 및 선박에 있어서는 그 제조·조립·건조 등이 완성되어 실수요자가 인도받은 날과 계약상의 잔금을 지급하는 날 중 **빠른** 날을 최초의 승계취득일로 본다.
② 토지의 지목변경에 따른 취득은 토지의 지목이 사실상 변경된 날에 취득한 것으로 본다. 다만, 사실상으로 변경된 날을 알 수 없거나 공부상 변경일이 더 빠르면 공부상의 지목변경일을 그 취득일로 본다.
③ 매립·간척 등으로 토지를 원시취득하는 경우에는 공사준공인가일을 취득일로 본다. 다만, 공사준공인가일 전에 사용승낙이나 허가를 받은 경우에는 사용승낙일 또는 허가일을 취득일로 본다.
④ 선박·차량 또는 기계장비의 종류변경에 따른 취득은 사실상 변경한 날에 취득한 것으로 본다. 다만, 사실상 변경한 날보다 먼저 공부상 변경했다면 공부상의 변경일을 그 취득일로 본다.
⑤ 국가·지방자치단체 및 지방자치단체조합으로부터 무상승계취득한 경우에는 그 사실상의 잔금지급일에 취득한 것으로 본다.

해설 취득시기
국가·지방자치단체 및 지방자치단체조합으로부터 유상승계취득한 경우에는 그 사실상의 잔금지급일에 취득한 것으로 본다. 무상승계취득의 경우이므로 잔금지급 등이 있을 수 없다.

25 「지방세법」상 취득세의 취득시기를 설명한 것이다. 올바른 내용은?

① 판결문에 의하여 객관적으로 증명되는 토지의 취득은 사실상 잔금지급일을 취득시기로 한다. 다만 자백간주에 의한 판결문은 제외한다.
② 공매에 의한 상가의 취득은 사실상 잔금지급일이 취득시기이다. 다만 사실상 잔금지급일 전에 등기한 경우에도 사실상의 잔금지급일이 취득시기이다.
③ 아파트를 취득등기하지 아니하고 취득일부터 60일 이내에 계약이 해제된 사실이 화해조서나 공정증서 등으로 입증되는 경우에는 취득한 것으로 본다.
④ 연부취득의 경우에는 매회 계약상의 연부금 지급일을 취득일로 보아 그 취득일부터 60일 이내에 취득세를 신고하고 납부하여야 한다.
⑤ 증여로 인한 무상승계취득의 경우에는 잔금지급일이 취득시기이다.

해설 취득시기
② 사실상 잔금지급일 전에 등기하는 경우에는 등기일이 취득일이다.
③ 취득한 것으로 보지 아니한다.
④ 매회 사실상 연부금 지급일이 취득시기이다.
⑤ 증여의 경우에는 무상이므로 잔금이 있을 수 없다. 따라서 계약상 잔금지급일이 아니고 계약일이 취득시기이다.

정답   24. ⑤   25. ①

26 ★ 甲은 乙소유의 토지를 1억원에 매매로 다음과 같이 취득하였다. 취득시기는 언제인가? (개인 간의 거래임)

```
                    계약서 내용
        ㉠ 계약일 ·················· 20△△년 3월 15일
        ㉡ 중도금지급일 ············ 20△△년 4월 1일
        ㉢ 잔금지급일 ·············· 20△△년 4월 28일
                    사실내용
        ㉠ 잔금지급일 ·············· 20△△년 4월 30일
        ㉡ 등기·등록일 ············ 20△△년 4월 20일
```

① 20△△년 3월 15일 ② 20△△년 4월 28일 ③ 20△△년 4월 15일
④ 20△△년 4월 20일 ⑤ 20△△년 4월 1일

> **해설** 취득시기
> 개인 간의 일반적인 유상승계취득(= 매매취득)이므로 사실상의 잔금지급일이 취득시기이다. 그러나 등기·등록일이 더 빠르므로 등기·등록일이 취득시기이다. 사실상의 잔금지급일(4월 30일) 전에 등기(접수일)한(4월 20일) 경우의 취득일은 등기(접수)일(4월 20일)이 된다.

제5절 과세대상자산

27 ★ 다음은 취득세 과세대상자산을 나열한 것이다. 과세대상자산에 해당되지 않는 것은?

① 임야   ② 건물
③ 나대지   ④ 수영장, 스케이트장 등 레저시설
⑤ 등기된 부동산 임차권

> **해설** 과세대상자산
> - 취득세 과세대상은 열거된 것만을 과세대상자산으로 한다. 등기된 부동산임차권은 과세대상자산으로 열거되어 있지 않다.
> - **취득세 과세대상 암기방법** : 금강산을 개발하기 위하여 운송수단을 이용하여 북한 관계자를 만나 금강송 아래에서 광어회를 먹으면서 회담하였다.
>   • 금강산＝부동산
>   • 운송수단＝(육지)차량, 기계장비, (바다)선박, (하늘)항공기
>   • 금강송＝입목
>   • 광어회＝광업권, 어업권, 양식업권, 회원권(＝골프, 콘도, 승마, 요트, 종합체육시설)

정답   26. ④   27. ⑤

제1장 취득세(기본)

28 다음은 취득세 과세객체를 설명한 것이다. 가장 올바르지 않은 것은?

① 건물이라 함은 사무실·공장·창고·수상건물 등 지붕과 벽 또는 기둥이 있는 것을 말한다.
② 상속으로 인하여 상가건물과 그 부속토지를 취득한 경우에도 과세객체에 해당한다.
③ 수영장, 스케이트장, 전망대, 옥외스탠드, 유원지의 옥외오락시설 등 레저시설은 과세대상자산이 아니다.
④ 토지는 「공간정보의 구축 및 관리 등에 관한 법률」의 규정에 의한 토지와 그 밖에 사용되고 있는 사실상의 토지를 말하며, 용도는 사실상 지목으로 판단한다.
⑤ 무허가 주택을 무상으로 취득하여도 과세대상이다.

해설 과세객체

③의 레저시설은 과세대상자산이다. 토지에 정착하거나 지하 또는 다른 구조물에 설치하는 시설물로서의 레저시설 등은 독립된 시설물이다. 건축물의 범위에 속하는 시설물에는 레저시설, 저장시설, 도크시설 및 접안시설, 도관시설, 급·배수시설, 에너지 공급시설, 기타시설(예 기계식 주차장, 방송중계탑 등)이 있다.

29 취득세 과세대상자산을 열거한 것이다. 가장 올바른 것은?

㉠ 항공기	㉡ 건물에 부착된 200kg 이하 엘리베이터
㉢ 차 량	㉣ 종합체육시설이용회원권
㉤ 선 박	㉥ 어업권, 양식업권
㉦ 토 지	㉧ 기계장비
㉨ 광업권	㉩ 골프회원권
㉪ 입 목	㉫ 콘도미니엄회원권
㉬ 건 물	㉭ 공유수면매립면허권

① ㉠, ㉢, ㉣, ㉤, ㉥, ㉦, ㉧, ㉨, ㉩, ㉪, ㉫, ㉬
② ㉠, ㉡, ㉢, ㉣, ㉤, ㉥, ㉦, ㉧, ㉨, ㉩, ㉪, ㉫, ㉬, ㉭
③ ㉠, ㉢, ㉣, ㉤, ㉥, ㉦, ㉧, ㉨, ㉩, ㉪, ㉫, ㉬, ㉭
④ ㉠, ㉡, ㉢, ㉤, ㉦, ㉧, ㉨, ㉩, ㉪, ㉫, ㉬
⑤ ㉠, ㉡, ㉢, ㉣, ㉤, ㉥, ㉦, ㉧, ㉨, ㉩, ㉪, ㉫, ㉬

해설 과세대상자산

- 지방세법에 열거된 취득세 과세대상자산은 토지, 건축물, 차량, 기계장비, 선박, 항공기, 입목, 광업권, 어업권, 양식업권, 골프회원권, 승마회원권, 요트회원권, 콘도미니엄회원권, 종합체육시설이용회원권이다.
  ㉡은 건축물에 부착되었으므로 부동산이다. 공유수면매립면허권은 취득세 과세대상이 아니다.
- 암기방법 : 금강산(부동산), 운송수단(차량, 기계장비, 선박, 항공기), 금강송(입목), 광어회(광업권, 어업권, 회원권)를 연상하세요.

정답 28. ③ 29. ⑤

30 ★ 취득세 과세대상자산을 설명한 것이다. 가장 알맞은 것은?

ⓐ 부동산	ⓑ 어업권, 양식업권	ⓒ 기계장비
ⓓ 콘도미니엄회원권	ⓔ 특허권	ⓕ 차 량
ⓖ 영업권	ⓗ 골프회원권	ⓘ 선 박
ⓙ 지상권	ⓚ 광업권	ⓛ 입 목
ⓜ 지역권	ⓝ 항공기	ⓞ 종합체육시설이용회원권
ⓟ 전세권	ⓠ 비상장주식	ⓡ 아파트당첨권
ⓢ 1가구 1주택과 부속토지		

① ⓐ, ⓑ, ⓒ, ⓓ, ⓖ, ⓗ, ⓙ, ⓛ, ⓝ, ⓞ, ⓠ, ⓢ
② ⓐ, ⓑ, ⓒ, ⓓ, ⓕ, ⓗ, ⓘ, ⓚ, ⓛ, ⓝ, ⓞ, ⓢ
③ ⓐ, ⓑ, ⓒ, ⓓ, ⓔ, ⓕ, ⓖ, ⓗ, ⓘ, ⓙ, ⓚ, ⓛ, ⓜ, ⓝ, ⓞ, ⓠ, ⓢ
④ ⓐ, ⓑ, ⓓ, ⓕ, ⓗ, ⓘ, ⓙ, ⓚ, ⓛ, ⓜ, ⓞ, ⓟ, ⓠ, ⓡ
⑤ ⓐ, ⓑ, ⓒ, ⓓ, ⓕ, ⓗ, ⓘ, ⓚ, ⓛ, ⓝ, ⓞ

> **해설** 과세대상
> 취득세 과세대상은 부동산, 차량, 기계장비, 선박, 항공기, 입목, 광업권, 어업권, 양식업권, 골프회원권, 승마회원권, 요트회원권, 콘도미니엄회원권, 종합체육시설이용회원권이다. 1가구 1주택과 부속토지의 취득은 과세대상자산이다.

31 ★ 「지방세법」상 취득세 과세대상자산을 설명한 것이다. 과세대상자산에 해당되지 <u>아니</u>한 것은?

① 수상(水上)건물
② 선 박
③ 광업권
④ 지상권
⑤ 승마회원권

> **해설** 과세대상자산
> 취득세 과세대상은 세법에 열거된 것만이 해당된다. 지상권은 취득세 과세대상으로 열거되어 있지 아니하다. 지상권, 전세권, 부동산임차권 등은 취득세 과세대상자산이 아니다.

정답 30. ② 31. ④

제1장 취득세(기본)

32 취득세는 「지방세법」상 열거된 과세대상자산을 취득할 경우에만 납세의무가 있다. 다음에 설명한 취득세 과세대상자산 중 가장 알맞은 것은?

① 선박은 기선·범선·부선(艀船)을 제외한 기타 명칭 여하를 불문하고 모든 배를 말한다.
② 광업권은 광업법의 규정에 의한 광업권을 말한다. 다만, 출원에 의한 광업권의 원시취득은 비과세한다.
③ 차량과 기계장비도 취득세 과세대상이다.
④ 입목은 지상의 과수, 임목과 죽목을 말한다. 벌채된 입목을 취득한 때에는 입목취득으로 본다.
⑤ 골프회원권은 「체육시설의 설치·이용에 관한 법률」의 규정에 의한 회원제 골프장의 회원으로서 골프장을 이용할 수 있는 권리를 말하며 취득세 중과세한다.

해설 과세대상
① 선박은 기선·범선·부선(艀船) 등 기타 명칭 여하를 불문하고 모든 배를 말한다.
② 출원에 의한 광업권·어업권은 취득세를 100% 면제한다.
④ 벌채된 입목을 취득한 때에는 입목취득으로 보지 아니한다. 즉 과세대상이 아니다.
⑤ 골프장을 신설 또는 증설하여 등록 또는 변경등록하는 때에는 취득세를 중과세 한다(등록하지 아니하더라도 사실상 골프장으로 사용하는 경우 포함). 그러나 골프회원권은 중과세하지 아니한다.

33 취득세의 과세대상을 설명한 것이다. 올바르게 연결된 것은?

① 부동산 ― 어업권 ― 지역권
② 지상권 ― 골프회원권 ― 임야
③ 상가 ― 입목 ― 승마회원권
④ 미등기된 임야 ― 광업권 ― 전세권
⑤ 아파트당첨권 ― 항공기 ― 임야

해설 과세대상
지역권, 지상권, 전세권, 아파트당첨권은 취득세 과세대상자산이 아니다. 취득세 과세대상자산은 부동산, 차량, 기계장비, 선박, 항공기, 입목, 광업권, 어업권, 양식업권, 회원권(골프, 콘도, 승마, 요트, 종합체육시설이용)이다.

정답　32. ③　33. ③

제6절 과세표준

34 개인이 건물을 취득한 경우 다음 중 취득세 과세표준에 포함되는 금액은 얼마인가?

> ㉠ 공인중개사에게 지급한 중개보수 ················ 400,000원
> ㉡ 취득시기 이전의 할부이자 ························· 800,000원
> ㉢ 취득시기 이전의 건설자금이자 ················· 1,300,000원
> ㉣ 매입자가 부담한 부가가치세 ···················· 17,000,000원
> ㉤ 나대지 사용을 위한 구건물 철거비용 ········· 21,000,000원

① 1,300,000원 ② 0원 ③ 17,400,000원
④ 22,300,000원 ⑤ 2,100,000원

해설 과세표준
- 개인의 경우 건설자금이자, 연체료, 할부이자를 제외한다. 부가가치세는 개인과 법인 모두 제외한다. ㉤은 건물의 과세표준에 포함되지 않고 나대지의 취득원가에 포함한다. ㉠은 개인의 경우 제외한다.
- 개인의 경우 취득가격의 범위에 포함되는 것과 제외되는 것은 다음과 같다.
  - 포 함 : 설계비, 농지보전부담금, 대체산림자원조성비, 취득자 조건 부담액, 채무인수액 등
  - 제 외 : 건설자금에 충당한 차입금이자, 판매를 위한 광고선전비, 이주비, 지장물보상금, 부가가치세, 할인금액, 연체료, 할부이자, 계약불이행으로 지급하는 위약금, 지체상금, 공인중개사에게 지급한 중개보수 등

35 「지방세법」상 취득세에 대한 내용이다. 틀린 것은?

① 부동산이란 토지 및 건축물을 말한다.
② 건축물에 대한 취득세의 세율은 원칙적으로 해당 물건을 취득한 때의 현황에 따라 차등 적용된다.
③ 취득세 납세의무의 성립시기는 과세물건을 취득하는 때이다.
④ 관계법령의 규정에 의한 등기·등록 등을 이행하지 아니한 경우라도 사실상 취득한 때에는 취득한 것으로 본다.
⑤ 건축물의 취득 중 증축으로 인하여 당해 건축물의 면적이 증가한 경우 증축에 소요되는 금액이 시가표준액에 미달하는 때에도 증축에 소요되는 금액을 과세표준으로 한다.

해설 과세표준
⑤ 시가표준액에 미달하는 때에는 시가표준액으로 한다.

정답 34. ② 35. ⑤

36 ★★★ 취득세의 과세표준은 취득당시 가액으로 한다. 사실상 취득가액을 과세표준으로 하는 경우가 아닌 것은?

① 법인이 작성한 원장·보조장·결산서 등에 의하여 취득가격이 입증되는 취득
② 민사소송 및 행정소송에 의하여 확정된 판결문에 의하여 취득가격이 입증되는 취득에 있어서 화해·포기·인낙 또는 자백간주에 의하여 취득가격이 입증되는 취득
③ 국가, 지방자치단체 및 지방자치단체조합으로부터의 취득
④ 개인이 개인으로부터 취득한 방법 중 공매방법에 의한 취득
⑤ 개인이 외국의 개인으로부터 수입에 의한 취득

해설 과세표준
②의 경우 화해·포기·인낙 또는 자백간주에 의한 것은 제외한다.

37 건축물의 증축 또는 개축 등에 관한 과세표준을 설명한 것이다. 가장 타당하지 않은 것은?

① 건축물을 증축한 경우 증축에 소요되는 금액을 증가한 가액으로 보아 과세표준으로 한다.
② 건축물을 개축한 경우 개축으로 인하여 증가한 가액을 과세표준으로 한다.
③ 선박, 차량 및 기계장비의 종류변경 또는 토지의 지목을 사실상 변경한 경우에는 종류변경이나 지목변경으로 인하여 증가한 가액을 각각 과세표준으로 한다.
④ 토지 지목변경으로 인하여 증가한 가액은 토지의 지목이 공부상 변경된 때를 기준으로 하여 지목변경 전의 시가표준액과 지목변경 후의 시가표준액의 차액으로 한다.
⑤ 토지 지목변경의 경우 신고 또는 신고가액의 표시가 없거나 신고가액이 시가표준액에 미달하는 때에는 시가표준액에 의한다.

해설 과세표준
④의 경우 토지의 지목이 사실상 변경된 때를 기준으로 한다. 즉 사실상 변경된 때를 기준으로 그 전과 후의 차액으로 한다.

38 취득세의 과세표준 중 가장 옳지 않은 것은?

① 법인의 장부 등에 의하여 취득가액이 입증되는 경우에는 사실상의 취득가액으로 한다.
② 유상승계취득의 경우 취득세의 과세표준은 원칙적으로 취득 당시의 시가표준액이다.
③ 공매방법에 의한 취득은 사실상 취득가액으로 한다.
④ 증여취득의 경우 시가인정액 등을 과세표준으로 한다.
⑤ 토지의 지목변경(地目變更)의 경우에는 증가된 가액으로 한다.

정답 36. ② 37. ④ 38. ②

해설 과세표준

취득세의 과세표준은 유상승계취득의 경우 원칙적으로 사실상 취득가액이다.

39 취득세의 설명 중 틀린 것은?

① 과세대상물건을 기부받으면 납세의무가 있다.
② 무허가건축물은 사실상의 사용일이 취득일이다.
③ 이전건축물(移轉建築物)의 증가부분(증가가액)은 과세된다.
④ 부동산취득의 표준세율은 취득원인이 상속, 증여, 매매취득 등 취득원인에 따라 다르다.
⑤ 연부취득은 시가표준액을 과세표준으로 한다.

해설 과세표준

연부취득의 과세표준은 매회 실지로 지불하는 연부금액이다.

40 당해 법인(비상장법인)의 소유주식 40%의 주주가 20%를 추가 취득하여 60%로 증가되어 처음으로 과점주주(寡占株主)가 되었을 경우 몇 %에 대하여 취득세를 과세하는가?

① 30%　　② 40%　　③ 50%　　④ 60%　　⑤ 90%

해설 과점주주

- 처음으로 과점주주가 된 때(50% 초과)에는 전부가 과세대상이다. 즉 60%이다.
- 과세표준은 취득물건의 (총가액 × 소유주식수) / 주식발행총수이다.
- 비상장 법인의 경우에 해당되며, 법인 설립시에는 처음으로 과점주주가 되더라도 과세하지 않는다.

41 다음 취득세에 대한 내용 중 잘못된 것은?

① 취득세의 과세물건을 취득한 날부터 60일 이내에 이를 신고·납부하여야 한다.
② 취득가액이 50만원 이하인 때에는 취득세를 부과하지 아니한다.
③ 취득세를 신고하지 아니한 때에는 산출세액의 20%를 신고불성실가산세로 하여 취득세를 징수한다.
④ 취득세의 세율은 2.3%, 2.8%, 4%와 같이 차등 정률세율구조이다.
⑤ 매매계약서상의 약정금액을 일시급 등의 조건으로 할인한 경우에는 당초 약정금액을 취득세 과세표준으로 한다.

해설 취득세

약정금액을 일시급 등의 조건으로 할인한 경우에는 할인 후의 금액인 할인된 금액을 과세표준으로 한다. 따라서 할인받은 금액은 과세표준에서 공제한다. 예를 들면, 정상가액 1억원, 할인금액 1,000만원, 할인된 금액 9,000만원인 경우 9,000만원이 과세표준이다.

정답　　39. ⑤　　40. ④　　41. ⑤

제1장 취득세(기본)

42 취득세 과세표준은 시가표준액으로 하는 경우가 있다. 토지에 대한 시가표준액을 설명한 것 중 틀린 것은?

① 개별공시지가가 없는 토지의 경우에는 특별자치시장·특별자치도지사·시장·군수·구청장이 토지가격비준표를 사용하여 산정한 지가를 시가표준액으로 한다.
② 개별공시지가는 전년도 12월 31일 현재의 지가로 하고 12월 31일 현재의 개별공시지가가 고시되지 아니한 경우에는 직전연도의 개별공시지가로 한다.
③ 신고가액이 시가표준액보다 낮으면 시가표준액으로 취득세의 과세표준을 결정한다.
④ 시가표준액이란 「부동산 가격공시에 관한 법률」에 의하여 공시되는 토지에 대해서는 그 공시된 가액을 말한다.
⑤ 개별공시지가를 시가표준액으로 한다.

> **해설** 토지에 대한 시가표준액
> 개별공시지가는 취득일 현재의 개별공시지가로 하고 취득일 현재 당해 연도에 적용할 개별공시지가가 결정 고시되지 아니한 때에는 특자시·특자도·시장·군수·구청장이 국토교통부장관이 제공한 토지가격비준표를 사용하여 산정한 가액으로 한다.

43 ★ 취득세에 있어서 납세의무자, 과세대상, 과세표준, 세율은 매우 중요하다. 다음은 과세표준을 설명한 것이다. 가장 올바른 것은?

① 과점주주가 취득한 것으로 보는 당해 법인의 부동산, 차량 등에 대한 과세표준은 그 부동산 등의 총가액에 과점주주가 취득한 주식 또는 출자의 수가 당해 법인이 발행한 주식총수 또는 출자총수에서 차지하는 비율을 곱하여 계산한 금액을 말한다.
② 건축물의 증축은 증축에 소요된 금액, 개축은 증가한 가액으로 하되 시가표준액이 신고가액 이상일 때에는 신고가액을 과세표준으로 한다.
③ 토지의 지목변경은 지목이 사실상 변경된 때를 기준으로 지목변경 전의 시가표준액과 지목변경 후의 시가표준액의 차액으로 한다. 다만, 법인의 장부·판결문 등에 의하여 지목변경에 소요된 비용이 입증되는 경우에도 시가표준액으로 한다.
④ 증여·기부 기타 무상취득은 신고가액이 시가표준액보다 높더라도 시가표준액으로 한다.
⑤ 취득가액은 취득자의 신고가액으로 한다. 다만, 연부로 취득한 경우에는 연부금액(이자 포함)으로 한다. 여기서 취득가액이란 조례로 정하는 바에 따라 취득자의 신고 당시의 가액에 의한다.

> **해설** 과세표준
> ② 사실상 취득가액으로 한다.
> ③ 사실상 취득가액의 차액으로 한다. 법인의 장부·판결문 등에 의하여 지목변경에 소요된 비용이 입증되는 경우에는 그 비용으로 한다.
> ④ 증여·기부 기타 무상취득은 원칙적인 과세표준은 시가인정액이다.
> ⑤ 취득가액은 신고 당시가 아닌 취득 당시의 가액으로 한다.

정답 42. ② 43. ①

제2편 지방세

44 토지 이외의 과세대상에 대한 시가표준액에 대하여 설명한 것이다. 가장 타당하지 않은 것은?

① 토지 이외의 과세대상에 대한 시가표준액은 당해 지방자치단체의 장이 거래가격·신축·건조·제조가격 등을 참작하여 정한 기준가격에 종류·구조·용도·경과연수 등 과세대상별 특성을 감안하여 결정한 매년 1월 1일 현재의 가격을 말한다.
② 매년 1월 1일 현재 시가표준액이 결정되지 아니한 과세대상의 경우에는 직전연도에 결정한 가액을 시가표준액으로 한다.
③ 이미 결정된 시가표준액이 기준가격의 변동 또는 기타사유로 현저하게 불합리하다고 인정되는 경우에는 시가표준액을 변경하여 결정할 수 있다.
④ 건물의 시가표준액은 건물의 신축가격을 기준으로 구조별·용도별·위치별 지수와 경과연수별 잔존가치율 및 그 규모·특수부대설비 등을 참작한 가감산율을 적용하여 결정한다.
⑤ 선박의 시가표준액은 성질별·용도별·기관의 종류 및 동력장치 유무 등에 의한 건조가격에 경과연수를 참작하여 결정한다.

해설 토지 이외의 과세대상에 대한 시가표준액

매년 1월 1일 현재 시가표준액이 결정되지 아니한 과세대상의 경우에는 납세의무성립일 현재를 기준으로 결정한 가액을 시가표준액으로 한다.

45 ★ 취득가격의 범위는 취득세 과세표준을 결정함에 있어서 매우 중요하다. 다음 취득가격의 범위를 설명한 것 중 가장 올바른 것은?

① 취득가격은 과세대상물건의 취득의 시기를 기준으로 그 이전에 당해 물건을 취득하기 위하여 거래상대방 또는 제3자에게 지급하였거나 지급하여야 할 직접비용과 간접비용의 합계액을 말한다.
② 매매계약서상의 약정금액을 일시급 등의 조건으로 할인한 경우에는 그 할인금액으로 한다.
③ 일체의 비용에는 법인의 경우 소개수수료, 설계비, 연체료, 할부이자, 건설자금에 충당한 차입금 이자, 부가가치세 등 취득에 소요된 직접·간접비용을 포함한다.
④ 법인이 아닌 자가 취득하는 경우에는 연체료는 제외하나, 할부이자는 정상적인 이자이므로 포함한다.
⑤ 토지와 건축물 등을 일괄취득함으로 인하여 토지 또는 건축물에 대한 취득가격이 구분되지 아니하는 경우에는 일괄취득한 가격을 시가(時價) 비율로 안분한 금액을 토지, 건축물 및 기타 물건의 취득가액으로 한다.

정답 44. ② 45. ①

해설 취득가격의 범위

② 할인 후의 금액인 할인된 금액으로 한다.
③ 간접비용 중에서 부가가치세는 제외한다.
④ 현행 「지방세법」에는 법인이 아닌 자가 취득한 경우 할부이자도 제외한다.
⑤ 일괄취득한 가격을 시가표준액 비율로 안분한 금액을 토지, 건축물 및 기타 물건의 취득가액으로 한다.

46 취득세의 과세표준은 가액을 결정하는 문제로 매우 중요하다. 취득세의 과세표준을 설명한 것 중 가장 올바른 내용은?

① 할부 또는 연부계약에 따른 이자상당액 및 연체료는 취득가액에 포함한다. 이 경우 개인과 법인 모두 취득가액에 포함한다.
② 취득가격에 포함하지 않는 경우에 해당되는 것으로는 광고선전비 등의 판매비용, 이주비, 부가가치세 등을 예로 들 수 있다.
③ 1세대 1주택을 취득한 경우 신고가액이 시가표준액보다 미달하더라도 신고가액이 과세표준이다.
④ 법인이 부동산을 취득한 경우의 과세표준은 장부 등에 입증된 사실상 취득가격으로 한다. 그러나 개인은 시가표준액으로 한다.
⑤ 법인이 아닌 자가 건축물을 건축하거나 대수선하여 취득하는 경우로서 취득가격 중 90%를 넘는 가격이 법인장부에 의하여 입증되는 경우 90% 넘게 입증되는 금액에서 계산서 또는 세금계산서로 증명되는 금액을 뺀 금액을 과세표준으로 한다.

해설 취득세 과세표준

① 개인은 제외한다.
③ 사실상 취득가액이 과세표준이다.
④ 개인과 법인은 사실상 취득가액으로 한다.
⑤ 취득가격 중 90%를 넘는 가격이 법인장부에 의하여 입증되는 경우 90% 넘게 입증되는 금액과 계산서 또는 세금계산서로 증명되는 금액을 합한 금액을 과세표준으로 한다.

47 다음은 취득세 과세표준을 원칙적으로 시가표준액으로 하여야 하는 경우이다. 이에 해당하는 것은?

① 증여(贈與) ② 상속(相續) ③ 기부(寄附)
④ 지방자치단체로부터 취득
⑤ 개인이 취득세를 신고하지 않거나 또는 신고가액이 시가표준액보다 적을 때

해설 취득세 과세표준

상속으로 인한 취득은 원칙적으로 시가표준액을 과세표준으로 한다.

정답 46. ② 47. ②

제2편 지방세

48 비상장 법인의 소유주식 60%의 과점주주가 70%로 증가된 경우 취득세의 산정기준은 몇 %인가?

① 30% ② 40% ③ 10% ④ 15% ⑤ 5%

해설 취득세 과세표준
70% − 60% = 10%, 즉 증가된 부분만 과세대상이다.

49 ★ 甲이 소유하는 다음 내용과 같은 건축물을 지방세의 체납으로 인하여 압류된 후 한국자산관리공사로부터 공개입찰에 의거하여 乙이 취득하였다. 취득세 과세표준은 얼마인가?

> ㉠ 건축물의 시가 ·············· 4천8백만원
> ㉡ 건축물의 시가표준액 ·············· 3천9백만원
> ㉢ 건축물의 감정가액 ·············· 4천만원
> ㉣ 건축물의 낙찰가액 ·············· 3천8백만원
> ㉤ 건축물의 입찰예정가액 ·············· 3천6백만원

① 4천8백만원 ② 3천9백만원 ③ 4천만원 ④ 3천8백만원 ⑤ 3천6백만원

해설 취득세 과세표준
사실상 취득가격이 명확히 나타나므로 사실상 취득가액이 과세표준이다.

50 비상장법인을 설립할 당시에 甲은 소유주식 80%에 해당되어 과점주주가 되었다. 이 경우 甲의 취득세 과세표준에 해당되는 비율은 몇 %인가?

① 80% ② 50% ③ 30% ④ 10% ⑤ 0%

해설 취득세 과세표준
법인설립시 과점주주는 과세하지 않는다. 따라서 0%이다.

정답 48. ③ 49. ④ 50. ⑤

제1장 취득세(기본)

51 ★ 무주택자인 개인 갑(甲)이 고급주택을 매매로 인한 유상승계 취득한 경우 다음 자료에 의하여 취득세(取得稅)를 계산하면? (사실상 취득가액이 입증된다고 가정함)

> ㉠ 사실상의 취득가액 ··· 2억원
> ㉡ 시가표준액(時價標準額) ·· 1억원

① 4,000,000원　② 8,000,000원　③ 12,000,000원
④ 16,000,000원　⑤ 18,000,000원

해설 취득세액의 계산

1) 과세표준
   사실상 취득가액이 입증되는 경우에는 사실상 취득가액을 과세표준으로 한다.
2) 세 율
   고급주택: 1% + 8% = 9% = $\frac{90}{1,000}$ (고급주택 매매의 표준세율은 6억원 이하이므로 1%이다.)
3) 취득세액
   2억원 × $\frac{90}{1,000}$ = 18,000,000원

제7절 세 율

52 취득세의 세율을 설명한 것이다. 가장 틀린 것은?

① 취득세의 세율체계는 표준세율과 중과세율 그리고 세율적용의 특례로 크게 구분한다.
② 2011.1.1 이후 부동산을 취득하여 등기하는 경우 등록에 대한 등록면허세가 부과되지 않고 취득세가 부과된다.
③ 표준세율은 취득원인에 따라, 즉 매매취득이냐 상속취득이냐 원시취득이냐에 따라 세율이 다르게 적용된다.
④ 중과세율은 고급주택을 취득한 경우와 대도시에서 법인의 본점의 사업용 부동산(신축 또는 증축에 한함)을 취득하는 경우 등에 따라 다르게 적용된다.
⑤ 부동산취득의 세율을 적용함에 있어서 표준세율과 중과세율 그리고 중과세율의 상호 간 동시에 적용될 경우에는 높은 세율을 적용한다.

해설 취득세 세율

일반적으로 2개 이상의 세율이 동시에 적용될 경우에는 높은 세율을 적용한다. 그러나 중과세율 상호 간에 2개 이상의 세율이 적용될 경우에는 높은 세율이 적용되지 않고 법령에서 정한 세율이 적용된다. 또한, 세율 적용의 특례에 해당할 경우에는 해당 특례세율이 적용된다.

정답　51. ⑤　52. ⑤

제2편 지방세

53. 다음 중 취득세의 세율에 대한 설명으로 틀린 것은? ★★

① 1구의 건물의 연면적이 245m²(복층형은 274m²)를 초과하는 주거용 공동주택과 그 부속토지로서 취득 당시 주택의 공시가격인 시가표준액이 9억원을 초과하는 경우 고급주택으로 보아 취득세를 중과세한다.
② 주거용 건축물로서 상시 주거용으로 사용하지 아니하고 휴양, 피서, 놀이 등의 용도로 사용하는 건축물과 그 부속토지에 대하여는 중과세 세율을 적용한다.
③ 골프장을 신설취득하는 경우에는 취득세 중과세율을 적용한다.
④ 고급오락장용 건축물에 부속된 토지의 경계가 명백하지 아니할 때에는 그 건축물의 바닥면적의 10배(도시지역 안은 5배)에 해당하는 토지를 그 부속토지로 본다.
⑤ 취득세의 표준세율은 취득물건의 가액의 1,000분의 30, 1,000분의 40 등으로 다르게 적용되며 지방자치단체의 장은 조례에 의하여 표준세율의 100분의 50의 범위에서 가감할 수 있다.

해설 취득세의 세율
도시지역 여부의 구분 없이 바닥면적의 10배를 부속토지로 본다.

54. 취득세에 있어서 부동산취득의 표준세율을 설명한 것이다. 가장 틀린 내용은? ★

① 표준세율의 100분의 50의 범위에서 가감할 수 있다. 표준세율이 4%일 경우 최고한도 6%, 최저한도 2%가 적용될 수 있다.
② 표준세율을 적용함에 있어서 농지란 논, 밭, 과수원, 목장용지를 말한다.
③ 상속과 증여 그리고 매매로 인한 취득의 경우 농지이냐 농지 이외의 부동산이냐에 따라 표준세율이 다르게 적용된다.
④ 상속과 상속 이외 무상취득 및 매매로 인한 취득의 부동산이 공유물일 때에는 그 취득지분의 가액을 과세표준으로 하여 각각의 세율을 적용한다.
⑤ 건축(신축과 재축은 제외한다) 또는 개수로 인하여 건축물 면적이 증가할 때에는 그 증가된 부분에 대하여 원시 취득으로 보아 $\frac{28}{1,000}$의 세율을 적용한다.

해설 부동산취득의 표준세율
상속과 매매는 농지이냐 농지이외의 부동산이냐 따라 세율이 다르게 적용된다. 그러나 상속 이외의 무상취득(예 증여)은 비영리사업자이냐 비영리사업자 이외의 자(예 개인)이냐에 따라 세율이 다르게 적용된다.

정답   53. ④   54. ③

55. 「지방세법」상 농지를 상호교환하여 소유권이전등기를 할 때 적용하는 취득세 표준세율은? (단, 법령이 정하는 비영리사업자가 아님) [24회 출제]

① 1천분의 23　　② 1천분의 25　　③ 1천분의 28
④ 1천분의 30　　⑤ 1천분의 35

해설 취득세 표준세율

농지의 교환은 $\frac{30}{1,000}$ 이다.

56. 취득세의 세율에 관한 다음 설명 중 가장 올바른 것은?

① 임야를 매매로 취득한 경우 취득세의 표준세율은 취득물건의 가액 또는 연부금액의 1,000분의 40으로 한다. 지방자치단체의 장은 조례로 정하는 바에 의하여 취득세의 세율을 표준세율의 100분의 30의 범위 안에서 가감할 수 있다.
② 골프장은 그 시설을 갖추어 「체육시설의 설치·이용에 관한 법률」의 규정에 의하여 체육시설업의 등록을 하는 때(시설을 증설하여 변경 등록하는 때에는 제외함)에 한하여 표준세율에 중과기준세율의 4배를 합한 세율을 적용한다.
③ 고급오락장에 딸린(부수) 토지의 경계가 명확하지 아니한 때에는 그 건축물 바닥면적의 10배에 해당하는 토지를 그 딸린(부수)토지로 보아 표준세율에 중과기준세율의 2배를 합한 세율을 적용한다.
④ 고급주택을 취득한 날로부터 60일 이내에 주거용이 아닌 용도로 사용하거나 고급주택이 아닌 용도로 사용하기 위하여 용도변경공사에 착공하는 경우에는 고급주택으로 보지 아니한다.
⑤ 골프장, 고급주택, 고급오락장 또는 고급선박을 2인 이상이 구분하여 취득하거나 1인 또는 수인이 시차(時差)를 두고 구분하여 취득하는 경우의 세율은 1,000분의 40으로 한다.

해설 취득세의 세율
① 100분의 50의 범위에서 가감할 수 있다.
② 시설을 증설하여 변경 등록하는 때에도 포함한다.
③, ⑤ 표준세율에 중과기준세율의 4배를 합한 세율을 적용한다.

정답　55. ④　56. ④

57. 다음 중 취득세가 중과세되는 과밀억제권역 내 공장의 신설·증설과 본점 등 사업용 부동산취득에 대한 설명으로 틀린 것은?

① 중과세가 적용되는 경우 사업용 과세물건의 소유자와 공장을 신설 또는 증설한 자가 다른 때에는 그 사업용 과세물건의 소유자가 공장을 신설 또는 증설한 것으로 보아 중과세율을 적용한다.
② 서울특별시에서 타인소유의 공장을 임차 경영하던 자가 신설일부터 2년 이내에 과밀억제권역 내의 서울특별시 이외의 지역으로 공장을 이전하는 경우에는 취득세가 중과세되지 아니한다.
③ 취득세의 중과세가 적용되는 공장의 범위에는 은행업·유통사업·의료업 등 도시형 업종은 포함하지 아니하므로 취득세가 중과세되지 아니한다.
④ 취득세의 중과세는 건축물 연면적이 500m² 이상인 공장을 신설하는 경우와 건축물 연면적의 100분의 20 이상 또는 건축물 연면적 330m² 초과 증설의 경우에 적용된다.
⑤ 취득세가 중과세되는 지역은 「수도권정비계획법」 제6조의 과밀억제권역을 말하지만 공장의 신·증설의 경우 산업단지, 유치지역 및 공업지역은 그 대상에서 제외한다.

해설 중과세대상
타인소유의 공장을 임차하여 경영하던 자가 그 공장을 신설한 날부터 2년 이내에 이전하는 경우에는 과밀억제권역 내에서 공장을 이전하는 경우에도 중과세대상이 된다.

58. ★★ 「지방세법」의 규정 중 취득세의 중과대상에 해당하는 고급주택의 범위와 적용기준을 설명한 것이다. 「지방세법」의 내용과 가장 틀린 것은?

① 1구의 건물에 엘리베이터(적재하중 200kg 이하의 소형 제외)가 설치된 주거용 건물(공동주택을 제외)과 그 부속토지로서 주택의 취득 당시 공시가격인 시가표준액이 9억원을 초과하는 경우
② 1구의 건물의 연면적(주차장면적을 제외)이 331m²를 주거용 건물과 그 부속토지로서 취득 당시 주택의 공시가격인 시가표준액이 9억원을 초과하는 경우
③ 1구의 건물의 대지면적이 662m²를 초과하는 것으로서 주거용 건물과 그 부속토지의 취득 당시 주택의 공시가격인 시가표준액이 6억원을 초과하는 경우
④ 에스컬레이터 또는 67m² 이상의 수영장 중 1개 이상의 시설이 설치된 주거용 건물(공동주택을 제외)과 그 부속토지
⑤ 1구의 공동주택(다가구용 주택을 포함하되 이 경우 한 가구가 독립하여 거주할 수 있도록 구획된 부분을 각각 1구의 건물로 봄)의 연면적(공용면적을 제외)이 245(복층형의 경우는 274)m²를 초과하는 공동주택과 그 부속토지로서 취득 당시 주택의 공시가격인 시가표준액이 9억원을 초과하는 경우

정답 57. ② 58. ③

> **해설** 중과세대상
>
> ③ 1구의 건물의 대지면적이 662m²를 초과하는 것으로서 취득당시 주택의 공시가격인 시가표준액이 9억원을 초과하는 경우
> ①, ②, ③, ⑤의 경우에는 취득 당시 시가표준액, 즉 공시가격이 9억원을 초과한 것에 한한다.
> ④의 경우에는 취득 당시 시가표준액 기준이 없다.

59 아래의 내용을 설명한 것 중 취득세의 내용으로 가장 올바른 내용은?

> 1구의 대지면적이 700m²이고 단독주택의 연면적이 200m²이고, 주거용 건축물과 그 부속토지로서 취득 당시 개별주택가액이 10억원인 경우

① 고급주택에 해당되므로 세율은 중과세 세율인 표준세율에 중과기준세율의 400/100을 합한 세율을 적용한다.
② 고급주택에 해당되지 않으므로 표준세율이 적용된다. 이 경우 10억원에 매매취득하였다면 표준세율은 3%가 적용된다.
③ 단독주택의 연면적이 331m²를 초과하지 아니하므로 고급주택에 해당하지 아니한다.
④ 고급주택의 매매로 인한 취득의 경우 중과세 세율적용은 표준세율에 중과기준세율의 400/100을 더한 세율이 적용되므로 10.8%이다.
⑤ 일반건축물을 취득하여 고급주택이 된 경우 고급주택이 된 사유발생일부터 30일 이내에 취득세를 신고하고 납부하여야 한다.

> **해설** 중과세대상
>
> ① (○) 대지면적 662m² 초과하는 기준과 취득 당시 시가표준액(개별주택가액)이 9억원을 초과하는 기준만 충족하면 고급주택이다. 즉 위 경우에는 주택의 연면적 331m² 초과 기준은 충족하지 않아도 된다.
> ④ (X) 고급주택의 매매로 인한 취득의 경우 중과세 세율적용은 표준세율에 중과기준세율의 400/100을 더한 세율이 적용되므로 표준세율(1~3%) + 8%이다.
> ⑤ (X) 일반건축물을 취득하여 고급주택이 된 경우 고급주택이 된 사유발생일부터 60일 이내에 취득세를 신고하고 납부하여야 한다.

정답   59. ①

제2편 지방세

60. 취득세의 세율에 관한 다음 설명 중 가장 올바른 것은?

① 취득세의 표준세율은 취득물건의 가액 또는 연부금액의 1,000분의 40, 1,000분의 28 등으로 취득내용별로 다르다. 지방자치단체의 장은 조례가 정하는 바에 의하여 취득세의 세율을 표준세율의 100분의 30의 범위 안에서 가감할 수 있다.
② 골프장은 그 시설을 갖추어 「체육시설의 설치·이용에 관한 법률」의 규정에 의하여 체육시설업의 등록을 하는 때(시설을 증설하여 변경등록하는 때에는 제외함)에 한하여 중과세대상으로 한다.
③ 고급오락장에 부속된 토지의 경계가 명확한 때에는 그 건축물 바닥면적의 10배에 해당하는 토지를 그 부속토지로 보아 중과세한다.
④ 고급주택을 취득한 날부터 60일 이내에 주거용이 아닌 용도로 사용하거나 고급주택이 아닌 용도로 사용하기 위하여 용도변경공사에 착공하는 경우에는 고급주택으로 보지 아니한다.
⑤ 골프장·고급주택·고급오락장 또는 고급선박을 2인 이상이 구분하여 취득하거나 1인 또는 수인이 시차(時差)를 두고 구분하여 취득하는 경우에는 중과세하지 아니한다.

해설 취득세의 세율
① 100분의 50의 범위 안에서 가감할 수 있다.
② 시설을 증설하여 변경등록하는 때를 포함하여 중과세한다.
③ 경계가 명확하지 아니할 때에는 건축물의 바닥면적의 10배에 해당하는 토지를 그 부속토지로 한다.
⑤ 2인 이상이 구분·취득하거나 시차를 두고 구분·취득하여도 중과세한다.

61. 취득세의 세율은 표준세율 또는 중과세율로 나누어진다. 다음 세율 중 가장 알맞은 것은?

① 일반건물을 매매로 인한 취득한 경우의 표준세율 : 1,000분의 100
② 법인이 고급오락장을 원시취득한 경우의 중과세율 : 1,000분의 108
③ 개인이 고급주택을 매매로 취득(1주택 가정)한 경우의 중과세율 : 1,000분의 60
④ 골프장을 원시취득한 경우의 중과세율 : 1,000분의 120
⑤ 법인이 비업무용 토지를 취득한 경우의 표준세율 : 1,000분의 108

해설 취득세의 세율
① 표준세율 4% = $\frac{40}{1,000}$
② 2.8% + 8% = 10.8% = $\frac{108}{1,000}$
③ 표준세율(1%~3%) + 8%이다.
④ 골프장 ─ 신·증설 : 10.8%(=2.8%+8%) = $\frac{108}{1,000}$
　　　　　└ 유상승계취득 : 4% = $\frac{40}{1,000}$
⑤ 표준세율 4% = $\frac{40}{1,000}$

정답　60. ④　61. ②

62 ★ 부동산취득에 대하여 표준세율이 적용된다고 가정할 경우 다음 중 설명이 올바른 것은?

① 개인 甲이 신축한 건축물 : 1,000분의 23
② 개인 乙이 아버지로부터 대지를 증여받은 경우 : 1,000분의 25
③ 개인 丙이 영리법인으로부터 매매로 상가를 취득한 경우 : 1,000분의 30
④ 개인 丁이 개수로 인하여 건축물의 면적이 증가한 경우 : 1,000분의 28
⑤ 개인 戊가 상속으로 인하여 목장용지를 취득한 경우 : 1,000분의 40

해설 표준세율

① $\dfrac{28}{1,000}$ ② $\dfrac{35}{1,000}$ ③ $\dfrac{40}{1,000}$ ⑤ $\dfrac{23}{1,000}$

63 취득세의 세율은 크게 표준세율과 중과세율로 나눌 수 있다. 표준세율을 설명한 것 중 가장 올바른 것은?

① 논, 밭, 임야를 상속받았을 경우 취득세 표준세율은 1,000분의 23, 즉 2.3%이다.
② 매매로 인한 상가의 취득에 대한 취득세 표준세율은 1,000분의 30, 즉 3%이다.
③ 개인이 증여로 인한 주택의 취득세 표준세율은 1,000분의 28, 즉 2.8%이다.
④ 건축물을 법인이 일반적인 원시취득에 해당하는 경우 취득세 표준세율은 1,000분의 30, 즉 3%이다.
⑤ 합유물 및 총유물의 분할로 인한 취득에 대한 표준세율은 1,000분의 23, 즉 2.3%이다.

해설 표준세율

① 농지 상속은 2.3%이다. 농지 이외의 상속은 2.8%이다.
② 매매로 인한 농지의 취득은 3%, 농지 이외의 매매취득은 4%이다.
③ 개인이 증여로 인한 취득은 3.5%이다.
④ 건축물의 원시취득은 2.8%이다.

정답 62. ④ 63. ⑤

제2편 지방세

64 아래에 해당하는 부동산 등을 취득하는 경우의 취득세율은 표준세율보다 무거운 세율로 과세한다. 다음 설명 중 가장 알맞은 것은?

① 「수도권정비계획법」의 규정에 의한 과밀억제권역 안에서 공장을 신설 또는 증설하기 위하여 사업용 과세물건을 취득하는 경우의 취득세율은 표준세율에 중과기준세율의 100분의 400을 더한 세율로 한다.
② 중과대상이 되는 법인의 본점 또는 주사무소의 사무소로 사용하는 부동산과 그 부대시설용 부동산에는 기숙사, 사택, 연수시설 등 복지후생시설과 향토예비군 병기고 및 탄약고를 포함한다.
③ ①의 과밀억제권역에는 「산업집적활성화 및 공장설립에 관한 법률」의 적용을 받는 산업단지·유치지역 및 「국토의 계획 및 이용에 관한 법률」의 적용을 받는 공업지역을 포함한다.
④ 법인의 본점 또는 주사무소의 사업용 부동산과 공장을 신설 또는 증설하기 위하여 사업용 과세물건을 취득한 경우의 중과세 대상물건은 토지, 건축물, 차량, 기계장비를 말한다.
⑤ 「수도권정비계획법」의 규정에 의한 과밀억제권역 안에서 법인의 본점 또는 주사무소의 사업용 부동산(본점 또는 주사무소용 건축물을 신축 또는 증축하는 경우와 그 부속토지에 한함)을 취득하는 경우는 표준세율에 중과기준세율의 100분의 200을 합한 세율을 적용한다.

해설 취득세 중과세대상

① 표준세율에 중과기준세율의 $\frac{200}{100}$을 더한 세율로 한다. 즉, 원시취득에 해당할 경우 표준세율에 중과기준세율($=\frac{20}{1,000}$)의 $\frac{200}{100}$을 합한 세율 = 표준세율(2.8%) + 4% = 6.8%가 적용된다.
② 중과대상이 되는 법인의 본점 또는 주사무소의 사무소로 사용하는 부동산과 그 부대시설용 부동산에는 기숙사, 사택, 연수시설 등 복지후생시설과 향토예비군 병기고 및 탄약고를 제외한다(이 경우 부동산은 신축 또는 증축하는 경우에 한함).
③ ①의 과밀억제권역에는 「산업집적활성화 및 공장설립에 관한 법률」의 적용을 받는 산업단지·유치지역 및 「국토의 계획 및 이용에 관한 법률」의 적용을 받는 공업지역을 제외한다.
④ 법인의 본점 또는 주사무소의 사업용 부동산(신축 또는 증축하는 경우에 한함)은 토지, 건축물을 말하고 공장을 신설 또는 증설할 때의 사업용 과세물건은 토지, 건축물, 차량, 기계장비를 말한다. 즉, 중과대상물건이 다르다. 세율적용은 표준세율(2.8%) + 4%(= 중과기준세율의 $\frac{200}{100}$) = 6.8%를 적용한다.

정답 64. ⑤

65. 취득세 중과세대상인 공장의 신·증설에 있어서 공장의 범위와 적용기준을 설명한 것이다. 가장 틀린 것은?

① 공장건축물의 연면적이 500m² 이상인 것을 말한다. 이 경우 도시형 공장을 제외하고 건축물의 연면적에는 당해 공장의 제조시설을 지원하기 위하여 공장경계구역 안에 설치되는 부대시설의 연면적을 포함한다.
② 공장을 신설 또는 증설하는 경우 중과세할 사업용 과세물건은 공장용 건축물과 그 부속토지, 차량, 기계장비를 말한다.
③ 대도시 안에서 공장을 신설하거나 증설(건축물 연면적의 100분의 20 이상을 증설하거나 건축물 연면적 330m²를 초과하여 증설하는 경우에 한함)한 날로부터 5년 이내에 취득하는 공장용 차량 및 기계장비도 중과세 대상으로 한다.
④ 부동산을 취득한 날부터 5년이 경과한 후 공장을 신설하거나 증설하는 경우에도 공장용 건축물과 그 부속토지를 중과세한다.
⑤ 공장 신설 또는 증설의 경우에 사업용 과세물건의 소유자와 공장을 신설 또는 증설한 자가 다른 때에는 그 사업용 과세물건의 소유자가 공장을 신설 또는 증설한 것으로 보아 표준세율에 중과기준세율의 100분의 200을 더한 세율을 적용한다.

해설 취득세 중과세대상

부동산을 취득한 날부터 5년이 경과한 후 공장을 신설하거나 증설하는 경우에는 중과세하지 아니한다(법 제16조 제3항).

66. 「수도권정비계획법」 제7조의 규정에 의한 과밀억제권역 안에서 공장을 신설 또는 증설하는 경우에는 취득세를 중과세한다. 다음은 중과세대상에서 제외하는 경우를 설명한 것이다. 가장 틀린 것은?

① 기존공장의 업종을 변경하는 경우와 기존공장을 철거한 후 2년 이내에 동일규모로 재축하는 경우
② 행정구역 변경 등으로 인하여 새로 대도시로 편입되는 지역에 있어서는 편입되기 전에 이미 공장설립의 신고 또는 승인이 있거나 건축허가를 받은 경우
③ 기존공장의 기계설비 및 동력장치를 포함한 모든 생산설비를 포괄적으로 승계취득하는 경우
④ 차량 또는 기계장비를 노후 등의 사유로 대체취득하는 경우. 다만, 기존의 차량 또는 기계장비를 매각하거나 폐기처분하는 날을 기준으로 그 전·후 30일 이내에 취득하는 경우에 한한다.
⑤ 당해 대도시 안에 있는 기존공장을 폐쇄하고 당해 대도시 안의 다른 장소로 이전한 후 당해 사업을 계속 영위하는 경우. 다만, 서울특별시 외의 지역에서 서울특별시 안으로 이전하는 경우에는 그러하지 아니한다.

정답 65. ④ 66. ①

제2편 지방세

> **해설** 취득세 중과세대상
> 기존공장을 철거한 후 1년 이내에 동일규모로 재축하는 경우에 중과세대상에서 제외한다.

67 ★ 토지나 건축물을 취득한 후 5년 이내에 당해 토지나 건축물이 아래의 취득세 중과대상이 되는 경우 표준세율+8%, 또는 표준세율+4% 중 해당 세율을 적용한다고 가정한다. 다음 설명 중 가장 올바른 것은?

① 토지나 건축물이 중과세대상인 별장, 골프장(신·증설), 고급주택 또는 고급오락장이 된 경우 증가되는 가액에 대하여 표준세율+8%의 세율을 적용한다.
② 고급주택, 골프장 또는 고급오락장용 건축물을 증축 또는 개축한 경우와 일반건축물을 증축 또는 개축하여 고급주택 또는 고급오락장이 된 경우에는 5년 이내의 제한을 받지 않고 그 증가되는 건축물의 가액에 대하여 적용할 취득세의 세율은 표준세율+4%의 세율을 적용한다.
③ 중과세대상이 되는 공장의 신설 또는 증설용 부동산이 된 때에는 표준세율+4%의 세율을 적용한다.
④ 법인이 토지를 취득한 후 5년 이내에 당해 토지가 법인의 비업무용 토지가 된 경우에는 비업무용 토지가 된 때의 가액에 대하여 표준세율+8%의 세율을 적용한다.
⑤ 법인의 본점 또는 주사무소의 사업용 부동산(본점 또는 주사무소용 건축물을 신축 또는 증축하는 경우 그 부속토지는 제외)이 된 경우 표준세율+4%의 세율을 적용한다.

> **해설** 취득세 중과세대상
> ① 토지나 건축물을 취득한 후 5년 이내에 골프장(신·증설), 고급주택 또는 고급오락장이 된 경우 취득가액에 대하여 표준세율+8%의 세율을 적용한다. 실제 추가분에 대한 자진납부는 취득 당시에 신고납부했던 취득가액에 표준세율을 적용하여 계산한 세액을 차감한 후의 잔액이 추가 신고납부대상이 된다.
> ② 증가가액에 대하여 표준세율+8%의 세율을 적용한다.
> ④ 법인의 비업무용 토지가 된 때에도 표준세율이 적용된다.
> ⑤ 수도권 중 과밀억제권역 안에서 법인의 본점 또는 주사무소용 건축물은 신축 또는 증축(그 부속토지 포함)에 한하여 중과세한다.

68 다음은 취득세의 세율에 관한 설명이다. 옳은 것은?
① 골프장(신·증설)·고급선박은 표준세율+4%로 한다.
② 전용면적이 245m² 초과하고 주택과 그 부수토지의 취득 당시 시가표준액인 공동주택가액이 9억원을 초과하는 다가구주택은 표준세율+4%로 한다.
③ 건물연면적(공유면적 제외)이 245(복층형은 274)m²를 초과하는 공동주택으로서 취득 당시 시가표준액이 9억원을 초과하는 것은 표준세율+8%로 한다.
④ 골프회원권은 10%로 중과세한다.
⑤ 수도권 내 법인의 사업용 부동산취득(신·증축)은 10%로 한다.

정답 67. ③ 68. ③

제1장 취득세(기본)

해설 취득세 중과세대상

① , ②는 표준세율+8%이다.
④ 2%이다.
⑤ 수도권 내 과밀억제권역에서 법인 본점 또는 주사무소의 사업용 부동산(신축·증축한 경우와 그 부속토지에 한함)을 취득한 때에는 표준세율+4%로 한다.

69 ★ 취득세에 있어서 부동산취득의 표준세율을 설명한 것이다. 올바른 것은?

① 농지 — 상속으로 인한 취득 — 1,000분의 28
② 상가 — 개인이 증여로 인한 취득 — 1,000분의 23
③ 건축물 — 원시취득 — 1,000분의 28
④ 토지 — 합유물의 분할로 인한 취득 — 1,000분의 25
⑤ 대지 — 매매로 인한 취득 — 1,000분의 30

해설 취득세의 표준세율

① 상 속
 - 농지 : $\frac{23}{1,000}$ = 2.3%
 - 농지 이외 부동산 : $\frac{28}{1,000}$ = 2.8%

② 증 여
 - 개인 : $\frac{35}{1,000}$ = 3.5%
 - 비영리사업자 : $\frac{28}{1,000}$ = 2.8%

④ 합유물의 분할 : $\frac{23}{1,000}$ = 2.3%

⑤ 매 매
 - 농지 : $\frac{30}{1,000}$ = 3%
 - 농지 이외 부동산 : $\frac{40}{1,000}$ = 4%(주택유상취득 : 1%, 1.01~3%, 3%)

70 취득세의 표준세율이 적용될 경우 가장 낮은 세율이 적용되는 것은?

① 개인이 과수원을 매매로 인한 취득의 경우
② 영리법인이 목장용지를 증여로 인한 취득의 경우
③ 개인이 논을 상속으로 인한 취득의 경우
④ 비영리법인이 상가건물을 매매 취득한 경우
⑤ 비영리법인이 대지를 증여 취득한 경우

해설 취득세의 표준세율

① 3% ② 3.5% ③ 2.3% ④ 4% ⑤ 2.8%

정답 69. ③ 70. ③

제2편 지방세

71. 취득세의 표준세율에서 중과기준세율(=2%)을 뺀 세율로 산출한 금액을 그 세액으로 하는 경우를 설명한 것이다. 해당되지 않는 것은?

① 1가구 1주택 및 그 부속토지의 취득 중 상속으로 인한 취득
② 이혼한 부부의 재산 분할로 인한 취득
③ 존속기간이 1년을 초과하는 임시용건축물의 취득
④ 부동산의 공유권 해소를 위한 지분이전으로 인한 취득
⑤ 건축물의 이전으로 인한 취득

> **해설** 취득세율
> ③은 중과기준세율(=2%)을 적용한다. ①, ②, ④, ⑤ 외에 취득세의 감면대상이 되는 농지의 상속으로 인한 취득, 법인의 합병 또는 공유권의 분할로 인한 취득이 있다.

72. 취득세의 중과세율 중 표준세율에 중과기준세율(2%)의 4배를 합한 세율을 적용한 경우를 설명한 것이다. 해당되지 않는 것은?

① 고급자동차
② 고급주택(단독주택)
③ 고급주택(공동주택)
④ 골프장(신설 또는 증설)
⑤ 고급오락장

> **해설** 취득세율
> 고급자동차는 취득세 중과세대상이 아니다.

73. 다음의 취득에 대한 취득세율로 올바른 것은?

- 개수로 인한 취득(면적이 증가된 부분에 대해서는 원시취득으로 보아 제외)
- 과점주주의 취득
- 레저시설, 에너지 공급시설의 취득
- 무덤의 부지로 사용되는 토지로서 지적공부상 지목이 묘지인 토지의 취득
- 임시흥행장, 공사현장 사무소 등 임시건축물(존속기간이 1년을 초과함)의 취득

① 1,000분의 23
② 1,000분의 28
③ 1,000분의 35
④ 1,000분의 40
⑤ 1,000분의 20

> **해설** 취득세율
> 1,000분의 20, 즉 중과기준세율을 적용한다.

정답   71. ③   72. ①   73. ⑤

제1장 취득세(기본)

74. 별장을 신축(원시취득)한 경우 취득세의 적용세율로 올바른 것은?

① 1,000분의 68
② 1,000분의 48
③ 1,000분의 40
④ 1,000분의 108
⑤ 1,000분의 120

해설 취득세율

표준세율에 중과기준세율의 100분의 400을 합한 세율로 한다. 원시취득이므로
1,000분의 28 + 2% × 100분의 400 = 1,000분의 28 + 8% = 1,000분의 108 = 10.8%

75. 고급주택을 매매취득한 경우 취득세 납부세액으로 올바른 것은? (단, 1주택인 고급주택에 해당하며, 계산의 편의상 취득가액은 10억원으로 가정한다)

① 110,000,000원
② 108,000,000원
③ 10,000,000원
④ 4,000,000원
⑤ 3,000,000원

해설 취득세 납부세액

표준세율에 중과기준세율의 100분의 400을 합한세율로 한다.

매매취득이므로 $\frac{30}{1,000}$ + 8% = 3% + 8% = 11%가 적용된다. 따라서 1,000,000,000 × 11% = 110,000,000원이다.

76. 개인 甲은 상가를 부모로부터 증여받았다. 취득세 과세표준이 1억원인 경우 산출세액은 얼마인가? (표준세율이 적용된다고 가정한다)

① 3,000,000원
② 3,500,000원
③ 4,000,000원
④ 2,800,000원
⑤ 2,300,000원

해설 산출세액

개인이 증여받은 경우 3.5%(= $\frac{35}{1,000}$)의 표준세율이 적용된다.
1억원 × 3.5% = 3,500,000원이다.

정답 74. ④ 75. ① 76. ②

제2편 지방세

77 취득세의 중과세율을 설명한 것이다. 연결이 **틀린** 것은? (다음의 보기는 독립적이고 상호 중복되지 않는 것으로 가정한다)

① 고급주택의 매매취득으로 1주택이 됨   표준세율 + 중과기준세율의 4배
                                                                     = (1% ~ 3%) + 8% = 9% ~ 11%

② 고급주택의 원시취득   2.8% + 2% × 4배 = 10.8%

③ 과밀억제권역에서 법인 본점의 사업용   표준세율 + 중과기준세율의 2배
    부동산을 취득하는 경우(신축, 증축)   = 원시취득의 표준세율 + 4% = 6.8%

④ 대도시에서 공장을 신설함에   표준세율 × 3배 − 2% × 2배
    따라 부동산을 취득하는 경우   = (원시취득가정) 2.8% × 3배 − 4%
                                                                     = 4.4%

⑤ 토지나 건축물을 매매 취득한 후 5년   표준세율 × 3배 + 4%
    이내에 고급오락장이 된 경우   = 4% × 3배 + 4% = 16%

해설 취득세의 중과세율

⑤ 매매로 인한 취득의 경우 취득일부터 5년 이내에 고급오락장이 된 경우 표준세율에 중과기준세율의 $\frac{400}{100}$ 을 합한 세율을 적용한다. 이 경우 취득 당시 납부한 세액을 차감하여 나머지만 납부한다.

예
- 일반부동산 1억원에 매매취득 : 4%(표준세율) 적용하여 신고납부
    1억원 × 4% = 4,000,000원
- 5년 이내 고급오락장이 된 경우
    1억원 × (4%+8%=12%) = 12,000,000
- 추가분 납부 12,000,000 − 4,000,000 = 8,000,000

78 과밀억제권역에서 법인의 본점이나 주사무소의 사업용 부동산(신축 또는 증축하는 경우와 그 부속토지만 해당함)을 취득하는 경우 적용되는 중과세 세율은? (다른 조건은 고려하지 않고 법인의 설립과 설치 또는 전입과는 관계없고, 중과세가 해당된다고 가정함)

① 표준세율 × 3배 + 중과기준세율의 2배   ② 표준세율 + 중과기준세율의 2배
③ 표준세율 + 중과기준세율의 4배   ④ 표준세율 × 3배 + 중과기준세율의 3배
⑤ 표준세율 × 3배 − 중과기준세율의 2배

해설 취득세의 중과세율

표준세율 + 중과기준세율(2%) × 2배, 즉 표준세율 + 4%이다.

정답   77. ⑤   78. ②

79 취득세의 세율은 크게 표준세율, 중과세율, 세율적용의 특례로 구분할 수 있다. 아래와 같은 조건이라 가정한다면, 세율적용의 설명으로 올바른 것은? (단, 고급주택을 유상승계취득한 경우는 고려하지 않는다)

> ⊙ 골프장(신·증설), 고급주택, 고급오락장을 취득한 경우 : 표준세율 + 8%
> ⓒ 대도시 법인의 설립·설치·전입에 따른 대도시 부동산을 취득한 경우 : 표준세율 × 3배 − 4%
> ⓒ 위의 ⊙과 ⓒ이 위와 같이 중과세 대상이며 중복 적용된다.

① 표준세율에 중과기준세율의 $\frac{400}{100}$을 합한 세율이 적용된다. 즉 표준세율 + 8%가 적용된다.
② 표준세율의 $\frac{300}{100}$에서 4%를 뺀 세율 즉 표준세율 × 3배 − 4%가 적용된다.
③ 표준세율의 $\frac{300}{100}$에 4%를 더한 세율을 적용한다. 즉 표준세율 × 3배 + 4%가 적용된다.
④ ⊙과 ⓒ이 중복적용되므로 높은 세율이 적용된다.
⑤ 중과세 대상 사이에 중복적용되므로 높은 세액이 적용된다.

해설 세율의 적용
위의 중과세 대상 사이에 중복적용될 경우 높은 세율이 적용되지 않고, 표준세율 × 3배 + 4%가 적용된다.

80 취득세의 중과세율이 적용되는 내용 중 표준세율의 3배에서 중과기준세율의 100분의 200을 뺀 세율이 적용되는 내용을 설명한 것이다. 틀린 내용은?

① 대도시에서 법인을 설립하거나 지점 또는 분사무소를 설치하는 경우 및 법인의 본점·주사무소·지점 또는 분사무소를 대도시로 전입함에 따라 대도시의 부동산을 취득하는 경우에 중과세한다.
② 대도시에서 공장을 신설하거나 증설함에 따라 부동산을 취득하는 경우에 중과세한다.
③ 「민간임대주택에 관한 특별법」 제5조에 따라 등록을 한 임대사업자가 경영하는 주택임대사업 등 대도시 중과제외업종에 대해서는 중과세하지 않는다.
④ 대도시 중과제외업종 및 사원주거용 목적으로 취득한 부동산을 취득일부터 1년 이내에 다른 업종이나 다른 용도에 사용·겸용하는 경우에는 중과세한다.
⑤ 대도시에서 법인설립에 따른 부동산을 유상승계취득하였다고 가정하면 적용세율은 1,000분의 44. 즉, 4.4%이다.

정답 79. ③ 80. ⑤

제2편 지방세

해설 취득세의 중과세율

대도시에서 법인설립에 따른 부동산을 유상승계취득하였다고 가정하면
표준세율(4%)의 3배 − $\frac{20}{1,000}$ × 2배이므로 12% − 4% = 8% = $\frac{80}{1,000}$

81
유상거래를 원인으로 취득한 주택으로 1주택자가 되었다. 취득가액인 과세표준금액이 10억원인 경우 적용되는 세율로 올바른 것은? (단, 고급주택에 해당되지 아니함)

① 1%   ② 2%   ③ 3%   ④ 4%   ⑤ 5%

해설 취득세

유상취득거래만 감면적용된다. 따라서 증여, 재건축 등으로 취득하는 경우에는 감면대상이 되지 않는다.

82 ★
토지와 건축물을 1억원에 매매취득하여 취득세의 표준세율을 적용하여 신고납부한 후 5년 이내에 중과세대상인 고급오락장이 되었다. 추가로 신고납부할 취득세는 얼마인가?

① 12,000,000원   ② 4,000,000원   ③ 3,000,000원
④ 8,000,000원   ⑤ 10,000,000원

해설 취득세의 세율

- 1억원 × 12% = 12,000,000원
- 12,000,000원 − 4,000,000원 = 8,000,000원
  * 1억원 × 12% = 12,000,000원,
    12% = 표준세율 4% + 중과기준세율 2% × 4배 = 4% + 8%
    4,000,000원 = 1억원 × 4% : 취득 당시 매매취득한 표준세율

정답   81. ③   82. ④

83 취득세의 세율은 표준세율과 중과세 세율로 나누어 볼 수 있다. 표준세율과 중과세 세율을 설명한 것이다. 가장 올바른 내용은? (대도시란 수도권 중 과밀억제권역을 말한다)

① 대도시에서 법인의 본점이나 주사무소의 사업용 부동산(신축 또는 증축하는 경우와 그 부속토지만 해당함)을 취득하는 경우에는 표준세율에 중과기준세율의 3배를 합한 세율을 적용할 수 있다.
② 대도시에서 공장의 신설 또는 증설에 따른 사업용 과세물건은 표준세율에 중과기준세율의 4배를 합한 세율을 적용할 수 있다.
③ 대도시에서 공장의 신설 또는 증설에 따른 부동산취득은 표준세율의 3배에서 중과기준세율의 3배를 뺀 세율을 적용할 수 있다.
④ 위의 ②와 ③이 중복하여 적용될 경우에는 둘 중 높은 세율을 적용한다.
⑤ 골프회원권, 승마회원권, 콘도미니엄회원권이 표준세율이 적용될 경우에는 20/1,000 즉 2%가 해당된다.

해설 취득세의 세율
① (X) 표준세율 + 중과기준세율(2%) × 2배
② (X) 표준세율 + 중과기준세율(2%) × 2배
③ (X) 표준세율 × 3배 − 중과기준세율(2%) × 2배, 즉 표준세율 × 3배 − 4%
④ (X) 높은 세율을 적용하지 않고 표준세율에 3배를 곱한 세율을 적용한다.
⑤ (○) 입목, 광업권, 어업권, 골프회원권, 승마회원권 등이 표준세율이 적용될 경우 20/1,000 즉 2%가 적용된다.

정답 83. ⑤

제8절 비과세

84 취득세의 비과세에 관한 설명이다. 틀린 내용은?

① 국가, 지방자치단체, 지방자치단체조합, 외국정부 및 주한국제기구의 취득에 대해서는 취득세를 부과하지 아니한다.
② 국가, 지방자치단체, 지방자치단체조합에 귀속 또는 기부채납(「사회기반시설에 대한 민간투자법」의 규정에 의한 방식으로 귀속되는 경우를 포함)을 조건으로 취득하는 부동산 및 사회기반시설에 대하여는 비과세한다.
③ 존속기간이 1년을 초과하지 아니하는 공사현장사무소 등 임시건축물의 취득에 대하여는 취득세를 부과하지 아니한다.
④ 동원대상지역 내의 토지의 수용·사용에 관한 환매권의 행사로 매수하는 부동산의 취득에 대하여는 취득세를 부과하지 아니한다.
⑤ 공동주택의 개수 또는 대수선으로 인한 취득 중 개수 또는 대수선으로 인한 취득 당시 주택의 시가표준가액이 9억원 이하의 주택과 관련된 개수 또는 대수선으로 인한 취득에 대해서는 취득세를 부과하지 아니한다.

해설 비과세
공동주택의 노후시설물 교체에 따른 비과세는 개수만 포함하고 대수선은 제외한다.

85 취득세의 비과세 내용을 설명한 것이다. 가장 틀린 것은?
① 「주택법」에 따른 공동주택의 개수(대수선은 제외한다)로 인한 취득으로서 개수로 인한 취득 당시 주택의 가액(시가표준액)이 9억원 이하의 주택과 관련된 개수로 인한 취득에 대해서는 취득세를 부과하지 아니한다.
② 신탁(「신탁법」에 따른 신탁으로서 신탁등기가 병행되는 것만 해당)으로 인한 신탁재산의 취득으로서 위탁자로부터 수탁자에게 신탁재산을 이전하는 경우는 취득세를 과세하지 아니한다.
③ 국가, 지방자치단체가 취득세과세물건을 취득한 경우에는 취득세를 부과하지 아니한다.
④ 국가, 지방자치단체 또는 지방자치단체조합에 귀속 또는 기부채납을 조건으로 취득하는 부동산, 차량에 대하여는 취득세를 부과하지 아니한다.
⑤ 임시흥행장, 공사현장사무소 등 임시건축물의 취득에 대하여는 취득세를 부과하지 아니한다. 다만, 존속기간이 1년을 초과하는 경우에는 취득세를 부과한다.

해설 비과세
국가, 지방자치단체 또는 지방자치단체조합에 귀속 또는 기부채납을 조건으로 취득하는 부동산과 사회기반시설에 대하여만 취득세를 부과하지 아니한다. 부동산은 비과세, 차량은 과세한다.

정답 84. ⑤ 85. ④

제9절 부과징수

86 취득세의 신고와 납부에 대한 설명이다. 틀린 것은?

① 취득세 과세물건을 취득한 자는 그 취득일부터 60일 이내 과세표준과 세액을 물건소재지를 관할하는 도·특별시·광역시·특별자치시·특별자치도에 신고하고 해당 세액을 납부하여야 한다.
② 취득세 과세표준과 세액을 법정신고기한 이내에 신고한 자는 수정신고 또는 경정청구를 할 수 있다.
③ 취득세 과세물건을 취득한 후에 중과세 세율의 적용대상이 되었을 때에는 중과세 대상이 된 날부터 60일 이내에 중과세율을 적용하여 산출한 세액에서 이미 납부한 세액을 공제한 금액을 세액으로 하여 신고하고 납부하여야 한다.
④ 기한 후 신고서를 제출한 자로서 납부하여야 할 세액이 있는 자는 기한 후 신고서의 제출과 동시에 그 세액을 납부하여야 한다.
⑤ 취득세를 신고하고 납부하여야 할 자는 농어촌특별세 부과기준세액에 해당하는 취득세의 10%를 농어촌특별세로 신고납부하여야 한다. 또한 지방교육세 부과기준세액에 해당하는 취득세의 10%를 지방교육세로 신고하고 납부하여야 한다.

해설 취득세의 신고와 납부
농어촌특별세는 부과기준취득세액이 10%이나 지방교육세는 부과기준취득세액의 20%이다.

87 취득세 신고납부 및 면세점에 대한 설명이다. 다음 설명 중 가장 올바르지 못한 것은?

① 취득가액이 50만원 이하인 때에는 취득세를 부과하지 아니한다. 이를 면세점이라 한다.
② 취득세 과세물건을 취득한 후에 당해 과세물건이 중과세 세율의 적용대상이 된 때에는 중과세 사유발생일부터 60일 이내에 신고납부하여야 한다.
③ 취득세 과세물건을 취득한 자는 그 취득한 날부터 60일[상속으로 인한 경우에는 상속개시일이 속하는 달의 말일부터 6월(납세자가 외국에 주소를 둔 경우는 9월)] 이내에 신고납부하여야 하나 법인의 경우는 사업연도종료일부터 3월 이내에 신고납부하여야 한다.
④ 취득세를 비과세, 과세면제 또는 경감받은 후에 당해 과세물건이 취득세 부과대상 또는 추징대상이 된 때에는 그 사유발생일부터 60일 이내에 신고납부하여야 한다.
⑤ 토지 또는 건축물을 취득한 자가 그 취득한 날부터 1년 이내에 그에 인접한 토지 또는 건축물을 취득한 경우에는 각각 그 전후의 취득에 관한 토지 또는 건축물의 취득을 1건의 토지의 취득 또는 1구의 건축물의 취득으로 간주하여 면세점을 적용한다.

정답   86. ⑤   87. ③

제2편 지방세

해설 신고납부 및 면세점

신고납부에 대한 규정은 개인, 법인 모두 동일하게 적용한다. 즉 법인의 경우에도 원칙적으로 취득일부터 60일 이내에 신고·납부하여야 한다.

---

88 취득세의 납세의무자가 신고납부를 하지 아니하거나 신고납부세액이 산출세액에 미달한 때에는 부족세액의 추징 및 가산세를 부과하여 징수한다. 다음 설명 중 가장 틀린 것은?

① 신고를 하지 아니한 때에는 산출세액에 100분의 20을 가산한 신고불성실가산세가 적용된다.
② 취득세 과세물건을 사실상 취득한 후 신고를 하지 아니하고 매각하는 경우에는 산출세액에 100분의 80을 가산한 금액을 세액으로 한다.
③ 취득세 과세물건 중 등기 또는 등록을 필요로 하지 아니하는 과세물건은 100분의 80의 중가산세가 적용된다.
④ 납부하지 아니하거나 산출세액에 미달하게 납부한 때에는 납부하지 아니하거나 부족한 세액에 1일 100,000분의 22에 해당하는 납부지연가산세를 적용한다.
⑤ 취득일부터 등기·등록 또는 취득신고를 한 후 매각한 과세물건은 100분의 80을 가산하지 아니한다.

해설 부족세액의 추징 및 가산세의 부과

- 취득세 과세물건 중 등기 또는 등록을 필요로 하지 아니하는 과세물건[골프회원권, 승마회원권, 콘도미니엄회원권 및 종합체육시설이용회원권을 제외함. 즉 ($\frac{80}{100}$)의 중가산세가 적용된다]은 신고하지 않고 매각하는 경우에도 가산세가 100분의 20이다.
- $\frac{80}{100}$의 중가산세가 적용될 경우에는 신고불성실가산세와 납부지연가산세가 추가로 적용되지 아니한다.
- 신고불성실가산세 : 과소신고 또는 미달신고 10%, 무신고 20%, 사기·부정·부당 40%

---

89 ★ 다음 중 ( )에 들어갈 내용으로 옳은 것은?

> 취득세의 법정신고기한까지 과세표준신고서를 제출하지 아니한 자는 기한 후 신고를 할 수 있다. 그 법정신고기한 지난 후 ( ) 이내에 기한 후 신고를 한 경우 무신고에 따른 신고불성실가산세를 50% 경감한다.

① 20일 ② 30일 ③ 1개월 ④ 6개월 ⑤ 1년

정답 88. ③ 89. ③

해설 기한 후 신고

1) **기한 후 신고가능기간** : 법정신고기한이 지난 후부터 과세표준과 세액을 지방자치단체가 결정하여 통지하기 전까지 신고가능
2) 납부하여야 할 세액이 있는 자는 기한 후 신고서의 제출과 동시에 그 세액을 납부하여야 한다.
3) 1개월 이내에 기한 후 신고를 한 경우 신고불성실가산세를 50% 경감한다.
4) 1개월 초과 3개월 이내는 30%, 3개월 초과 6개월 이내는 20% 경감한다.

90 토지를 매매한 경우 양도자측의 양도소득세 예정신고납부기한과 양수자측의 취득세 납부기한으로 옳은 것은? (개인 간의 매매이며, 법정휴일 등은 고려하지 않는다고 가정한다)

> ㉠ 계약일 : 2015.6.22
> ㉡ 중도금 ┌ 1차 : 2015.7.20
>   └ 2차 : 2015.8.20
> ㉢ 잔금일 ┌ 계약상 잔금지급일 : 2015.9.16
>   └ 사실상 잔금지급일 : 2015.10.8

① 양도소득세 : 2015.12.31까지 예정신고납부한다.
   취 득 세 : 2015.12.7까지 신고납부하여야 한다.
② 양도소득세 : 2015.10.31까지 예정신고납부한다.
   취 득 세 : 2015.11.25까지 신고납부하여야 한다.
③ 양도소득세 : 2015.11.30까지 예정신고납부한다.
   취 득 세 : 2015.11.16까지 신고납부하여야 한다.
④ 양도소득세 : 2015.8.31까지 예정신고납부한다.
   취 득 세 : 2015.9.9까지 신고납부하여야 한다.
⑤ 양도소득세 : 2015.9.30까지 예정신고납부한다.
   취 득 세 : 2015.9.9까지 신고납부하여야 한다.

해설 토지매매시 관련 세금의 신고납부기한

1) **양도소득세** : 양도일(대금청산일)이 속하는 달의 말일부터 2월 이내에 예정신고납부한다.
2) **취득세** : 취득일(계약상 잔금지급일)로부터 60일 이내에 신고납부하여야 한다.

정답 90. ①

제2편 지방세

 특별수험대책

1 출제경향분석

취득세 분야는 난이도 A인 기본적인 문제만 출제되었다.

(1) 취득시기, 과세대상, 과세표준, 세율, 고급주택, 비과세의 해당 분야별로 쉬운 내용이 출제되었다.

(2) 최신의 출제경향은 취득세 분야 전반적인 내용을 혼합하여 출제됨으로써 단편적인 문제보다는 종합적인 문제를 풀 수 있는 능력을 요구하는 문제가 점진적으로 많아지고 있다.

2 수험대책

(1) 취득의 범위, 과세대상, 취득시기, 과세표준, 세율, 비과세 등 각 분야별로 기본개념을 이해하면 충분하리라 생각된다. 특히, 세율 중에서 고급주택의 기본개념을 정확히 이해하기 바라며, 평소 어렵다고 느낀 분야는 과감히 생략해도 취득세 분야에서는 정답을 선택하는데 큰 어려움이 없다. 그러나 취득세 분야는 지방세 전반을 이해하는 데 도움이 되고 지방세의 대종을 이루고 있으므로 수험시간을 많이 투자할 필요가 있다.

(2) **단계별 수험전략**

1단계
중요하고 기본적인 문제는 이미 출제되었으므로 기출문제와 관련된 내용에 집중투자하기 바란다.

2단계
기출문제의 분야별 내용(예 취득시기, 과세대상, 세율 등)에서 출제되지 않은 분야의 기본개념을 정리한다.

3단계
고득점을 위한 난이도B(중급 이상 문제)급 문제 해결을 위한 수험전략이다.
① 과세대상, 양도·취득시기, 과세표준은 취득세와 양도소득세를 비교이해
② 기본개념을 보다 더 확실히 정리할 것

> 예 고급주택의 개념에서 "단독주택의 연면적(주차장면적 제외)이 331㎡를 초과하는 주거용 건축물과 그 부속토지"에서 주택의 연면적이 500㎡나 주차장면적이 200㎡ 포함되어 있다면 고급주택에 해당되지 아니한다. 즉, 주차장면적을 제외 또는 포함여부, 331㎡ 이상 또는 초과여부 등 기본개념을 정확히 이해하기 바란다.

4단계
고급문제를 해결하기 위한 전략이다.
① 취득세, 등록면허세, 재산세이 중과세대상과 세율을 비교·정리하여 같은 점과 다른 점을 이해하기 바란다.
② 비과세 내용을 지방세 세목별로 비교·정리하기 바란다.

응용 출제예상문제

난이도 A 기본문제

01 취득의 유형

01 「지방세법」상 부동산의 유상취득으로 보지 <u>않는</u> 것은?

① 공매를 통하여 배우자의 부동산을 취득한 경우
② 파산선고로 인하여 처분되는 직계비속의 부동산을 취득한 경우
③ 배우자의 부동산을 취득한 경우로서 그 취득대가를 지급한 사실을 증명한 경우
④ 권리의 이전이나 행사에 등기가 필요한 부동산을 직계존속과 서로 교환한 경우
⑤ 증여자의 채무를 인수하는 부담부증여로 취득한 경우로서 그 채무액에 상당하는 부분을 제외한 나머지 부분의 경우

해설 지방세, 취득세 – 유상취득의 유형
부담부증여부분은 유상취득(유상양도)이고, 부담부증여 이외의 부분은 증여취득(무상취득)으로 본다.

02 납세의무자

02 「지방세법」상 취득세의 납세의무자 등에 관한 설명으로 옳은 것은? **26회 출제**

① 취득세는 부동산, 부동산에 준하는 자산, 어업권을 제외한 각종 권리 등을 취득한 자에게 부과한다.
② 건축물 중 조작설비, 그 밖의 부대설비에 속하는 부분으로서 그 주체구조부와 하나가 되어 건축물로서의 효용가치를 이루고 있는 것에 대하여는 주체구조부 취득자 외의 자가 가설한 경우에도 주체구조부의 취득자가 함께 취득한 것으로 본다.
③ 법인설립 시 발행하는 주식을 취득함으로써 지방세기본법에 따른 과점주주가 되었을 때에는 그 과점주주가 해당 법인의 부동산등을 취득한 것을 본다.
④ 토지의 지목을 사실상 변경함으로써 그 가액이 증가한 경우에 취득으로 보지 아니한다.
⑤ 증여자의 채무를 인수하는 부담부증여의 경우에 그 채무액에 상당하는 부분은 부동산등을 유상 취득한 것으로 보지 아니한다.

정답 01. ⑤ 02. ②

제2편 지방세

> **해설** 취득세 – 납세의무
> ① 어업권을 포함한다.
> ③ 법인 설립시에는 제외된다.
> ④ 가액증가는 취득으로 본다.
> ⑤ 부담부증여에 있어서 채무부담부분은 유상취득으로 본다.

03 「지방세법」상 취득세의 납세의무에 관한 설명으로 틀린 것은? 〔27회 출제〕

① 부동산의 취득은 「민법」 등 관계 법령에 따른 등기를 하지 아니한 경우라도 사실상 취득하면 취득한 것으로 본다.
② 「주택법」에 따른 주택조합이 해당 조합원용으로 취득하는 조합주택용 부동산(조합원에게 귀속되지 아니하는 부동산은 제외)은 그 조합원이 취득한 것으로 본다.
③ 직계비속이 직계존속의 부동산을 매매로 취득하는 때에 해당 직계비속의 다른 재산으로 그 대가를 지급한 사실이 입증되는 경우 유상으로 취득한 것으로 본다.
④ 직계비속이 권리의 이전에 등기가 필요한 직계존속의 부동산을 서로 교환한 경우 무상으로 취득한 것으로 본다.
⑤ 직계비속이 공매를 통하여 직계존속의 부동산을 취득하는 경우 유상으로 취득한 것으로 본다.

> **해설** 지방세, 취득세 – 납세의무
> 직계존비속 사이에 부동산을 서로 교환하는 경우 유상으로 취득한 것으로 본다.

04 「지방세법」상 과점주주의 간주취득세가 과세되는 경우가 아닌 것은 모두 몇 개인가? (단, 주식발행법인은 「자본시장과 금융투자업에 관한 법률 시행령」 제176조의 9 제1항에 따른 유가증권시장에 상장한 법인이 아니며, 「지방세특례제한법」은 고려하지 않음) 〔29회 출제〕

> ㉠ 법인설립 시에 발생하는 주식을 취득함으로써 과점주주가 된 경우
> ㉡ 과점주주가 아닌 주주가 다른 주주로부터 주식을 취득함으로써 최초로 과점주주가 된 경우
> ㉢ 이미 과점주주가 된 주주가 해당 법인의 주식을 취득하여 해당 법인의 주식의 총액에 대한 과점주주가 가진 주식의 비율이 증가된 경우
> ㉣ 과점주주 집단 내부에서 주식이 이전되었으나 과점주주 집단이 소유한 총주식의 비율에 변동이 없는 경우

① 0개　② 1개　③ 2개　④ 3개　⑤ 4개

> **해설** 취득세, 과점주주의 간주취득세
> ㉠, ㉣이 과세되지 않는다.

정답　03. ④　04. ③

제1장 취득세(응용)

03 취득시기

05 甲은 부동산을 연부취득하고자 한다. 연부취득의 내용이 다음과 같을 때 취득시기로 올바른 것은? (다만 연부취득조건을 충족한다고 가정함)

> ㉠ 취득가액 2억원
> ㉡ 계약서 내용
>   1차연부금 : 2012. 2. 1 ················· 50,000,000원
>   2차연부금 : 2013. 3. 1 ················· 50,000,000원
>   3차연부금 : 2014.12.31 ················· 100,000,000원
> ㉢ 사실상 연부금 내용
>   1차연부금 : 2012. 2. 1 ················· 50,000,000원
>   2차연부금 : 2013. 4. 1 ················· 50,000,000원
>   3차연부금 : 2014.11.30 ················· 100,000,000원

① 계약상 잔금지급일인 2014.12.31이다.
② 사실상 연부금지급일인 2014.11.30이다.
③ 계약상 1차연부금일인 2012.2.1이다.
④ 계약상 연부금지급일에 해당하는 매회 연부금약정일이다.
⑤ 사실상 연부금지급일에 해당하는 매회 연부금지급일이다.

해설 취득시기
연부취득은 매회 사실상 연부금지급일이 취득시기이다. 따라서 매회 취득세를 신고·납부하여야 한다. 예를 들어 1차 연부금 지급일인 2012.2.1부터 60일 이내에 50,000,000원에 대하여 취득세를 신고하고 납부하여야 한다.

06 「지방세법」상 취득의 시기에 관한 설명으로 틀린 것은? **30회 출제**

① 상속으로 인한 취득의 경우 : 상속개시일
② 공매방법에 의한 취득의 경우 : 그 사실상의 잔금지급일과 등기일 또는 등록일 중 빠른 날
③ 건축물(주택 아님)을 건축하여 취득하는 경우로서 사용승인서를 내주기 전에 임시사용승인을 받은 경우 : 그 임시사용승인일과 사실상의 사용일 중 빠른 날
④ 「민법」제839조의2에 따른 재산분할로 인한 취득의 경우 : 취득물건의 등기일 또는 등록일
⑤ 관계법령에 따라 매립으로 토지를 원시취득하는 경우 : 취득물건의 등기일

해설 지방세 - 취득세 -취득의 시기
공사준공인가일이 취득시기이다.

정답 05. ⑤   06. ⑤

제2편 지방세

07 「지방세법」상 취득의 시기 등에 관한 설명으로 틀린 것은? `28회 출제`

① 연부로 취득하는 것(취득가액의 총액이 50만원 이하인 것은 제외)은 그 사실상의 연부금 지급일을 취득일로 본다. 단, 취득일 전에 등기 또는 등록한 경우에는 그 등기일 또는 등록일에 취득한 것으로 본다.
② 관계법령에 따라 매립·간척 등으로 토지를 원시취득하는 경우로서 공사준공인가일 전에 사실상 사용하는 경우에는 그 사실상 사용일을 취득일로 본다.
③ 「주택법」제11조에 따른 주택조합이 주택건설사업을 하면서 조합원으로부터 취득하는 토지 중 조합원에게 귀속되지 아니하는 토지를 취득하는 경우에는 「주택법」제49조에 따른 사용검사를 받은 날에 그 토지를 취득한 것으로 본다.
④ 「도시 및 주거환경정비법」제16조 제2항에 따른 주택재건축조합이 주택재건축사업을 하면서 조합원으로부터 취득하는 토지 중 조합원에게 귀속되지 아니하는 토지를 취득하는 경우에는 「도시 및 주거환경정비법」제54조 제2항에 따른 소유권이전 고시일에 그 토지를 취득한 것으로 본다.
⑤ 토지의 지목변경에 따른 취득은 토지의 지목이 사실상 변경된 날과 공부상 변경된 날 중 빠른 날을 취득일로 본다. 다만, 토지의 지목변경일 이전에 사용하는 부분에 대해서는 그 사실상의 사용일을 취득일로 본다.

해설 취득의 시기

「도시 및 주거환경정비법」제16조 제2항에 따른 주택재건축조합이 주택재건축사업을 하면서 조합원으로부터 취득하는 토지 중 조합원에게 귀속되지 아니하는 토지를 취득하는 경우에는 「도시 및 주거환경정비법」제54조 제2항에 따른 소유권이전 고시일의 다음 날에 그 토지를 취득한 것으로 본다(영 제20조 제7항 후단).

TYPE 04 과세대상

08 「지방세법」상 취득세가 과세될 수 있는 것으로만 묶인 것은? `20회 출제`

㉠ 보유토지의 지목이 전(田)에서 대지(垈地)로 변경되어 가액이 증가한 경우
㉡ 건축물의 이전으로 인한 취득으로서 이전한 건축물의 가액이 종전 건축물의 가액을 초과하지 않은 경우
㉢ 토지를 사실상 취득하였지만 등기하지 않은 경우
㉣ 공유수면을 매립하거나 간척하여 토지를 조성한 경우

① ㉠, ㉡ ② ㉠, ㉡, ㉢ ③ ㉠, ㉢, ㉣ ④ ㉡, ㉢, ㉣ ⑤ ㉠, ㉡, ㉢, ㉣

정답 07. ④ 08. ⑤

제1장 취득세(응용)

해설 취득세 과세대상
㉠ 지목변경으로 가액이 증가한 경우 과세된다.
㉡ 건축물의 이전으로 인한 취득은 과세한다. 가액초과여부와 관계없이 과세한다.
㉢ 등기·등록에 관계없이 사실상 취득하면 과세된다.
㉣ 공유수면을 매립하거나 간척하여 농지를 조성한 경우에는 취득세를 과세한다.

05 과세표준

09 지방세법령상 취득세의 취득당시가액에 관한 설명으로 옳은 것은? (단, 주어진 조건 외에는 고려하지 않음) 〔35회 출제〕

① 건축물을 교환으로 취득하는 경우에는 교환으로 이전받는 건축물의 시가표준액과 이전하는 건축물의 시가표준액 중 낮은 가액을 취득당시가액으로 한다.
② 상속에 따른 건축물 무상취득의 경우에는 「지방세법」 제4조에 따른 시가표준액을 취득당시가액으로 한다.
③ 대물변제에 따른 건축물 취득의 경우에는 대물변제액(대물변제액 외에 추가로 지급한 금액이 있는 경우에는 그 금액을 제외한다)을 취득당시가액으로 한다.
④ 법인이 아닌 자가 건축물을 건축하여 취득하는 경우로서 사실상취득가격을 확인할 수 없는 경우에는 시가인정액을 취득당시가액으로 한다.
⑤ 법인이 아닌 자가 건축물을 매매로 승계취득하는 경우에는 그 건축물을 취득하기 위하여 「공인중개사법」에 따른 공인중개사에게 지급한 중개보수를 취득당시 가액에 포함한다.

해설 취득당시가액
취득세의 취득가액을 결정하는 내용이다. 상속취득은 시가표준액이다. ②번이 정답.

정답 09. ②

제2편 지방세

10 취득세의 과세표준을 결정하는 취득가액에 포함되는 것으로 올바른 것은? (개인이 취득한 것으로 가정함)

> ㉠ 취득직접비용
> ㉡ 이주비
> ㉢ 건설자금에 충당한 차입금이자
> ㉣ 지체상금
> ㉤ 취득대금 외에 당사자약정에 의한 취득자조건부담액과 채무인수액
> ㉥ 판매를 위한 광고선전비 등의 판매비용
> ㉦ 할부이자 및 연체료
> ㉧ 부가가치세
> ㉨ 취득에 필요한 용역을 제공받은 대가로 지급하는 용역비·수수료
> ㉩ 할인받은 경우 할인금액
> ㉪ 농지보전부담금

① ㉠㉡㉢㉣㉤
② ㉥㉦㉧㉨㉩
③ ㉠㉢㉤㉧㉨
④ ㉡㉣㉥㉧㉩㉪
⑤ ㉠㉤㉨㉪

해설 **과세표준**

개인의 경우에는 건설자금이자와 할부이자와 연체료를 포함하지 않고 법인의 경우에는 포함한다. 그러므로 ⑤번이 정답이다. 나머지는 취득가액에 포함하지 않는다.

법인	• 포함 : 설계비, 연체료, 할부이자, 건설자금에 충당한 차입금이자(개인은 제외), 농지보전부담금, 대체산림자원조성비, 취득자조건부담액과 채무인수액, 공인중개사에게 지급한 중개보수 • 제외 : 판매를 위한 광고선전비, 이주비, 지장물보상금, 부가가치세, 할인금액, 계약불이행으로 지급하는 위약금, 지체상금
개인	• 포함 : 설계비, 농지보전부담금, 대체산림자원조성비, 취득자조건부담액과 채무인수액 • 제외 : 판매를 위한 광고선전비, 이주비, 지장물보상금, 부가가치세, 할인금액, 건설자금에 충당한 차입금이자, 연체료, 할부이자, 계약불이행으로 지급하는 위약금, 지체상금, 공인중개사에게 지급한 중개보수

11 「지방세법」상 사실상의 취득가격 또는 연부금액을 취득세의 과세표준으로 하는 경우 취득가격 또는 연부금액에 포함되지 <u>않는</u> 것은? (단, 특수관계인과의 거래가 아니며, 비용 등은 취득시기 이전에 지급되었음) **27회 출제**

① 「전기사업법」에 따라 전기를 사용하는 자가 분담하는 비용
② 건설자금에 충당한 차입금의 이자(법인 가정)
③ 법인이 연부로 취득하는 경우 연부 계약에 따른 이자상당액
④ 취득에 필요한 용역을 제공받은 대가로 지급하는 용역비
⑤ 취득대금 외에 당사자의 약정에 따른 취득자 조건 부담액

정답   10. ⑤   11. ①

해설 지방세, 취득세 – 과세표준(사실상 취득가격 범위)
㉠은 포함하지 않음

12 「지방세법」상 부동산의 취득세 과세표준을 사실상의 취득가격으로 하는 경우 이에 포함될 수 있는 항목을 모두 고른 것은? (단, 아래 항목은 개인이 국가로부터 시가로 유상취득하기 위하여 취득시기 이전에 지급하였거나 지급하여야 할 것으로 가정함)

> ㉠ 취득대금을 일시급으로 지불하여 일정액을 할인받은 경우 그 할인액
> ㉡ 부동산의 건설자금에 충당한 차입금의 이자
> ㉢ 연불조건부 계약에 따른 이자상당액 및 연체료
> ㉣ 취득대금 외에 당사자 약정에 의한 취득자 채무인수액

① ㉠, ㉡ ② ㉠, ㉢ ③ ㉡, ㉢
④ ㉣ ⑤ ㉢, ㉣

해설 사실상 취득가격
㉠ 개인과 법인 모두 제외, ㉡ 개인은 제외, 법인은 포함, ㉢ 개인의 경우 제외하고, 법인의 경우 포함, ㉣ 개인과 법인 모두 포함

13 거주자 甲의 A비상장법인에 대한 주식보유 현황은 아래와 같다. 2009.9.15 주식 취득시 「지방세법」상 A법인 보유 부동산 등에 대한 甲의 취득세 과세표준을 계산하는 경우 취득으로 간주되는 지분비율은? (단, A법인 보유 자산 중 취득세가 비과세·감면되는 부분은 없으며, 甲과 특수관계에 있는 다른 주주는 없음) **20회 출제**

구 분	발행주식수	보유주식수
㉠ 2005.1.1 설립시	10,000주	5,000주
㉡ 2007.4.29 주식 취득 후	10,000주	6,000주
㉢ 2008.7.18 주식 양도 후	10,000주	3,000주
㉣ 2009.9.15 주식 취득 시	10,000주	7,000주

① 10% ② 20% ③ 40%
④ 60% ⑤ 70%

해설 과점주주의 납세의무
과점주주의 주식취득에 대한 취득세의 납세의무문제이다. 기존에 지분변동이 있는 경우 직전지분비율 중에서 가장 높은 비율보다 증가된 비율만 과세된다. 따라서 60%에서 70%로 증가되었으므로 10% 증가분만 과세한다.

정답 12. ④ 13. ①

제2편 지방세

14. 취득세 및 등록면허세에 관한 설명으로 틀린 것은? (단, 법인이 아닌 자 간의 거래임)

22회 개작

① 취득세 과세표준을 계산할 때 부가가치세는 취득가격에 포함하지 아니한다.
② 유상거래를 원인으로 취득한 주택의 가액이 9억원인 경우 취득세 세율은 3%이다.
③ 연부로 취득하는 경우 연부금액은 매회 사실상 지급되는 금액을 말하며 취득금액에 포함되는 계약보증금을 포함한다.
④ 「주택법」에 따라 주택거래신고지역에서 주택거래가액을 신고한 경우 사실상 취득가액을 취득세 과세표준으로 한다.
⑤ 부동산등기에 대한 등록면허세로서 세액이 6천원 미만인 경우 해당 등록면허세를 징수하지 아니한다.

해설 등록면허세의 과세최저한
부동산등기에 대한 등록면허세액이 6천원 미만인 때에는 6천원으로 한다.

15. 甲은 특수관계 없는 乙로부터 다음과 같은 내용으로 주택을 취득하였다. 취득세 과세표준금액으로 옳은 것은?

29회 출제

- 아래의 계약내용은 「부동산거래신고 등에 관한 법률」 제3조에 따른 신고서를 제출하여 같은 법 제5조에 따라 검증이 이루어짐
- 계약내용
  - 총매매대금   500,000,000원
    2018.7.2 계약금   50,000,000원
    2018.8.2 중도금   150,000,000원
    2018.9.3 잔금   300,000,000원
- 甲이 주택 취득과 관련하여 지출한 비용
  - 총매매대금 외에 당사자약정에 의하여 乙의 은행채무를
    甲이 대신 변제한 금액   10,000,000원
  - 법령에 따라 매입한 국민주택채권을 해당 주택의 취득 이전에
    금융회사에 양도함으로써 발생하는 매각차손   1,000,000원

① 500,000,000원 ② 501,000,000원 ③ 509,000,000원
④ 510,000,000원 ⑤ 511,000,000원

해설 취득세, 과세표준계산
5억원 + 1천만원 + 1백만원 = 511백만원이다.

정답 14. ⑤ 15. ⑤

06 세율

16 지방세법령상 부동산 취득에 대한 취득세의 표준세율로 옳은 것을 모두 고른 것은? (단, 조례에 의한 세율조정, 지방세관계법령상 특례 및 감면은 고려하지 않음) `35회 출제`

> ㄱ. 상속으로 인한 농지의 취득: 1천분의 23
> ㄴ. 법인의 합병으로 인한 농지 외의 토지 취득: 1천분의 40
> ㄷ. 공유물의 분할로 인한 취득: 1천분의 17
> ㄹ. 매매로 인한 농지 외의 토지 취득: 1천분의 19

① ㄱ, ㄴ   ② ㄴ, ㄷ   ③ ㄷ, ㄹ   ④ ㄱ, ㄴ, ㄷ   ⑤ ㄴ, ㄷ, ㄹ

해설 취득세의 표준세율

취득세 표준세율에 관한 내용이다. ①번 ㄱ, ㄴ이 올바른 내용이다.

---

17 「지방세법」상 부동산취득의 표준세율로 틀린 것은?(표준세율이 적용된다고 가정) `23회 출제`

① 원시취득 : 1천분의 28
② 상속으로 인한 농지의 취득 : 1천분의 23
③ 상속으로 인한 농지 외의 토지 취득 : 1천분의 28
④ 매매로 인한 농지 외의 토지 취득 : 1천분의 30
⑤ 합유물 및 총유물의 분할로 인한 취득 : 1천분의 23

해설 취득세율

매매로 인한 농지 이외의 토지의 취득에 적용되는 세율은 40/1,000 이다.

---

18 「지방세법」상 부동산취득시 취득세 과세표준에 적용되는 표준세율로 옳은 것을 모두 고른 것은? `26회 출제`

> ㉠ 상속으로 인한 농지취득 : 1천분의 23
> ㉡ 합유물 및 총유물의 분할로 인한 취득 : 1천분의 23
> ㉢ 원시취득(공유수면의 매립 또는 간척으로 인한 농지취득 제외) : 1천분의 28
> ㉣ 법령으로 정한 비영리사업자의 상속 외의 무상취득 : 1천분의 28

① ㉠, ㉡   ② ㉡, ㉢   ③ ㉠, ㉢   ④ ㉡, ㉢, ㉣   ⑤ ㉠, ㉡, ㉢, ㉣

정답   16. ①   17. ④   18. ⑤

해설 지방세, 취득세 - 표준세율
모두 올바른 내용이다.

19 「지방세법」상 공유농지를 분할로 취득하는 경우 자기소유지분에 대한 취득세 과세표준의 표준세율은? `27회 출제`

① 1천분의 23   ② 1천분의 28   ③ 1천분의 30   ④ 1천분의 35   ⑤ 1천분의 40

해설 지방세, 취득세 - 표준세율
23/1,000이다.

20 「지방세법」상 아래의 부동산 등을 신(증)축하는 경우 취득세가 중과(重課)되는 것을 모두 고른 것은? (단, 지방세법상 중과요건을 충족하는 것으로 가정함) `23회 출제`

┌───┐
│ ㉠ 병원의 병실   ㉡ 골프장   │
│ ㉢ 고급주택   ㉣ 법인 본점의 사무소전용 주차타워 │
│ ㉤ 백화점의 영업장   │
└───┘

① ㉠, ㉡, ㉢   ② ㉠, ㉣, ㉤   ③ ㉡, ㉢, ㉣
④ ㉡, ㉢, ㉤   ⑤ ㉢, ㉣, ㉤

해설 취득세의 중과대상
골프장, 고급주택, 고급오락장의 취득과 대도시 법인의 본점 또는 주사무소의 사업용 부동산을 신축 또는 증축한 경우 그리고 대도시 공장의 신설 또는 증설한 경우에 중과세한다.

21 「지방세법」상 취득세 표준세율에 중과기준세율의 100분의 400을 더한 중과세율이 적용되는 취득세 과세대상자산은 다음 중 모두 몇 개인가? (다만, 「지방세법」상 중과세율의 적용요건을 모두 충족하는 것으로 가정함)

┌───┐
│ • 대도시 내 법인의 설립에 따른 부동산 취득   • 골프장 │
│ • 고급주택   • 고급오락장 │
│ • 과밀억제권역 안에서 법인 본점으로 사용하는 사업용 부동산 │
└───┘

① 1개   ② 2개   ③ 3개   ④ 4개   ⑤ 5개

해설 중과세대상
골프장(신·증설), 고급주택, 고급오락장은 표준세율에 중과기준세율의 100분의 400을 더한 중과세 대상이다.

정답 19. ①   20. ③   21. ③

22 ★

「지방세법」상 취득세 표준세율에서 중과기준세율을 뺀 세율로 산출한 금액을 취득세액으로 하는 경우가 <u>아닌</u> 것은? (단, 취득물건은 취득세 중과대상이 아님) **22회 출제**

① 상속으로 인한 취득 중 법령으로 정하는 1가구 1주택 및 그 부속토지의 취득
② 공유권 해소를 위한 지분이전 취득(등기부등본상 본인지분을 초과하지 아니함)
③ 공유물의 분할로 인한 취득(등기부등본상 본인지분을 초과하지 아니함)
④ 「민법」에 따른 이혼시 재산분할로 인한 취득
⑤ 개수로 인한 취득(개수로 인하여 건축물 면적이 증가하지 아니함)

해설 표준세율에서 중과기준세율을 뺀 세율적용

①, ②, ③, ④ : 표준세율 - 중과기준세율(= $\frac{20}{1,000}$)이 적용된다. ⑤ 중과기준세율이 적용된다.

23 ★

「지방세법」상 취득세액을 계산할 때 중과기준세율만을 적용하는 경우를 모두 고른 것은? (단, 취득세 중과물건이 아님) **24회 출제**

㉠ 개수로 인하여 건축물 면적이 증가하는 경우 그 증가된 부분
㉡ 토지의 지목을 사실상 변경함으로써 그 가액이 증가한 경우
㉢ 법인설립 후 유상 증자시에 주식을 취득하여 최초로 과점주주가 된 경우
㉣ 상속으로 농지를 취득한 경우

① ㉠, ㉡　　② ㉠, ㉣　　③ ㉡, ㉢
④ ㉠, ㉢, ㉣　　⑤ ㉡, ㉢, ㉣

해설 중과기준세율적용

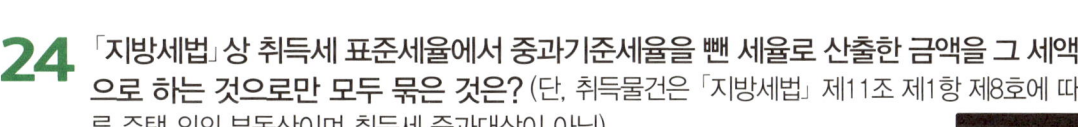

24

「지방세법」상 취득세 표준세율에서 중과기준세율을 뺀 세율로 산출한 금액을 그 세액으로 하는 것으로만 모두 묶은 것은? (단, 취득물건은 「지방세법」제11조 제1항 제8호에 따른 주택 외의 부동산이며 취득세 중과대상이 아님) **28회 출제**

㉠ 환매등기를 병행하는 부동산의 매매로서 환매기간 내에 매도자가 환매한 경우의 그 매도자와 매수자의 취득
㉡ 존속기간이 1년을 초과하는 임시건축물의 취득
㉢ 「민법」제839조의2에 따라 이혼시 재산분할로 인한 취득
㉣ 등기부등본상 본인 지분을 초과하지 않는 공유물의 분할로 인한 취득

① ㉠, ㉡　　② ㉡, ㉣　　③ ㉢, ㉣
④ ㉠, ㉡, ㉢　　⑤ ㉠, ㉢, ㉣

정답　22. ⑤　23. ③　24. ⑤

제2편 지방세

> **해설** 취득세 세율
>
> 존속기간이 1년을 초과하는 임시건축물의 취득에 대한 취득세는 중과기준세율(1천분의 20)을 적용하여 계산한 금액을 그 세액으로 한다.

25 「지방세법」상 취득세의 표준세율이 가장 높은 것은? (단, 「지방세특례제한법」은 고려하지 않음) `30회 개작`

① 상속으로 건물(주택 아님)을 취득한 경우
② 「사회복지사업법」에 따라 설립된 사회복지법인이 독지가의 기부에 의하여 건물을 취득한 경우
③ 영리법인이 공유수면을 매립하여 농지를 취득한 경우
④ 유상거래를 원인으로 「지방세법」 제10조에 따른 취득 당시의 가액이 8억 7천만원인 주택(「주택법」에 의한 주택으로서 등기부에 주택으로 기재된 주거용 건축물과 그 부속토지)을 취득함으로서 1주택자가 된 경우
⑤ 유상거래를 원인으로 농지를 취득한 경우

> **해설** 지방세-취득세-세율
>
> ① 28/1,000 ② 28/1,000 ③ 28/1,000 ④ 29.9/1,000 ⑤ 30/1,000

26 「지방세법」상 취득세의 과세표준 및 세율에 관한 설명으로 틀린 것은? `26회 출제`

① 취득세의 과세표준은 취득 당시의 가액으로 한다. 다만, 연부로 취득하는 경우의 과세표준은 매회 사실상 지급되는 금액을 말하며, 취득금액에 포함되는 계약보증금을 포함한다.
② 건축(신축·재축 제외)로 인하여 건축물 면적이 증가할 때에는 그 증가된 부분에 대하여 원시취득으로 보아 해당 세율을 적용한다.
③ 환매등기를 병행하는 부동산의 매매로서 환매기간 내에 매도자가 환매한 경우의 그 매도자와 매수자의 취득에 대한 취득세는 표준세율에 중과기준세율(1,000분의 20)을 합한 세율로 산출한 금액으로 한다.
④ 토지를 취득한 자가 그 취득한 날부터 1년 이내에 그에 인접한 토지를 취득한 경우에는 그 전후의 취득에 관한 토지의 취득을 1건의 토지 취득으로 보아 면세점을 적용한다.
⑤ 지방자치단체장은 조례로 정하는 바에 따라 취득세 표준세율의 100분의 50 범위에서 가감할 수 있다.

> **해설** 지방세, 취득세 - 과세표준 및 세율
>
> ③ 표준세율 - 중과기준세율(=2%)

정답 25. ⑤ 26. ③

제1장 취득세(응용)

비과세

27 「지방세법」상 신탁(「신탁법」에 따른 신탁으로서 신탁등기가 병행되는 것임)으로 인한 신탁재산의 취득으로서 취득세를 부과하는 경우는 모두 몇 개인가?
★

> ㉠ 위탁자로부터 수탁자에게 신탁재산을 이전하는 경우
> ㉡ 신탁의 종료로 인하여 수탁자로부터 위탁자에게 신탁재산을 이전하는 경우
> ㉢ 수탁자가 변경되어 신수탁자에게 신탁재산을 이전하는 경우
> ㉣ 「주택법」에 따른 주택조합이 비조합원용 부동산을 취득하는 경우

① 0개 ② 1개 ③ 2개 ④ 3개 ⑤ 4개

해설 취득세, 신탁재산
㉣의 경우 취득세가 부과되는 경우이다.

신고와 납부

28 「지방세법」상 취득세의 부과징수에 관한 설명으로 옳은 것은? **21회 출제**

① 취득세가 경감된 과세물건이 추징대상이 된 때에는 그 사유발생일부터 60일 이내에 그 산출세액에서 이미 납부한 세액(가산세 포함)을 공제한 세액을 신고·납부하여야 한다.
② 취득세 납세의무자가 취득일에 등기한 부동산을 그 취득한 후 신고를 하지 않고 매각하는 경우 산출세액에 100분의 80을 가산한 금액을 세액으로 하여 징수한다.
③ 토지의 지목변경에 따라 사실상 그 가액이 증가된 경우 취득세의 신고를 하지 않고 매각하더라도 취득세 중가산세 규정은 적용되지 아니한다.
④ 「지방세법」의 규정에 의하여 기한 후(1개월 이내) 신고를 한 경우 납부불성실가산세의 100분의 50을 경감한다.
⑤ 취득세의 기한 후 신고는 법정신고기한까지 신고한 경우에 한하여 할 수 있다.

해설 취득세의 부과징수
① (✗) 가산세 제외한다.
② (✗) 등기를 하였기 때문에 $\frac{80}{100}$이 적용되지 않는다.
③ (○) 등기한 부동산과 지목변경은 80% 중가산세 제외에 해당한다.
④ (✗) 신고불성실가산세를 50% 경감하고, 납부지연 가산세는 경감하지 아니한다.
⑤ (✗) 기한 후 신고는 법정신고기한까지 신고하지 아니한 경우에 할 수 있다.

정답 27. ② 28. ③

제2편 지방세

29 취득세와 관련하여 시행되고 있는 제도는 모두 몇 개인가? [22회 출제]

- 특별징수
- 분할납부
- 물 납
- 면세점
- 기한 후신고
- 수정신고

① 1개   ② 2개   ③ 3개   ④ 4개   ⑤ 5개

해설 취득세 종합
취득가액이 50만원 이하인 경우 면세점제도, 기한 후 신고제도, 수정신고제도가 있다.

30 「지방세법」상 취득세의 부과·징수에 관한 설명으로 틀린 것은?

① 납세의무자가 취득세 과세물건을 사실상 취득한 후 취득세 신고를 하지 아니하고 매각하는 경우에는 산출세액에 100분의 50을 가산한 금액을 세액으로 하여 보통 징수의 방법으로 징수한다.
② 재산권을 공부에 등기하려는 경우에는 등기신청서를 등기소에 접수하는 날까지 취득세를 신고납부하여야 한다.
③ 등기·등록관서의 장은 취득세가 납부되지 아니하였거나 납부부족액을 발견하였을 때에는 다음 달 10일까지 납세지를 관할하는 시장·군수·구청장에게 통보하여야 한다.
④ 취득세 납세의무자가 신고 또는 납부의무를 다하지 아니하면 산출세액 또는 그 부족세액에 「지방세기본법」의 규정에 따라 산출한 가산세를 합한 금액을 세액으로 하여 보통 징수의 방법으로 징수한다.
⑤ 지방자치단체의 장은 취득세 납세의무가 있는 법인이 장부 등의 작성과 보존의무를 이행하지 아니한 경우에는 산출된 세액 또는 부족세액의 100분의 10에 상당하는 금액을 징수하여야 할 세액에 가산한다.

해설 지방세, 취득세 - 부과징수
50%가 아니고 80%이다(법 제21조 제2항).

31 「지방세법」상 취득세 신고·납부에 관한 설명이다. ( )에 들어갈 내용을 순서대로 나열한 것은? (단, 납세자가 국내에 주소를 둔 경우에 한함)

취득세 과세물건을 취득한 자는 그 취득한 날부터 ( ) 이내, 상속으로 인한 경우는 상속개시일이 속하는 달의 말일부터 ( ) 이내에 그 과세표준에 세율을 적용하여 산출한 세액을 신고하고 납부하여야 한다.

① 10일, 3개월   ② 30일, 3개월   ③ 60일, 3개월
④ 60일, 6개월   ⑤ 90일, 6개월

정답   29. ③   30. ①   31. ④

해설 지방세, 취득세 – 신고납부

일반적인 경우 취득일부터 60일 이내이고, 상속의 경우 상속개시일이 속하는 달의 말일부터 6개월 이내이다.

09 취득세의 전반적인 내용

32 「지방세법」상 취득세에 관한 설명으로 옳은 것은? 〈23회 출제〉

① 「민법」등 관계법령에 따른 등기를 하지 아니한 부동산의 취득은 사실상 취득하더라도 취득한 것으로 볼 수 없다.
② 법인설립시에 발행하는 주식 또는 지분을 취득함으로써 과점주주가 된 경우에는 그 과점주주가 해당 법인의 부동산 등을 취득한 것으로 본다.
③ 국가, 지방자치단체 또는 지방자치단체조합에 귀속 또는 기부채납을 조건으로 취득하는 부동산에 대하여는 취득세를 부과하지 아니한다.
④ 법령이 정하는 고급오락장에 해당하는 임시건축물의 취득에 대하여는 존속기간에 상관없이 취득세를 부과하지 아니한다.
⑤ 「건축법」상 대수선으로 인해 공동주택을 취득한 경우에는 취득세를 부과하지 아니한다.

해설 취득세의 부과대상
① 사실상 취득하면 취득한 것으로 본다.
② 법인 설립시는 제외한다.
④ 고급오락장은 중과세대상이다.
⑤ 대수선으로 인한 경우에는 부과한다.

33 「지방세법」상 취득세의 과세 여부에 관한 설명으로 옳은 것은? 〈20회 개작〉

① 지방자치단체에의 기부채납을 조건으로 부동산을 취득·등기하는 경우 취득세는 과세된다.
② 존속기간이 1년을 초과하지 아니하는 임시용건축물을 취득·등기하는 경우 취득세는 과세된다.
③ 「민법」상 이혼을 원인으로 하는 재산분할로 인하여 부동산을 취득·등기하는 경우 취득세는 과세된다.
④ 천재지변으로 인하여 멸실된 건축물을 멸실일부터 3년 이내에 대체취득·등기하는 경우 취득세는 비과세된다.
⑤ 상속으로 인하여 법령이 정하는 1가구 1주택(고급주택 제외) 및 그 부속토지를 취득·등기하는 경우 취득세는 비과세된다.

정답 32. ③ 33. ③

제2편 지방세

해설 취득세 종합

①, ② 취득세 비과세   ④ 2년 이내에 대체취득·등기하는 경우 취득세 과세면제
⑤ 취득세 과세

34 「지방세법」상 취득세에 관한 설명으로 옳은 것은?   22회 출제

① 법인이 아닌 자가 건축물을 대수선하여 취득하는 경우로서 취득가격 중 100분의 80이 법인장부로 입증되는 경우 그 법인장부로 증명된 금액과 계산서 등으로 증명되는 금액을 합산한 취득가격을 과세표준으로 한다.
② 건축물의 개수로 인하여 건축물 면적이 증가할 때에는 그 증가된 부분이 아닌 전체 면적을 원시취득으로 본다.
③ 납세의무자가 취득세 과세물건을 사실상 취득하고 취득신고를 한 후 매각한 경우 취득세 중가산세 규정을 적용하지 아니한다.
④ 법인장부로 토지의 지목변경에 든 비용이 입증되는 경우 그 과세표준은 지목변경 전·후의 시가표준액의 차액으로 한다.
⑤ 법령이 정하는 고급주택에 해당하는 임시건축물의 취득은 취득세가 비과세된다.

해설 취득세의 중가산세

① 100분의 90이 넘어야 한다.   ② 증가된 면적을 원시취득으로 본다.
④ 법인장부에 입증되는 경우 그 비용으로 한다.   ⑤ 고급주택은 과세한다.

35 「지방세법」상 취득세에 관한 설명으로 옳은 것은?   24회 출제

① 토지의 지목변경에 따른 취득은 지목변경일 이전에 그 사용 여부와 관계없이 사실상 변경된 날과 공부상 변경된 날 중 빠른 날을 취득일로 본다.
② 부동산을 연부로 취득하는 것은 등기일에 관계없이 그 사실상의 최종연부금 지급일을 취득일로 본다.
③ 법인장부로 토지의 지목변경에 든 비용이 입증되는 경우 토지의 지목변경에 대한 과세 표준은 지목변경 전의 시가표준액에 그 비용을 더한 금액으로 한다.
④ 취득세 납세의무가 있는 법인이 장부 등의 작성과 보존의무를 이행하지 아니하는 경우 산출세액의 100분의 20에 상당하는 가산세가 부과된다.
⑤ 甲소유의 미등기건물에 대하여 乙이 채권확보를 위하여 법원의 판결에 의한 소유권보존등기를 甲의 명의로 등기할 경우의 취득세 납세의무는 甲에게 있다.

정답   34. ③   35. ⑤

제1장 취득세(응용)

> **해설** 취득세
> ① 지목변경일 이전에 사실상 사용하는 경우는 사실상 사용일
> ② 매회 사실상 연부금 지급일이나 매회 사실상 연부금 지급일 이전에 등기 또는 등록한 경우는 등기 또는 등록일
> ③ 법인장부에 입증되는 경우 그 비용으로 한다.
> ④ 100분의 10

36 「지방세법」상 취득세 및 등록면허세에 관한 설명으로 옳은 것은? **27회 출제**

① 취득세 과세물건을 취득한 후 중과세 세율 적용대상이 되었을 경우 60일 이내에 산출세액에서 이미 납부한 세액(가산세 포함)을 공제하여 신고·납부하여야 한다.
② 취득세 과세물건을 취득한 자가 재산권의 취득에 관한 사항을 등기하는 경우 등기한 후 30일 내에 취득세를 신고·납부하여야 한다.
③ 「부동산거래신고 등에 관한 법률」에 따른 신고서를 제출하여 같은 법에 따라 검증이 이루어진 취득에 대하여는 취득세의 과세표준을 시가표준액으로 한다.
④ 부동산가압류에 대한 등록면허세의 세율은 부동산가액의 1천분의 2로 한다.
⑤ 등록하려는 자가 신고의무를 다하지 아니하고 등록면허세 산출세액을 등록하기 전까지(신고기한이 있는 경우 신고기한까지) 납부하였을 때에는 신고·납부한 것으로 본다.

> **해설** 지방세, 취득세와 등록면허세 - 신고납부 등
> ① 가산세를 제외한다.
> ② 등기신청서를 등기소에 접수하는 날까지이다.
> ③ 사실상 취득가액으로 한다.
> ④ 채권금액이다.

정답 36. ⑤

제2편 지방세

37 「지방세법」상 취득세에 관한 설명으로 틀린 것은? 　　28회 출제

① 지방자치단체에 기부채납을 조건으로 부동산을 취득하는 경우라도 그 반대급부로 기부채납 대상물의 무상사용권을 제공받는 때에는 그 해당 부분에 대해서는 취득세를 부과한다.
② 상속(피상속인이 상속인에게 한 유증 및 포괄유증과 신탁재산의 상속 포함)으로 인하여 취득하는 경우에는 상속인 각자가 상속받는 취득물건(지분을 취득하는 경우에는 그 지분에 해당하는 취득물건을 말함)을 취득한 것으로 본다.
③ 국가로부터 유상취득하는 경우에는 사실상의 취득가격 또는 연부금액을 과세표준으로 한다.
④ 무상승계취득한 취득물건을 취득일에 등기·등록한 후 화해조서·인낙조서에 의하여 취득일부터 60일 이내에 계약이 해제된 사실을 입증하는 경우에는 취득한 것으로 보지 아니한다.
⑤ 「주택법」 제2조 제3호에 따른 공동주택의 개수(「건축법」 제2조 제1항 제9호에 따른 대수선은 제외함)로 인한 취득 중 개수로 인한 취득 당시 「지방세법」 제4조에 따른 주택의 시가표준액이 9억원 이하인 주택과 관련된 개수로 인한 취득에 대해서는 취득세를 부과하지 아니한다.

해설 취득세 비과세와 과세표준 등
무상승계취득한 취득물건을 등기·등록하지 아니하고 화해조서·인낙조서에 의하여 취득일부터 60일 이내에 계약이 해제된 사실을 입증하는 경우에는 취득한 것으로 보지 아니한다(영 제20조 제1항 제1호).

38 「지방세법」상 취득세에 관한 설명으로 옳은 것은? 　　31회 출제

① 국가 및 외국정부의 취득에 대해서는 취득세를 부과한다.
② 토지의 지목변경에 따른 취득은 토지의 지목이 사실상 변경된 날을 취득일로 본다.
③ 국가가 취득세 과세물건을 매각하면 매각일부터 60일 이내에 지방자치단체의 장에게 신고하여야 한다.
④ 법인이 아닌 자가 건축물을 건축하여 취득하는 경우 취득가격 중 100분의 80 이상이 법인장부에 따라 입증되는 경우 그 취득가격을 과세표준으로 한다.
⑤ 토지를 취득한 자가 그 취득한 날부터 1년 이내에 그에 인접한 토지를 취득한 경우 그 전후의 취득에 관한 토지의 취득을 1건의 토지 취득으로 보아 취득세에 대한 면세점을 적용한다.

해설 취득세 전반적인 내용
① 비과세한다.
② 사실상 변경된 날과 공부상 변경된 날 중 빠른 날이다.
③ 30일 이내에 지방자치단체장에게 통보하거나 신고하여야 한다.
④ 90/100 이상이다.

정답　37. ④　38. ⑤

CHAPTER 02 등록에 대한 등록면허세

학습포인트

- 등록면허세는 등록과 면허로 구분한다. 우리 시험과 관련된 분야는 등록에 대한 등록면허세이다.
- 취득세 분야보다 등록에 대한 등록면허세 분야는 출제빈도가 낮다
- 부동산취득을 원인으로 등기 등을 한 경우에는 취득세를 부과한다.
- 따라서 부동산등기에 관한 분야 중에서 과세표준, 세율, 비과세 등에 대하여 집중적으로 투자하고 기타부분은 전체적인 체계를 이해하면서 기본개념을 정립하기 바란다.

CHAPTER 학습 & 출제되는 키워드

- ☑ 등기 또는 등록
- ☑ 납세지
- ☑ 신고가액
- ☑ 세율
- ☑ 부동산의 보존등기세율
- ☑ 비과세
- ☑ 신고·납부
- ☑ 일반무신고가산세

- ☑ 납세의무자
- ☑ 과세표준
- ☑ 시가표준액
- ☑ 부동산등기
- ☑ 건수에 의한 세액
- ☑ 국가 등에 대한 비과세
- ☑ 신고불성실가산세
- ☑ 부당과소·무신고가산세

- ☑ 등기·등록명의인
- ☑ 종가세·종량세
- ☑ 사실상 취득가액
- ☑ 표준세율·탄력세율
- ☑ 중과세대상 세율비과세
- ☑ 형식적인 취득에 대한 비과세
- ☑ 일반과소신고가산세
- ☑ 납부불성실가산세

CHAPTER 학습 & 출제되는 질문

- ☑ 등록에 대한 등록면허세 납세의무자에 대한 설명 중 틀린 것은?
- ☑ 과세표준에 대한 설명이다. 올바른 것은?
- ☑ 부동산에 관한 등록면허세의 세율 중 가장 높은 세율이 적용되는 경우는?

제2편 지방세

기본 출제예상문제

제1절 의의

01 「지방세법」상 등록에 대한 등록면허세에 있어서 부동산은 무엇을 말하는가?
① 토지 및 건축물
② 토지 및 건축물과 선박·항공기
③ 토지
④ 토지 및 건축물과 차량(車輛)·전세권(傳貰權)
⑤ 건축물

해설 과세객체
1) 부동산등기(등록면허세법상 부동산이란 토지와 건축물만을 의미)
2) 선박등기
3) 자동차의 등록
4) 건설기계의 등록
5) 신탁재산에 대한 등기
6) 항공기등록
7) 공장 및 광업재단등기
8) 법인등기
9) 상호등의 등기
10) 광업권의 등록
11) 어업권의 등록
12) 저작권의 등록
13) 기타 각종 등기·등록

02 다음은 등록에 대한 등록면허세에 관한 내용이다. 맞지 않는 것은?
① 지방세로서 유통과세이며 특시·특도·도 및 구세이다.
② 재산권 등 권리의 설정·변경·소멸에 관한 사항을 등기하거나 등록할 때에 부과하는 조세이다.
③ 유통거래에 수반하는 담세력(擔稅力)을 간접적으로 포착하여 과세한다.
④ 유통세적 성격과 수수료적인 성격을 지니고 있으므로 세율은 정률세(定率稅)와 정액세(定額稅), 그리고 초과누진세율로 과세한다.
⑤ 등기·등록행위는 외형적으로 법정절차에 의거하여 등기·등록을 한 형식적 요건만 갖추면 등록면허세가 부과된다.

해설 등록에 대한 등록면허세
등록면허세의 세율구조는 정률세와 정액세로 구성되어 있으며, 초과누진세율은 적용되지 않는다.

정답 01. ① 02. ④

제2장 등록에 대한 등록면허세(기본)

03 다음 중 등록에 대한 등록면허세에 관한 설명으로서 가장 옳은 것은?
① 등록면허세의 세율구조는 차등비례세율(差等比例稅率)뿐이다.
② 등록면허세는 보통징수방법에 의해서만 징수된다.
③ 재산권의 소멸에 관한 등기·등록도 등록면허세과세대상이다.
④ 등록면허세는 시·군세에 해당한다.
⑤ 등록면허세는 소비세의 일종에 해당된다.

> **해설** 등록에 대한 등록면허세
> ① 등록면허세의 세율구조는 정률세(비례세율)와 정액세가 있다.
> ② 등록면허세는 신고납부방식이다.
>   신고납부를 이행하지 않는 경우에는 보통징수방법에 의하여 부과징수한다.
> ④ 등록면허세는 지방세로서 특시·특도·도 및 구세에 해당한다.
> ⑤ 등록면허세는 유통거래에 수반하는 담세력을 포착하여 과세하는 유통과세이다.

04 「지방세법」 중 등록에 대한 등록면허세에 대한 설명이다. 잘못된 것은?
① 등록면허세는 재산권 기타 권리의 설정 변경 또는 소멸에 관한 사항을 공부에 등기 또는 등록(등재를 포함)하는 경우에 등기 또는 등록을 하는 자에게 부과한다.
② 등록면허세의 납세의무자는 재산권이나 기타의 권리의 설정·변경 등에 관한 사항의 등기나 등록을 받는 자이다.
③ 등록면허세도 취득세와 마찬가지로 실질을 존중하여 등록대상의 권리를 취득한 자가 이를 등기 또는 등록하지 않아도 납세의무자가 된다.
④ 등록면허세의 과세표준은 등기나 등록의 대상이 되는 물건의 가액이나 채권금액 또는 출자금액을 기준으로 하는 경우와 등기나 등록의 건수를 기준으로 하는 경우가 있다.
⑤ 등록면허세를 신고납부하지 아니하였거나 신고납부한 세액에 부족이 있으면 가산세를 가산한 금액을 세액으로 하여 보통징수방법에 의하여 징수하여야 한다.

> **해설** 등록에 대한 등록면허세
> ■ 등기·등록행위는 내부의 실질적인 권리자의 유무 또는 정당성·합법성 여부는 따지지 않고 외형적으로 법정절차에 의거하여 등기·등록·등재를 한 형식적 요건만 갖추면 등록면허세가 부과된다.
> ■ 등록면허세는 재산권 등 권리의 설정, 변경, 소멸에 관한 사항을 공부에 등기하거나 등록할 때에 부과하는 조세로서 유통거래에 수반하는 담세력을 간접적으로 포착하여 과세하는 일종의 유통세적 성격과 수수료적인 성격을 지니고 있다. 그러나 수수료는 아니다.

정답 03. ③ 04. ③

제2편 지방세

05 등록에 대한 등록면허세는 등기 또는 등록을 받는 자(하는 자)에게 납세의무를 부여하는 등 일부 특이한 사항이 있다. 등록에 대한 등록면허세에 관한 설명으로 <u>잘못된</u> 것은?

① 등록에 대한 등록면허세는 재산권 기타 권리의 창설, 변경, 소멸에 관한 사항을 공부에 등기, 등록하는 외형상의 행위에 대해 과세하는 행위세이다.

② 부동산에 대한 저당권설정등기에 대한 등록에 대한 등록면허세의 과세주체는 등기일 현재의 부동산소재지를 관할하는 특시·특도·도 및 구이다.

③ 등록에 대한 등록면허세 과세표준은 등기, 등록, 당시 신고가액, 시가표준액, 사실상 취득가액으로 하는 종가세와 건수 등으로 하는 종량세가 있다.

④ 쟁송이나 기타 사유로 무효 또는 취소가 되어 말소되는 경우에도 이미 납부한 등록에 대한 등록면허세에는 영향을 미치지 않는다.

⑤ 등록에 대한 등록면허세의 납세의무자는 등기, 등록을 하는 자이며 등기·등록을 하는 자란 언제나 과세객체가 발생하도록 신청한 자를 말한다.

[해설] 등록에 대한 등록면허세
신청한 자가 아니고 외형상의 등기권리자이다.

제2절 납세지

06 다음은 등록에 대한 등록면허세의 납세지에 관한 설명이다. 맞지 <u>않는</u> 것은?

① 부동산등기 : 부동산소재지
② 항공기등록 : 항공기의 정치장 소재지(停置場所在地)
③ 법인등기 : 등기에 관련되는 본점·지점 또는 주사무소의 소재지
④ 상표, 영업권, 특허권, 실용신안권 : 등록권자 주소지
⑤ 영업의 허가등록 : 영업소 소재지

[해설] 납세지
상표, 영업권의 납세지는 주사무소 소재지이고, 특허권, 실용신안권의 납세지는 등록권자 주소지이다(법 제25조 제1항).

정답 05. ⑤   06. ④

제2장 등록에 대한 등록면허세(기본)

07 다음 중 등록에 대한 등록면허세의 납세지(納稅地)에 대한 설명으로 틀린 것은?

① 부동산등기의 경우에는 부동산소재지가 납세지이다.
② 상호등기(商號登記)의 경우에는 영업소 소재지가 납세지이다.
③ 상표등록의 경우에는 주사무소의 소재지가 납세지이다.
④ 어업권, 양식업권 등록의 경우에는 어업권자의 주소지가 납세지이다.
⑤ 출판권등록의 경우에는 출판권자의 주소지가 납세지이다.

해설 납세지
어업권, 양식업권 등록의 납세지는 어장 소재지 관할 특시·특도·도 및 구이다(법 제25조 제1항 제9호).

08 등록에 대한 등록면허세의 납세지가 잘못 연결된 것은?

① 부동산등기 ·············· 부동산소재지
② 선박등기 및 소형 선박의 등록 ·············· 선적항 소재지
③ 항공기등록 ·············· 항공기의 정치장 소재지
④ 영업의 허가등록 ·············· 영업소 소재지
⑤ 광업권등록 ·············· 광업사무소 소재지

해설 등록에 대한 등록면허세의 납세지

■ 다음 구분에 의하여 등기 또는 등록일 현재 등기 또는 등록할 재산의 소재지나 등기 또는 등록권자의 주소지, 해당 사무소 또는 영업소 등의 소재지를 관할하는 특시·특도·도 및 구에서 부과한다.
1) 부동산등기 : 부동산소재지
2) 선박등기 및 20톤 미만의 선박의 등록 : 선적항 소재지
3) 자동차등록 :「자동차관리법」의 규정에 의한 등록지
4) 항공기등록 : 항공기의 정치장 소재지
5) 법인등기 : 등기에 관련되는 본점·지점 또는 주사무소·분사무소 등의 소재지
6) 상호등기 : 영업소 소재지
7) 광업권등록 : 광구 소재지
8) 어업권등록 : 어장 소재지
9) 저작권·출판권·저작인접권 등록 : 저작·출판·저작인접권자 주소지
10) 특허권·실용신안권·의장권의 등록 : 등록권자 주소지
11) 상표·영업권 등록 : 주사무소 소재지
12) 영업의 허가등록 : 영업소 소재지
13) 기타 등기·등록 : 등기 또는 등록관청 소재지

정답 07. ④ 08. ⑤

09 다음은 등록에 대한 등록면허세의 납세지를 연결한 것이다. 옳지 않은 것은?

① 상호등기 : 영업소 소재지
② 어업권, 양식업권 등록 : 어장(漁場) 소재지
③ 자동차등록 : 차고지
④ 상표·서비스표등록 : 주사무소 소재지
⑤ 법인등기 : 등기에 관련되는 본점·지점 또는 주사무소·분사무소 등의 소재지

해설 등록에 대한 등록면허세의 납세지
자동차등록은 「자동차관리법」의 규정에 의한 등록지이므로 ③의 설명은 옳지 않다.

제3절 과세표준 및 세율

10 ★ 등록에 대한 등록면허세의 세율 중 가장 높은 세율이 적용되는 경우는? (감면 등 기타 다른 조건은 무시함)

① 상속 이외의 무상으로 인한 소유권이전등기
② 유상으로 인한 소유권이전등기
③ 상속으로 인한 소유권이전등기
④ 저당권설정등기
⑤ 가등기

해설 감면 등을 고려하지 않은 경우의 순서
① 1.5%, ② 2%, ③ 0.8%, ④ 0.2%, ⑤ 0.2%

11 다음 중 등록에 대한 등록면허세의 과세표준과 세율이 올바르게 짝지어진 것은?

과세대상	과세표준	세 율
① 부동산소유권이전(유상)	부동산가액	1,000분의 8
② 임차권의 설정 및 이전	보증금 + 임차료환산가액	1,000분의 2
③ 말소등기	건당	6,000원
④ 소유권이전(상속)	부동산가액	1,000분의 20
⑤ 토지의 경매신청	토지가액	1,000분의 2

정답 09. ③   10. ②   11. ③

해설 과세표준과 세율

① $\frac{20}{1,000}$ = 2% ② 월임대차금액 $\frac{2}{1,000}$ = 0.2%

④ $\frac{8}{1,000}$ = 0.8% ⑤ 채권금액 $\frac{2}{1,000}$ = 0.2%

* 세율적용참고사항 : 부동산소유권에 관한 등록면허세 세율은 2010.12.31 이전에 취득한 후 등기 등을 하지 아니한 경우에 적용하는 세율이다(이하 동일함).

12 ★ 등록에 대한 등록면허세에 대한 다음의 설명 중 틀린 것은?

① 국가, 지방자치단체, 지방자치단체조합이 자기를 위하여 하는 등기 또는 등록에 대하여는 등록면허세를 부과하지 않는다.
② 등록에 관한 등록면허세는 부동산의 취득을 원인으로 이루어지는 등기 또는 등록도 포함하여 등록면허세를 부과한다.
③ 등기 또는 등록을 하고자 하는 자는 등록면허세 산출세액을 등기 또는 등록의 신청서를 등기소 또는 등록관청에 접수하는 날까지 신고하고 납부하여야 한다.
④ 부동산에 관한 등록면허세의 세율은 지방자치단체의 조례에 의하여 표준세율의 100분의 50 범위 내에서 가감조정할 수 있다.
⑤ 등록면허세는 재산권 기타 권리의 취득·이전·변경 또는 소멸에 관한 사항을 공부에 등기 또는 등록하는 경우에 그 등기 또는 등록을 하는 자가 납세의무자가 된다.

해설 등록에 대한 등록면허세

취득을 원인으로 이루어지는 등기 또는 등록은 취득세가 부과되므로 등록면허세에서 제외하고, 광업권 및 어업권의 취득, 외국인 소유의 취득세 과세대상물건(차량·기계장비·항공기 및 선박만 해당)의 연부취득에 따른 등기 또는 등록, 「지방세기본법」에 따른 취득세 부과제척기간이 경과한 물건의 등기 또는 등록 및 취득세의 면세점에 해당하는 물건의 등기 또는 등록은 포함한다.

13 「지방세법」상 등록에 대한 등록면허세의 세율이 다른 하나는 어느 것인가?

① 지상권설정등기   ② 전세권설정등기   ③ 가처분등기
④ 소유권보존등기   ⑤ 가등기

해설 등록면허세의 세율

①, ②, ③, ⑤는 0.2%이고 ④는 0.8%이다.

정답 12. ② 13. ④

제2편 지방세

14 다음은 취득세와 등록면허세의 중과세(重課稅)에 관한 내용이다. 모두 중과세하지 않는 것은?

① 고급오락장, 고급주택, 고급선박의 취득과 등기
② 법인(法人)의 비업무용 토지의 취득과 등기
③ 대도시 내의 공장의 신·증설로 인한 부동산취득과 등기
④ 대도시 내 법인의 설립으로 인한 등기
⑤ 법인의 본점 또는 주사무소를 대도시로 전입함에 따른 등기

해설 중과세
①, ③ 취득세 중과세, 등록면허세는 과세하지 않는다.
② 취득세, 등록면허세 모두 중과세하지 않는다.
④, ⑤ 취득세는 과세하지 않으나, 등록면허세는 중과세한다.

15 다음 중 등록에 대한 등록면허세에 있어서 부동산등기의 과세표준(課稅標準)에 대하여 잘못된 것은?

① 부동산등기에 관한 등록면허세의 과세표준은 시가표준액(時價標準額)으로 한다.
② 과세표준은 등기·등록자의 신고에 의한다.
③ 신고가액이 시가표준액에 미달하는 때에는 등기·등록 당시의 시가표준액으로 한다.
④ 신고가 없을 때에는 등기·등록 당시의 시가표준액에 의한다.
⑤ 판결에 의한 취득은 사실상의 취득가액을 과세표준으로 한다.

해설 등록에 대한 등록면허세 부동산등기의 과세표준(종가세, 종량세)

1) **부동산가액에 의한 과세표준**(소유권, 지상권, 가등기, 지역권)
 부동산등기에 대한 과세표준은 등기·등록 당시의 가액으로 한다. 다만, 신고가액이 등기·등록당시의 시가표준액에 미달할 때에는 시가표준액에 의한다.
 ① 신고가액 : 원칙적으로 조례가 정하는 바에 의하여 등기·등록자의 신고에 의한 가액으로 한다.
 ② 시가표준액 : 신고가 없거나 신고가액이 시가표준액에 미달하는 경우에는 등기·등록당시의 시가표준액에 의한다.
 ③ 사실상 취득가액

2) **채권금액에 의한 과세표준**(저당권, 가압류, 가처분, 경매신청, 가등기)
 일정한 채권금액이 있으면 당연히 채권금액을 과세표준으로서 하지만, 일정한 채권금액이 없을 때에는 채권의 목적이 된 것 또는 처분의 제한이 목적이 된 금액을 그 채권금액으로 본다.

3) **건수에 의한 과세표준**(종량세)
 말소등기·지목변경등기 등

정답 14. ② 15. ①

16. 등록면허세의 과세표준에 대한 설명으로 적합하지 않은 것은?

① 부동산의 가액을 과세표준으로 하는 경우에는 원칙적으로 등기신청인의 신고가액에 의한다.
② 신고가액의 표시가 없거나 신고가액이 시가표준액에 미달한 때에는 당해 시가표준액을 과세표준으로 한다.
③ 저당권설정등기에 대해서는 채권금액을 과세표준으로 한다.
④ 지상권설정등기에 대해서는 지료를 과세표준으로 한다.
⑤ 전세권설정등기에 대해서는 전세금액을 과세표준으로 한다.

해설 등록면허세의 과세표준
지상권설정등기에 대해서는 부동산가액을 과세표준으로 한다.

17. 다음은 부동산등기에 관한 등록에 대한 등록면허세의 세율을 설명한 것이다. 틀린 것은?

① 지목변경등기 : 건당 6,000원
② 대도시에서 법인을 설립함에 따른 등기 : 표준세율의 100분의 300
③ 소유권의 보존 : 1,000분의 8
④ 저당권의 설정 : 1,000분의 2
⑤ 전세권의 설정 : 1,000분의 6

해설 등록에 대한 등록면허세의 세율
1) 상속으로 인한 소유권이전등기 : 1,000분의 8 = 0.8%
2) 증여·기부 등 무상으로 인한 소유권이전등기 : 1,000분의 15 = 1.5%
3) 유상으로 인한 소유권이전등기 : 1,000분의 20 = 2%
4) 소유권보존 : 부동산가액의 1,000분의 8 = 0.8%
5) 소유권 이외의 물권과 임차권의 설정 및 이전
    ① 지상권 : 부동산가액의 1,000분의 2 = 0.2%
    ② 저당권 : 채권금액의 1,000분의 2
    ③ 지역권 : 요역지가액의 1,000분의 2
    ④ 전세권 : 전세금액의 1,000분의 2
    ⑤ 임차권 : 월임대차금액의 1,000분의 2
6) 경매신청·가압류·가처분 : 채권금액의 1,000분의 2 = 0.2%
7) 가등기 : 부동산가액 또는 채권금액의 1,000분의 2 = 0.2%
8) 기타 등기 : 건당 6,000원

정답 16. ④ 17. ⑤

제2편 지방세

18 부동산에 대한 등록에 대한 등록면허세율 중 옳게 설명된 것은?
① 전부 정률세가 적용된다.
② 전부 정액세가 적용된다.
③ 동일한 세율이 적용된다.
④ 초과누진세율이 적용된다.
⑤ 정률세 또는 정액세가 적용된다.

> **해설** 등록에 대한 등록면허세율
> - 부동산에 대한 등록면허세율의 구조는 표준세율로서 정률세와 정액세이다.
> - 정률세는 0.8%, 2%, 0.2%등이 있고 정액세는 건당 6,000원 등이 있다.

19 대도시 내에서 신·증설된 후 5년이 경과된 공장을 포괄승계취득하였다면 취득세, 등록에 대한 등록면허세 및 재산세의 중과세는?
① 취득세, 등록면허세 및 재산세 모두가 중과세된다.
② 취득세, 등록면허세 및 재산세 모두가 중과세되지 아니한다.
③ 취득세만 중과세되고, 등록면허세와 재산세는 중과세되지 아니한다.
④ 취득세 및 등록면허세만 중과세되고, 재산세는 중과세되지 아니한다.
⑤ 취득세 및 등록면허세는 중과세되지 아니하고, 재산세만 중과세된다.

> **해설** 중과세
> 대도시 내에서 공장을 포괄승계취득한 경우에는 취득세는 중과세되지 아니하고, 재산세는 5년 이내의 경우만 중과세가 적용되므로 5년이 경과하였으므로 재산세도 중과세가 적용되지 아니한다. 등록에 대한 등록면허세는 대도시 내 공장의 신·증설에 대한 중과세규정이 없다.
>
> [참고] 특별시, 광역시, 시지역의 주거지역의 공장용 건축물에 대하여는 5년 경과여부에 관계없이 재산세를 2배($\frac{2.5}{1,000} \times \frac{200}{100} = \frac{5}{1,000}$)로 중과세한다.

20 다음 중 등록에 대한 등록면허세가 중과세(重課稅)되지 않은 경우는?
① 대도시 내에서의 의료업
② 대도시 내에서의 법인의 분사무소를 설치함에 따른 등기
③ 대도시 외에서 대도시 내에로의 법인의 전입등기(轉入登記)
④ 대도시 내에서의 법인의 설립등기(設立登記)
⑤ 대도시 내에서의 법인의 지점설치등기(支店設置登記)

정답 18. ⑤ 19. ② 20. ①

제2장 등록에 대한 등록면허세(기본)

해설 등록면허세의 중과세(법 제28조 제2항)

대도시 내 법인의 등기 : 3배의 중과세

1) **대도시** : 「수도권정비계획법」에 의한 과밀억제권역. 다만, 「산업집적활성화 및 공장설립에 관한 법률」의 적용을 받는 산업단지는 제외한다.

2) **중과대상이 되는 등기**
   ① 대도시 내에서의 법인의 설립(설립 후 5년 내 자본 또는 출자액을 증가하는 경우 포함)과 지점 또는 분사무소의 설치에 따른 등기
   ② 대도시 외의 법인이 대도시 내에로의 본점 또는 주사무소의 전입(전입 후 5년 이내에 자본 또는 출자액을 증가하는 경우 포함)에 따른 등기. 이 경우 전입은 법인의 설립으로 보아 세율을 적용한다.

3) **중과세대상에서 제외되는 경우**
   ① 대통령이 정하는 업종
   - 사회간접자본시설사업
   - 「한국은행법」, 「한국수출입은행법」에 의한 은행업
   - 「해외건설촉진법」의 규정에 의한 면허받은 해외건설업 및 「주택법」에 의하여 등록된 주택건설사업
   - 전기통신사업
   - 첨단기술산업·첨단업종
   - 유통산업, 화물터미널사업 및 창고업과 화물자동차운송사업
   - 정부출자법인(20% 이상 직접출자한 법인)이 영위하는 사업
   - 의료업
   - 개인이 영위하던 제조업을 법인전환하는 기업
   - 건축자재업종으로 정하여진 자원재활용업종
   - 소프트웨어사업
   - 초고속망사업
   - 문화예술시설운영사업
     - 종합유선방송국·프로그램공급업 및 전송망사업
     - 도시형 공장을 영위하는 사업 등
   ② 최저기준을 충족하기 위한 자본 또는 출자액의 증가액
   ③ 법인의 분할로 인한 법인의 설립

제4절 비과세

21 다음 중 취득세와 등록에 대한 등록면허세의 비과세에 대한 설명으로 틀린 것은?

① 행정구역의 변경, 주민등록번호의 변경, 지적소관청의 지번변경 등으로 주소, 성명, 주민등록번호, 지번 등의 단순한 표시변경, 회복 또는 경정등기나 등록은 등록면허세가 비과세된다.
② 「도시개발법」에 의한 도시개발사업으로 사업인가 당시 소유자가 환지계획에 의하여 취득하는 토지에 대하여는 취득세를 면제한다.
③ 국가, 지방자치단체 및 지방자치단체조합에 귀속 또는 기부채납을 조건으로 취득하는 부동산등기에 대하여는 취득세를 비과세한다.
④ 대한민국 정부기관의 취득과 등기에 대하여 과세하는 외국정부의 취득과 등기에 대하여는 취득세는 비과세하나 등록면허세는 과세한다.
⑤ 천재 등으로 인하여 멸실 또는 파손된 건축물 등을 2년 이내에 대체취득하는 경우에도 중과세대상 재산의 대체취득의 경우에는 취득세가 비과세되지 아니한다.

> **해설** 비과세
> 취득세와 등록면허세 모두 과세한다.

22 다음 중 등록에 대한 등록면허세의 비과세대상에 해당하는 것은?

① 종교·제사목적단체가 해당 사업에 사용하기 위하여 취득하는 부동산등기
② 천재 등으로 인한 건축물의 대체취득등기
③ 국가에 귀속 또는 기부채납을 조건으로 취득하는 부동산의 등기
④ 마을회 등 주민공동체의 주민공동소유부동산 및 선박의 등기
⑤ 무덤으로 사용되는 토지로서 지적공부상의 지목이 묘지인 토지에 관한 등기

> **해설** 비과세
> ①, ②, ④ 취득세 과세면제, ③ 취득세 비과세 ⑤ 등록면허세 비과세

정답 21. ④ 22. ⑤

제2장 등록에 대한 등록면허세 (기본)

23 「지방세법」상 등록에 대한 등록면허세에 대한 설명으로서 타당하지 <u>않은</u> 것은?

① 같은 등록에 관계되는 재산이 둘 이상의 지방자치단체에 걸쳐 있어 등록면허세를 지방자치단체별로 부과할 수 없을 때에는 등록관청 소재지를 납세지로 한다.

② 등록면허세는 재산권 기타 권리의 설정·변경 또는 소멸에 관한 사항을 공부에 등기 또는 등록하는 경우에 그 등기 또는 등록을 하는 자에게 부과한다.

③ 부동산등기의 납세지는 부동산 소유자의 주소지를 납세지로 한다.

④ 부동산·선박·항공기·자동차 및 건설기계에 관한 등록면허세의 과세표준은 등기·등록당시의 신고가액에 의함을 원칙으로 한다.

⑤ 감가상각의 사유로 변경된 가액을 과세표준으로 할 경우에는 등기·등록일 현재의 법인장부 또는 결산서에 의하여 입증되는 가액을 과세표준으로 한다.

해설 등록에 대한 등록면허세

부동산등기는 부동산소재지를 납세지로 한다(법 제25조 제1항 제1호).

24 다음 중 등록면허세가 부과되는 것은?

① 계량단위의 변경등기·등록
② 지역권의 설정등기
③ 행정구역의 변경등기·등록
④ 담당공무원의 착오로 주소의 단순한 표시변경등기·등록
⑤ 지방자치단체가 자기를 위하여 하는 등기·등록

해설 비과세

①, ③, ④, ⑤ 비과세, ②는 과세한다. 즉, 지역권은 요역지가액의 0.2%이다.

정답 23. ③ 24. ②

제5절 부과징수

25 등록에 대한 등록면허세 산출세액에 미달하게 신고한 경우의 신고불성실가산세(加算稅)는?

① $\frac{2}{100}$ ② $\frac{40}{100}$ ③ $\frac{30}{100}$ ④ $\frac{20}{100}$ ⑤ $\frac{10}{100}$

해설 신고불성실가산세
- 「지방세법」상 미달신고에 대한 신고불성실가산세는 취득세, 등록면허세 등 거의 대부분이 원칙적으로 10%이다.
  - 미달신고, 과소신고 : 10%
  - 무신고 : 20%
  - 사기, 부당, 부정행위 : 40%

26 등록에 대한 등록면허세의 부과·징수에 관한 설명이다. 틀린 것은?
① 등록면허세는 과세물건을 등기 또는 등록한 후에 해당 과세물건이 중과세율이 적용된 때에는 사유발생일부터 60일 이내에 차액을 신고하고 납부하여야 한다.
② 신고를 하지 아니한 경우라도 등록면허세산출세액을 등기 또는 등록하기 전까지 납부한 때에는 신고하고 납부한 것으로 본다.
③ 등록에 대한 등록면허세의 가산세는 신고불성실가산세와 납부불성실가산세가 있으나 80% 중가산세는 없다.
④ 부동산등기에 대한 등록면허세의 신고납부기간은 당해 부동산의 등기일부터 30일 이내이다.
⑤ 부동산등기에 있어서 세액계산의 결과 6,000원 미만인 경우 6,000원을 신고납부하여야 한다.

해설 등록면허세의 부과·징수
등기하기 전(=접수하는 날)까지 신고하고 납부하여야 한다.

정답 25. ⑤ 26. ④

제6절 등록면허세의 전반적인 체계(종합)

27 등록에 대한 등록면허세에 대한 설명이다. 틀린 내용은?

① 재산권과 그 밖의 권리의 설정, 변경 또는 소멸에 관한 사항을 공부에 등록하는 경우에 등록을 하는 자가 등록을 하기 전까지 신고하고 납부하여야 한다. 다만 취득을 원인으로 이루어지는 등기 또는 등록은 제외한다.

② 등록에 대한 등록면허세의 과세표준은 가액으로 하는 종가세와 건수 등으로 하는 종량세가 있다.

③ 부동산등기에 대한 등록면허세의 세율은 표준세율과 중과세세율로 나누어 볼 수 있다. 전세권설정등기에 대한 등록면허세의 세율은 부동산가액의 1,000분의 20으로 한다.

④ 회사정리 또는 특별청산에 관하여 법원의 촉탁으로 인한 등록은 등록면허세를 부과하지 아니한다.

⑤ 등록면허세 과세물건을 등록한 후에 해당 과세물건이 중과세대상이 된 때에는 규정된 날로부터 60일 이내에 이미 납부한 세액을 공제한 금액을 세액으로 하여 신고하고 납부하여야 한다.

[해설] 등록에 대한 등록면허세 종합
세율은 전세금액의 1,000분의 2이다(법 제28조 제1항 제1호 다목).

28 ★ 부동산등록에 대한 등록면허세의 설명이다. 가장 틀린 내용은?

① 등록이란 재산권과 그 밖의 권리의 설정, 변경 또는 소멸에 관한 사항을 공부에 등기하거나 등록하는 것을 말한다. 다만 취득을 원인으로 이루어지는 등기 또는 등록은 제외하되, 광업권 및 어업권의 취득에 따른 등록 등은 포함한다.

② 가처분, 가압류, 저당권, 가등기의 과세표준은 부동산가액 또는 채권금액으로 하고 세율은 1,000분의 2를 적용한다.

③ 부동산가액 또는 채권금액으로 하는 종가세와 건수 등으로 하는 종량세가 있다. 이 경우 부동산등기의 표준세율이 적용될 경우 세액이 6,000원 미만인 경우에도 6,000원으로 하여 신고납부하여야 한다.

④ 2010.12.31 이전에 유상승계취득하여 등기하지 못한 부동산을 2019년도에 등기할 경우 등록에 대한 등록면허세의 세율은 1,000분의 20이다.

⑤ 등록면허세를 신고납부하고자 하는 자는 등기 또는 등록을 하기 전(접수하는 날)까지 납세지를 관할하는 지방자치단체의 장에게 신고하고 납부하여야 한다. 이 경우 신고를 하지 아니한 경우라도 등기 또는 등록하기 전까지 납부한 때에는 신고하고 납부한 것으로 본다.

정답 27. ③ 28. ②

해설 등록에 대한 등록면허세 종합

가등기의 과세표준은 부동산가액 또는 채권금액이나 나머지는 채권금액이다.
⑤의 경우 신고불성실가산세가 없다.

● 특별수험대책 ●

1 출제경향분석

(1) 과거 등록세를 기준으로 기출문제를 분석해보면 기본개념을 정확히 알고 있는지 여부를 묻는 문제가 출제되었다. 즉 일반적인 사항, 과세표준, 납세지, 세율, 비과세, 납세의무자에 대한 기본개념만 이해하고 있으면 즉시 정답이 나올 수 있는 문제였다.

(2) 다만, 20회 이후 문제는 1개의 문제 안에 여러 가지의 기본개념을 동시에 묻는 문제였다. 즉 납세의무자, 과세표준, 세율 등을 1개의 문제 안에서 동시에 다루고 있다.

2 수험대책

● 단계별 수험 전략

납세의무자, 비과세, 과세표준, 세율, 납세지, 신고납부에 대하여 기본개념을 정확히 정리하면 충분하리라 생각한다. 다만, 부동산등기의 세율에 대해서는 응용문제가 출제될 가능성이 있다. 따라서 여기서는 부동산등기에 대한 세율만을 단계별로 예를 들어 설명하고자 한다.

1단계
부동산등기에 대한 과세표준과 세율의 기본개념을 정립한다.
예 소유권 이외에 관한 등기의 과세표준과 세율을 이해·암기한다.

2단계
세액계산의 결과 6,000원 미만인 경우 신고납부해야 하는가? 탄력세율, 중과세 등을 차례로 정리하기 바란다.
→ 기타의 내용으로는 과세표준과 중과세에 있어서 취득세와 등록면허세의 이동(異同)점을 비교이해하면 충분하다.

제2장 등록에 대한 등록면허세(응용)

응용 출제예상문제

난이도 A 기본문제

 과세대상

01 「지방세법」상 등록면허세가 과세되는 등록 또는 등기가 <u>아닌</u> 것은? (단, 2018.1.1 이후 등록 또는 등기한 것으로 가정함)   **29회 출제**

① 광업권의 취득에 따른 등록
② 외국인 소유의 선박을 직접 사용하기 위하여 연부취득조건으로 수입하는 선박의 등록
③ 취득세 부과제척기간이 경과한 주택의 등기
④ 취득가액이 50만원 이하인 차량의 등록
⑤ 계약상의 잔금지급일을 2017.12.1로 하는 부동산(취득가액 1억원)의 소유권이전등기

해설 등록면허세, 과세되는 등기·등록

⑤ 취득세가 과세된다.

 세율

02 부동산등기에 대한 세율적용이다. 표준세율 1,000분의 2의 동일한 세율이 적용되는 것으로 올바른 것은?

㉠ 소유권이전(유상)등기	㉡ 가등기
㉢ 저당권설정등기	㉣ 소유권이전(상속이외 무상)등기
㉤ 소유권이전(상속)등기	㉥ 소유권보존등기
㉦ 가처분등기	

① 1개   ② 2개   ③ 3개   ④ 4개   ⑤ 5개

해설 부동산등기에 대한 세율적용

㉠ $\frac{20}{1,000}$ ㉡,㉢,㉦ $\frac{2}{1,000}$ ㉣ $\frac{15}{1,000}$ ㉤,㉥ $\frac{8}{1,000}$

정답 01. ⑤   02. ③

제2편 지방세

03 「지방세법」상 부동산등기에 대한 등록면허세의 표준세율로 틀린 것은? (단, 표준세율을 적용하여 산출한 세액이 부동산등기에 대한 그 밖의 등기 또는 등록세율보다 크다고 가정함)

[28회 출제]

① 전세권 설정등기 : 전세금액의 1천분의 2
② 상속으로 인한 소유권 이전등기 : 부동산가액의 1천분의 8
③ 지역권 설정 및 이전등기 : 요역지 가액의 1천분의 2
④ 임차권 설정 및 이전등기 : 임차보증금의 1천분의 2
⑤ 저당권 설정 및 이전등기 : 채권금액의 1천분의 2

해설 등록면허세 과세표준과 세율
임차권 설정 및 이전등기는 월 임대차금액의 1천분의 2이다(법 제28조 제1항 제1호).

03 과세표준 등

[21회 출제]

04 「지방세법」상 등록에 대한 등록면허세의 과세표준에 관한 설명으로 틀린 것은?

① 부동산에 관한 등록면허세 과세표준의 신고가 없는 경우 시가표준액을 과세표준으로 한다.
② 말소등기, 지목변경등기, 표시변경등기 등은 건당을 과세표준으로 한다.
③ 채권금액에 의해 과세액을 정하는 경우에 일정한 채권금액이 없을 때에는 채권의 목적이 된 것 또는 처분의 제한의 목적이 된 금액을 그 채권금액으로 본다.
④ 상속으로 소유권을 이전한 부동산이 공유물인 때에는 그 취득지분의 가액을 부동산 가액으로 한다.
⑤ 법인이 국가로부터 취득한 부동산은 등기 당시에 자산재평가의 사유로 가액이 증가한 것이 그 법인장부로 입증되더라도 재평가 전의 가액을 과세표준으로 한다.

해설 등록면허세의 과세표준
등록면허세과세표준을 결정함에 있어서 자산재평가의 사유로 가액이 달라진 경우 그 재평가한 가액으로 한다(법 제27조 제5항).

정답 03. ④ 04. ⑤

04 등록에 대한 등록면허세 전반적인 내용

05 「지방세법」상 취득세와 등록에 대한 등록면허세에 관한 설명으로 틀린 것은? `20회 개작`

① 취득세의 과세표준은 원칙적으로 취득 당시의 가액으로 하되, 연부로 취득하는 경우에는 연부금액으로 한다.
② 부동산에 관한 등록면허세의 과세표준은 원칙적으로 등기 당시의 가액으로 한다.
③ 법정신고기한이 지난 후 1개월 이내에 등록면허세의 기한후 신고시에는 납부지연가산세의 100분의 50을 경감한다.
④ 유상거래를 원인으로 취득하는 주택(별장 및 고급주택 제외)에 대한 취득세는 과세표준의 1~3%를 적용한다.
⑤ 등록면허세는 소액부징수가 적용되지 아니한다.

해설 등록면허세 종합

③ 신고불성실가산세의 50%를 경감한다.
* 지방세의 기한 후 신고제도 : 2011.1.1부터 모든 신고납부세목에 대하여 시행

06 「지방세법」상 취득세 및 등록에 대한 등록면허세를 비교한 내용으로 틀린 것은? `20회 출제`

구 분	취득세	등록면허세
① 납세의무 성립시기	과세물건을 취득하는 때	재산권 그 밖의 권리를 등기하거나 등록하는 때
② 납세의무 확정방식	신고납부	신고납부
③ 과세표준 결정기준	종가세	종가세, 종량세
④ 부가세(附加稅)	지방교육세, 지방소득세	지방교육세, 농어촌특별세
⑤ 면세점	있 음	없 음

해설 취득세와 등록면허세

취득세에 부가되는 부가세는 지방교육세와 농어촌특별세이다. 지방소득세는 소득세(소득세분, 법인세분)에 해당하는 세금으로 독립세이다

정답 05. ③ 06. ④

제2편 지방세

07 「지방세법」상 등록면허세에 관한 설명으로 옳은 것은? 〔26회 출제〕

① 부동산등기에 대한 등록면허세 납세지는 부동산 소유자의 주소지이다.
② 등록을 하려는 자가 신고의무를 다하지 않은 경우 등록면허세 산출세액을 등록하기 전까지 납부하였을 때에는 신고·납부한 것으로 보지만 무신고 가산세가 부과된다.
③ 상속으로 인한 소유권 이전 등기의 세율은 부동산 가액의 1천분의 15로 한다.
④ 부동산을 등기하려는 자는 과세표준에 세율을 적용하여 산출한 세액을 등기를 하기 전까지 납세지를 관할하는 지방자치단체의 장에게 신고·납부하여야 한다.
⑤ 대도시 밖에 있는 법인의 본점이나 주사무소를 대도시로 전입함에 따른 등기는 법인등기에 대한 세율의 100분의 200을 적용한다.

> **해설** 지방세, 등록면허세 – 납세지, 가산세 등 전반
> ① 부동산소재지이다.
> ② 납부한 경우 신고로 간주하므로 무신고 가산세를 부과하지 아니한다.
> ③ 8/1,000 이다
> ⑤ 3배(=300/100)를 적용한다.

08 「지방세법」상 등록면허세에 관한 설명으로 틀린 것은? 〔30회 출제〕

① 부동산등기에 대한 등록면허세의 납세지는 부동산소재지이다.
② 등록을 하려는 자가 법정신고기한까지 등록면허세 산출세액을 신고하지 않은 경우로서 등록 전까지 그 산출세액을 납부한 때에도 「지방세기본법」에 따른 무신고가산세가 부과된다.
③ 등기담당공무원의 착오로 인한 지번의 오기에 대한 경정등기에 대해서는 등록면허세를 부과하지 아니한다.
④ 채권금액으로 과세액을 정하는 경우에 일정한 채권금액이 없을 때에는 채권의 목적이 된 것의 가액 또는 처분의 제한의 목적이 된 금액을 그 채권금액으로 본다.
⑤ 「한국은행법」 및 「한국수출입은행법」에 따른 은행업을 영위하기 위하여 대도시에서 법인을 설립함에 따른 등기를 한 법인이 그 등기일부터 2년 이내에 업종변경이나 업종추가가 없는 때에는 등록면허세의 세율을 중과하지 아니한다.

> **해설** 지방세–등록면허세–납세지 등
> 등록 전까지 납부한 때에는 신고하고 납부한 것으로 본다. 즉 무신고가산세가 부과되지 아니한다.

정답   07. ④   08. ②

09 「지방세법」상 등록면허세에 관한 설명으로 틀린 것은? [23회 출제]

① 등록면허세의 납세의무자가 신고를 하지 아니하고 등록을 하기 전까지 등록면허세를 납부한 경우 신고불성실가산세를 징수한다.
② 등록면허세의 납세의무자는 재산권과 그 밖의 권리의 설정·변경 또는 소멸에 관한 사항을 공부에 등기 또는 등록을 하는 자이다.
③ 근저당권 설정등기의 경우 등록면허세의 납세의무자는 근저당권자이다.
④ 근저당권 말소등기의 경우 등록면허세의 납세의무자는 근저당권설정자 또는 말소대상 부동산의 현재 소유자이다.
⑤ 부동산등기에 대한 등록면허세의 납세지는 부동산소재지를 원칙으로 한다.

해설 등록면허세 종합
등록하기 전까지 납부한 경우 신고한 것으로 본다. 따라서 신고불성실가산세가 적용되지 아니한다.

10 「지방세법」상 등록면허세에 관한 설명으로 틀린 것은? [24회 출제]

① 무덤과 이에 접속된 부속시설물의 부지로 사용되는 토지로서 지적공부상 지목이 묘지인 토지에 관한 등기에 대하여는 등록면허세를 부과하지 아니한다.
② 사실상의 취득가격을 등록면허세의 과세표준으로 하는 경우 등록 당시에 자산재평가의 사유로 그 가액이 달라진 때에는 자산재평가 전의 가액을 과세표준으로 한다.
③ 등록면허세 신고서상 금액과 공부상 금액이 다를 경우 공부상 금액을 과세표준으로 한다.
④ 부동산등기에 대한 등록면허세의 납세지는 부동산소재지이나 그 납세지가 분명하지 아니한 경우에는 등록관청 소재지로 한다.
⑤ 지방세의 체납으로 인하여 압류의 등기를 한 재산에 대하여 압류해제의 등기를 할 경우 등록면허세가 비과세된다.

해설 지방세법상 등록면허세
② 변경된 가액으로 한다.

정답 09. ① 10. ②

제2편 지방세

11 「지방세법」상 취득세 및 등록면허세에 관한 설명으로 옳은 것은? [27회 출제]

① 취득세 과세물건을 취득한 후 중과세 세율 적용대상이 되었을 경우 60일 이내에 산출세액에서 이미 납부한 세액(가산세 포함)을 공제하여 신고·납부하여야 한다.
② 취득세 과세물건을 취득한 자가 재산권의 취득에 관한 사항을 등기하는 경우 등기한 후 30일 내에 취득세를 신고·납부하여야 한다.
③ 「부동산거래신고 등에 관한 법률」에 따른 신고서를 제출하여 같은 법에 따라 검증이 이루어진 취득에 대하여는 취득세의 과세표준을 시가표준액으로 한다.
④ 부동산가압류에 대한 등록면허세의 세율은 부동산가액의 1천분의 2로 한다.
⑤ 등록하려는 자가 신고의무를 다하지 아니하고 등록면허세 산출세액을 등록하기 전까지(신고기한이 있는 경우 신고기한까지) 납부하였을 때에는 신고·납부한 것으로 본다.

해설 지방세, 취득세와 등록면허세 – 신고납부 등
① 가산세를 제외한다.
② 등기하기 전(=접수일)까지이다.
③ 사실상 취득가액으로 한다.
④ 채권금액의 1천분의 2로 한다.

12 「지방세법」상 등록면허세에 관한 설명으로 틀린 것은? [28회 출제]

① 같은 등록에 관계되는 재산이 둘 이상의 지방자치단체에 걸쳐 있어 등록면허세를 지방자치단체별로 부과할 수 없을 때에는 등록관청 소재지를 납세지로 한다.
② 「여신전문금융업법」 제2조 제12호에 따른 할부금융업을 영위하기 위하여 대도시에서 법인을 설립함에 따른 등기를 할 때에는 그 세율을 해당 세율의 100분의 300으로 한다. 단, 그 등기일부터 2년 이내에 업종변경이나 업종추가는 없다.
③ 무덤과 이에 접속된 부속시설물의 부지로 사용되는 토지로서 지적공부상 지목이 묘지인 토지에 관한 등기에 대하여는 등록면허세를 부과하지 아니한다.
④ 재산권 그 밖의 권리의 설정·변경 또는 소멸에 관한 사항을 공부에 등기 또는 등록을 받는 등기·등록부상에 기재된 명의자는 등록면허세를 납부할 의무를 진다.
⑤ 지방자치단체의 장은 조례로 정하는 바에 따라 등록면허세의 세율을 부동산등기에 대한 표준세율의 100분의 50의 범위에서 가감할 수 있다.

해설 등록면허세 비과세와 중과세
「여신전문금융업법」 제2조 제12호에 따른 할부금융업은 대도시 법인 중과세의 예외에 해당한다.

정답 11. ⑤ 12. ②

제2장 등록에 대한 등록면허세(응용)

13 甲이 乙소유 부동산에 관해 전세권설정등기를 하는 경우 「지방세법」상 등록에 대한 등록면허세에 관한 설명으로 틀린 것은? **29회 출제**

① 등록면허세의 납세의무자는 전세권자인 甲이다.
② 부동산소재지와 乙의 주소지가 다른 경우 등록면허세의 납세지는 乙의 주소지로 한다.
③ 전세권설정등기에 대한 등록면허세의 표준세율은 전세금액의 1,000분의 2이다.
④ 전세권설정등기에 대한 등록면허세의 산출세액이 건당 6천원보다 적을 때에는 등록면허세의 세액은 6천원으로 한다.
⑤ 만약 丙이 甲으로부터 전세권을 이전받아 등기하는 경우라면 등록면허세의 납세의무자는 丙이다.

> **해설** 등록면허세 종합
> ② 부동산은 부동산소재지가 납세지이다.

14 「지방세법」상 등록면허세에 관한 설명으로 옳은 것은? **31회 출제**

① 지방자치단체의 장은 등록면허세의 세율을 표준세율의 100분의 60의 범위에서 가감할 수 있다.
② 등록 당시에 감가상각의 사유로 가액이 달라진 경우 그 가액에 대한 증명 여부에 관계없이 변경전 가액을 과세표준으로 한다.
③ 부동산 등록에 대한 신고가 없는 경우 취득 당시 시가표준액의 100분의 110을 과세표준으로 한다.
④ 지목이 묘지인 토지의 등록에 대하여 등록면허세를 부과한다.
⑤ 부동산 등기에 대한 등록면허세의 납세지는 부동산 소재지로 하며, 납세지가 분명하지 아니한 경우에는 등록관청 소재지로 한다.

> **해설** 등록면허세
> ① 50/100 이다.
> ② 증명된 가액으로 변경된 가액을 과세표준으로 한다.
> ③ 시가표준액으로 한다.
> ④ 비과세한다.

정답 13. ② 14. ⑤

제2편 지방세

15 「지방세법」상 취득세 또는 등록면허세의 신고·납부에 관한 설명으로 옳은 것은? (단, 비과세 및 지방세특례제한법은 고려하지 않음) `31회 출제`

① 상속으로 취득세 과세물건을 취득한 자는 상속개시일로 부터 6개월 이내에 과세표준과 세액을 신고·납부하여야 한다.

② 취득세 과세물건을 취득한 후 중과세 대상이 되었을 때에는 표준세율을 적용하여 산출한 세액에서 이미 납부한 세액(가산세 포함)을 공제한 금액을 세액으로 하여 신고·납부하여야 한다.

③ 지목변경으로 인한 취득세 납세의무자가 신고를 하지 아니하고 매각하는 경우 산출세액에 100분의 80을 가산한 금액을 세액으로 하여 징수한다.

④ 등록을 하려는 자가 등록면허세 신고의무를 다하지 않고 산출세액을 등록 전까지 납부한 경우 지방세기본법에 따른 무신고가산세를 부과한다.

⑤ 등기·등록관서의 장은 등기 또는 등록 후에 등록면허세가 납부되지 아니하였거나 납부부족액을 발견한 경우에는 다음 달 10일까지 납세지를 관할하는 시장·군수·구청장에게 통보하여야 한다.

해설 취득세 또는 등록면허세의 신고·납부

① 상속개시일이 속하는 달의 말일로 부터
② 가산세는 제외한다.
③ 지목변경은 80/100 중가산세 적용대상이 아니다.
④ 등록 전까지 납부한 경우에는 신고하고 납부한 것으로 본다. 그러므로 무신고가산세를 적용하지 아니한다.

정답   15. ⑤

CHAPTER 03

재산세(Ⅰ) – 건축물, 주택 등

학습포인트

- 납세의무자, 과세대상, 과세표준 및 세율을 정리한다.
- 토지분 재산세의 분리과세, 별도합산 그리고 종합합산대상토지를 구분할 수 있어야 한다.
- 주택에 대한 개념, 과세표준, 세율 등을 정확히 정리한다.
- 종합부동산세와 비교정리한다.

CHAPTER 학습 & 출제되는 키워드

- ☑ 과세대상
- ☑ 주택
- ☑ 납세지
- ☑ 납세의무자
- ☑ 소유자 불명시 사용자
- ☑ 매수계약자
- ☑ 과세표준
- ☑ 종합합산세율

- ☑ 토지
- ☑ 선박
- ☑ 소재지
- ☑ 사실상 소유한 자
- ☑ 주된 상속자
- ☑ 수탁자
- ☑ 토지·건축물·주택
- ☑ 별도합산세율

- ☑ 건축물
- ☑ 항공기
- ☑ 선적항·정치장 소재지
- ☑ 공부상 소유자
- ☑ 종중재산의 공부상 소유자
- ☑ 사업시행자
- ☑ 선박·항공기
- ☑ 분리과세세율

CHAPTER 학습 & 출제되는 질문

- ☑ 다음은 재산세 납세의무자의 설명이다. 올바른 것은?
- ☑ 토지분 재산세의 분리과세대상토지에 해당되지 않는 것은?
- ☑ 주택에 대한 재산세의 설명이다. 가장 올바른 것은?
- ☑ 재산세와 종합부동산세의 비교설명이다. 틀린 내용은?

제2편 지방세

기본 출제예상문제

제1절 의의

01 재산세에 관한 설명이다. 가장 올바른 내용은?

① 재산세는 과세기준일 6월 1일 현재 토지, 건축물, 주택, 선박, 항공기를 사실상 소유한 자에게 물건 소재지를 관할하는 도에서 매년 부과한다.
② 건축물의 범위에는 과세기준일 현재 건축물이 사실상 멸실된 날부터 6개월이 지나지 않은 건축물은 포함되지 아니한다.
③ 1구의 건물이 주거와 주거 외의 용도로 사용되고 있는 경우에는 주거용으로 사용되는 면적이 전체의 50% 이상인 경우에는 전체면적을 주택으로 보아 주택분 재산세를 부과한다.
④ 1구의 건물이 주거와 주거 외의 용도로 사용되고 있는 경우에는 주거용으로 사용되는 면적이 전체의 50% 이상인 경우에는 주택부분만 주택으로 본다.
⑤ 주택의 부속토지의 경계가 명백하지 아니할 때에는 그 주택의 바닥면적의 5배(도시지역은 10배)에 해당하는 토지를 주택의 부속토지로 한다.

> **해설** 재산세
> ① 물건 소재지를 관할하는 특시·특도·시·군·구에서 매년 부과한다.
> ② 과세기준일 현재 건축물이 사실상 멸실된 날부터 6개월이 지나지 않은 건축물은 건축물의 범위에 포함한다.
> ④ 1구의 건물이 주거와 주거 외의 용도로 사용되고 있는 경우에는 주거용으로 사용되는 면적이 전체의 50%에 미달한 경우에는 주택부분만 주택으로 본다.
> ⑤ 경계가 명백하지 아니할 때에는 그 주택의 바닥면적의 10배(도시지역도 10배)에 해당하는 토지를 주택의 부속토지로 한다.

02 다음은 재산세와 종합부동산세의 공통점에 대한 설명이다. 옳지 않은 것은?

① 과세대상 재산을 소유하는 기간 중의 사용수익성에 착안하여 과세하는 응익세 성격의 조세이다.
② 보유과세로 과세기준일(매년 6월 1일)에 납세의무가 성립하는 조세이다.
③ 대표적인 물세로서 과세대상 물건소재지를 납세지로 한다.
④ 현황부과의 원칙에 따라 공부상 등재내용과 사실상의 현황이 싱이한 경우 사실상의 현황에 의하여 부과한다.
⑤ 주택과 별도합산과세대상토지와 종합합산과세대상토지는 재산세와 종합부동산세 모두 초과누진세율을 적용한다.

정답 01. ③   02. ③

제3장 재산세(Ⅰ) - 건축물, 주택 등(기본)

> **해설** 재산세와 종합부동산세의 비교
> 재산세는 물세로서 물건소재지, 종합부동산세는 인세로서 주소지를 납세지로 한다.

03 재산세에 관한 설명으로 옳지 않은 것은?

① 특시·특도·시·군·구세에 해당한다.
② 보통세에 해당한다.
③ 보유과세의 방법을 채택한 세목이다.
④ 종가세와 종량세로 구성되어 있다.
⑤ 보통징수방법에 의하여 징수된다.

> **해설** 재산세
> ■ 재산세의 과세표준은 가액으로 과세하므로 종가세이다.
>   1) 건축물, 토지의 과세표준 : 시가표준액 × 공정시장가액비율(50~90%)
>   2) 주택의 과세표준 : 시가표준액 × 공정시장가액비율(40~80%)
>   3) 선박, 항공기의 과세표준 : 시가표준액

04 다음은 재산세의 과세대상에 관한 설명이다. 잘못된 것은?

① 일반건축물과 부수토지는 건축물에 대하여는 건축물분 재산세가 부수토지에 대해서는 토지분 재산세가 부과된다.
② 재산세 과세대상은 토지·건축물·주택·선박·항공기이다.
③ 주택과 그 부속토지는 모두 주택으로 보아 재산세를 부과한다.
④ 선박은 기선·범선·부선(艀船) 등 기타 명칭 여하를 불문하고 모든 배를 말한다.
⑤ 1동(棟)의 건물이 주거와 주거 이외의 용도에 사용되고 있는 경우에는 모든 부분을 주택으로 본다.

> **해설** 재산세의 과세객체
> 1) **건축물** : 취득세에 있어서의 건축물(건물+시설물)의 개념과 같다.
>   * 겸용주택
>   • 1동(棟)의 건물이 주거와 주거 이외의 용도에 공하여지는 경우에는 사실상 주거용에 사용되는 부분만을 주택으로 본다.
>   • 1구(構)의 건물이 주거와 주거 외의 용도로 사용되고 있는 경우에는 주거용으로 사용되는 면적이 전체의 50% 이상인 경우에는 주택으로 본다.
> 2) **선 박** : 기선, 범선, 부선(艀船) 등 기타 명칭 여하를 불문하고 모든 배를 말한다.
> 3) **항공기** : 사람이 탑승 조종하여 항공에 사용하는 비행기·비행선·활공기·회전익 항공기를 말한다.

정답   03. ④   04. ⑤

05 다음은 건축물분 재산세의 특징에 관한 내용이다. 가장 옳지 않은 것은?

① 수익세(收益稅)적인 성격이다.
② 특시·특도·시·군세에 속한다.
③ 보통세(普通稅)에 속한다.
④ 물세(物稅)에 속한다.
⑤ 유통과세(流通課稅)에 속한다.

해설 재산세의 특징
- 유통과세가 아니고 보유과세이다. 유통과세는 취득세와 양도소득세 등이 해당된다.
- 재산세는 재산을 소유하면서 사용수익하는 데 대한 과세로서 수익세적 성격을 가지고 있으며, 자산소유사실에 내재하는 세부담능력과 국가 등으로부터 서비스 및 보호를 받는 데 대한 비용의 부담이라는 점에서 과세의 근거를 찾을 수 있다. → 수익세적 성격, 재산과세적 성격, 물세로서의 성격, 현황부과의 원칙, 보유과세

제2절 납세의무자

06 재산세의 납세의무자에 대한 설명이다. 올바른 것은?

① 과세기준일 현재 과세대상물건의 소유권이 양도·양수된 때에는 양도인이 당해 연도의 재산세 납세의무자가 있다.
② 과세기준일 현재 재산을 사실상 소유하고 있는 자는 재산세 납세의무가 있다. 다만 공유재산인 경우에는 그 지분이 가장 큰 자를 납세의무자로 본다.
③ 주택의 건축물과 부속토지의 소유자가 다를 경우에는 그 주택에 대한 산출세액을 주택의 건축물과 부속토지의 시가표준액 비율로 안분계산한 부분에 대하여 그 소유자를 납세의무자로 본다.
④ 상속이 개시된 재산으로서 상속등기가 이행되지 아니하고 사실상 소유자를 신고한 경우에는 주된 상속자가 재산세를 납부할 의무가 있다.
⑤ 재산의 소유권 변동사유가 발생되었으나 과세기준일까지 등기가 이행되지 아니한 재산의 공부상 소유자가 과세기준일부터 14일 이내에 신고하여야 한다.

해설 납세의무자
① 양수인을 재산세 과세대상에 등재하면 양수인이 납세의무자이다.
② 지분에 해당하는 부분에 대하여 그 지분권자를 납세의무자로 본다.
④ 사실상 소유자를 신고하지 아니한 경우에는 주된 상속자가 재산세를 납부할 의무가 있다.
⑤ 과세기준일부터 15일 이내에 신고하여야 한다.

정답 05. ⑤ 06. ③

제3장 재산세(Ⅰ) - 건축물, 주택 등(기본)

07 다음은 재산세의 납세의무자에 대한 설명이다. 옳지 않은 것은?

① 상속이 개시된 재산으로서 상속등기가 이행되지 아니하고 사실상의 소유자를 신고하지 아니한 때에는 주된 상속자(민법상 상속지분이 가장 높은 상속자 등)가 재산세를 납부할 의무가 있다.
② 국가와 토지를 연부로 매매계약을 체결하고 취득하는 경우로서 토지에 대한 사용료를 지불하고 그 사용권을 부여받은 매수계약자는 재산세를 납부할 의무가 있다.
③ 과세기준일 현재 소송 등으로 소유권의 귀속이 분명하지 아니하여 사실상의 소유자를 확인할 수 없는 경우에는 그 사용자가 재산세를 납부할 의무가 있다.
④ 매매 등의 사유로 소유권에 변동이 있었음에도 공부상의 소유자가 이를 신고하지 아니하여 사실상의 소유자를 알 수 없는 때에는 공부상의 소유자가 재산세를 납부할 의무가 있다.
⑤ 재산세 과세기준일 현재 재산을 사실상 소유하고 있는 자는 재산세를 납부할 의무가 있다.

해설 재산세 납세의무자
국가등으로부터 연부계약에 의하여 무상사용권을 받은 경우에만 납세의무를 부담한다.

08 재산세의 납세의무자에 관한 다음의 설명 중 옳은 것은?

① 소유권의 귀속이 불분명하여 소유권자를 알 수 없는 경우에는 공부상의 소유자를 납세의무자로 한다.
② 임대건축물의 경우 원칙적 납세의무자는 과세기준일 현재 당해 건축물을 사용하는 임차인이다.
③ 수탁자명의로 등기·등록된 「신탁법」상 신탁재산인 경우에는 위탁자가 납세의무자이다.
④ 과세기준일 현재 재산세과세대상 물건의 소유권이 양도·양수된 때에는 양도인을 당해 연도의 납세의무자로 본다.
⑤ 甲이 乙에게 토지를 매도한 후 乙이 소유권 이전등기를 이행하지 않았더라도 사실상 소유자는 乙이므로 甲의 소유권 변동신고 여부에 관계없이 재산세 납세의무자는 乙이다.

해설 재산세 납세의무자
① 사용자 ② 소유자 ④ 양수인 ⑤ 신고시 乙, 무신고시 甲

정답 07. ② 08. ③

제2편 지방세

09 다음은 재산세의 납세의무자를 열거한 것이다. 옳지 않은 것은?
① 과세대장에 등재된 자의 권리에 변동이 생긴 경우에도 원칙적으로 사실상의 소유자
② 국가·지방자치단체 및 지방자치단체조합으로부터 과세대상물건을 연부(年賦)로 매매계약을 체결하고 그 재산의 사용권을 무상으로 부여받은 경우에는 국가·지방자치단체 및 지방자치단체조합
③ 상속이 개시된 재산으로 상속등기(相續登記)가 이행되지 아니하고 사실상의 소유자를 신고하지 아니한 경우에는 주된 상속자
④ 소유권의 귀속이 불분명하여 소유권자를 알 수 없는 경우에는 그 사용자
⑤ 재산세 과세대장에 등재가 누락된 경우에는 사실상 소유자

> **해설** 재산세 납세의무자
> 국가·지방자치단체 및 지방자치단체조합과 재산세 과세대상물건을 연부로 매매계약을 체결하고 그 재산의 사용권을 무상으로 부여받은 경우에는 그 매수계약자가 재산세를 납부할 의무를 진다.

10 재산세의 납세의무자에 대하여 틀린 것은?
① 재산세 과세기준일 현재의 사실상 소유한 자가 원칙적인 납세의무자이다.
② 권리변동시에도 과세대상물의 사실상 소유자가 납세의무자이다.
③ 소유권의 귀속이 분명하지 않을 경우에는 그 사용자를 소유자로 보아 과세한다.
④ 지방자치단체와 재산세 과세대상물건을 연부로 매매계약을 체결하고 그 재산의 사용권(使用權)을 무상으로 부여받은 경우에는 그 매수계약자(買受契約者)가 재산세를 납부할 의무를 진다.
⑤ 재산세 과세기준일은 5월 1일이다.

> **해설** 납세의무자
> 1) **사실상 소유자** : 재산세 과세기준일(6월 1일) 현재 사실상 소유자는 재산세 납세의무가 있다.
> 2) **권리변동시의 사실상 소유자** : 권리의 양도, 도시계획사업의 시행 또는 기타 사유로 인하여 재산세 과세대장에 등재된 자의 권리에 변동이 생겼거나 재산세 과세대장에 등재되지 아니하였을 때에는 사실상의 소유자가 재산세를 납부할 의무를 진다.
> 3) **소유자불명시의 사용자** : 소유권의 귀속이 분명하지 않을 경우에는 소유자과세를 할 수 없기 때문에 그 사용자를 소유자로 보아 과세한다.
> 4) **매수계약자** : 국가·지방자치단체·지방자치단체조합과 재산세 과세대상물건을 연부로 매매계약을 체결하고 그 재산의 사용권을 무상으로 부여받은 경우에는 그 매수계약자가 재산세를 납부할 의무를 진다.
> 5) **위탁자** : 「신탁법」에 의하여 수탁자명의로 등기·등록된 신탁재산에 대하여는 위탁자가 재산세를 납부할 의무를 진다.
> 6) **주된 상속자** : 상속이 개시된 재산으로서 상속등기가 이행되지 아니하고, 사실상의 소유자를 신고하지 아니한 때에는 주된 상속자가 재산세를 납부할 의무를 진다.
> 7) **수입하는 자** : 외국인 소유의 항공기 및 선박을 임차하여 수입하는 경우

정답 09. ② 10. ⑤

제3장 재산세(Ⅰ) - 건축물, 주택 등(기본)

11 다음 중 재산세의 납세의무자 연결이 잘못된 것은?
① 과세대장에 등재누락된 재산 : 국가
② 권리변동재산 : 사실상의 소유자
③ 건축물 : 과세기준일 현재 사실상 소유한 자
④ 소유권의 귀속(歸屬)이 불분명한 경우 : 사용자
⑤ 국가 등으로부터 연부매수(사용권무상부여) : 매수계약자

> **해설** 납세의무자
> 권리의 양도, 도시계획사업의 시행 또는 기타 사유로 인하여 재산세 과세대장에 등재된 자의 권리에 변동이 생겼거나 재산세 과세대장에 등재되지 않은 경우에는 사실상의 소유자가 재산세의 납세의무를 진다.

12 다음 재산세에 관한 설명으로 옳지 않은 것은?
① 재산세의 세액이 고지서 1장당 2,000원 미만인 때에는 재산세를 부과하지 아니한다.
② 동일한 재산에 대하여 2 이상의 세율이 해당되는 경우에는 그 중 높은 세율을 적용한다.
③ 재산세의 납세고지서는 늦어도 납기개시(納期開始) 5일 전까지 발부하여야 한다.
④ 국가·지방자치단체·지방자치단체조합과 재산세 과세물건을 연부(年賦)로 매매계약을 체결하고 그 재산의 사용권을 무상으로 부여받은 자는 재산세를 면제한다.
⑤ 재산세 과세물건의 소유권의 귀속이 분명하지 아니한 경우에는 그 사용자가 재산세를 납부할 의무를 진다.

> **해설** 재산세 종합
> 국가·지방자치단체·지방자치단체조합과 재산세 과세물건을 연부로 매매계약을 체결하고 그 재산의 사용권을 무상으로 부여받은 경우에는 재산세는 매수계약자(개인, 법인)가 납세의무자가 된다.

13 재산세의 납세의무자에 대한 설명이다. 가장 올바른 내용은?
① 재산세 과세기준일 현재 소유권의 귀속이 분명하지 아니하여 사실상의 소유자를 확인할 수 없는 경우에는 그 공부상 소유자가 재산세를 납부할 의무가 있다.
② 지방자치단체와 재산세 과세대상 재산을 연부로 매매계약을 체결하고 그 재산의 사용권을 유상으로 받은 경우에는 그 매수계약자를 납세의무자로 본다.
③ 공부상에 개인 등의 명의로 등재되어 있는 사실상의 종중재산으로서 종중소유임을 신고한 경우에는 공부상 소유자를 납세의무자로 본다.
④ 주택의 건축물과 부속토지의 소유자가 다를 경우에는 그 주택에 대한 산출세액을 건축물과 그 부속토지의 시가표준액 비율로 나누어 그 소유자를 납세의무자로 본다.
⑤ 재산세 과세기준일 현재 토지와 건축물 그리고 주택을 공유한 경우에는 그 지분에 해당하는 부분에 대하여 그 지분권자를 납세의무자로 본다. 이 경우 지분의 표시가 없는 경우에는 지분이 가장 많은 자를 납세의무자로 본다.

정답 11. ① 12. ④ 13. ④

해설 납세의무자

① 사용자가 재산세를 납부할 의무가 있다.
② 사용권을 유상이 아니라 무상으로 받은 경우에는 그 매수계약자를 납세의무자로 본다.
③ 공부상에 개인 등의 명의로 등재되어 있는 사실상의 종중재산으로서 종중소유임을 신고하지 아니한 경우에는 공부상 소유자를 납세의무자로 본다.
⑤ 지분의 표시가 없는 경우에는 지분이 균등한 것으로 본다.

제3절 과세표준

14 재산세의 과세표준 및 세율에 관한 기술 중 틀린 것은?

① 재산가액을 과세표준으로 하는데 재산가액은 원칙적으로 취득 당시의 실지취득가액(實地取得價額)을 말한다.
② 일반건축물의 재산세율은 1,000분의 2.5이다.
③ 재산세액이 고지서 1장당 2,000원 미만인 때에는 재산세를 징수하지 아니한다.
④ 별장용 건축물은 과세표준액의 4%를 세액으로 한다.
⑤ 건축물 중 별장 이외의 주택에 대해서는 초과누진세율을 적용한다.

해설 재산세의 과세표준 및 세율

토지, 건축물, 주택에 대한 재산세의 과세표준은 시가표준액에 공정시장 가액비율을 곱하여 계산한 가액으로 한다.

15 다음 중 재산세에 대한 설명으로 옳지 않은 것은?

① 재산세는 시·군·구·특시·특도 내에 소재하는 토지·건축물·주택·선박 및 항공기 등에 대하여 부과한다.
② 재산세의 과세표준은 재산의 시가표준액으로 하되, 실지취득가액이 시가표준액을 초과할 때에는 실지취득가액(實地取得價額)에 의한다.
③ 과밀억제권역 내에서 공장을 신설 또는 증설하는 경우에 있어서는 그 재산에 대한 재산세세율은 최초의 과세기준일로부터 5년간 표준세율의 5배로 한다.
④ 재산세의 과세기준일은 매년 6월 1일로 하고 납기는 건축물분 재산세의 경우 7월 16일부터 7월 31일까지로 한다.
⑤ 재산세는 보통징수(普通徵收)에 의하여 징수하므로 재산세에 대한 가산세는 규정된 바 없다.

정답 14. ① 15. ②

> **해설** 재산세 종합
> - 재산세의 과세표준은 가액으로 과세하므로 종가세이다.
>   1) 건축물, 토지 : 시가표준액 × 공정시장 가액비율(50% ~ 90%)
>   2) 주 택 : 시가표준액 × 공정시장 가액비율(40% ~ 80%)
>   3) 선박, 항공기 : 시가표준액

16 별장과 그 딸린(부수)토지 그리고 주택과 그 딸린(부수)토지를 보유하여 재산세 과세대상에 해당할 경우 「지방세법」상 재산세 규정으로 가장 틀린 것은?

① 주택은 주택과 그 딸린(부수)토지를 합하여 재산세를 과세하고, 주택이 2채 이상인 경우 각 주택마다 재산세를 부과한다.
② 별장은 별장과 그 딸린(부수)토지를 합하여 재산세를 과세하고, 세율은 과세표준에 대하여 1,000분의 40이 적용되고, 별장은 2채 이상인 경우 합산하여 초과누진세율로 과세한다.
③ 별장과 주택은 부동산소재지의 시·군·구·특시·특도에서 부과한다.
④ 별장의 딸린(부수)토지와 주택의 딸린(부수)토지는 토지분 재산세가 부과되지 아니한다. 따라서 별도로 토지분 재산세가 부과되지 아니하고 별장으로 또는 주택으로 재산세가 과세된다.
⑤ 주택에 대한 세율은 초과누진세율이 적용되므로 고급주택의 개념이 적용되지 아니한다.

> **해설** 재산세
> 별장은 2채 이상이어도 합산하지 않는다.

17 다음은 재산세에 관한 내용이다. 틀린 것은?

① 과세대상물건의 소재지를 관할하는 시·군·구·특시·특도가 과세권자(課稅權者)이다.
② 토지·건축물·주택·선박·항공기가 과세대상이다.
③ 매년 6월 1일 현재 사실상 소유자는 재산세 납세의무가 있다.
④ 재산세의 과세표준은 취득 당시의 시가표준액으로 한다.
⑤ 주택에 대한 재산세는 과세표준에 따라 누진과세(累進課稅)하기 때문에 고급주택을 일반주택과 구분하지 않는다.

> **해설** 재산세 종합
> 재산의 시가표준액으로 한다.

정답   16. ②   17. ④

제4절 세율

18 주택에 대한 재산세의 세율에 대한 설명으로 가장 알맞은 것은?

① 모든 주택은 1,000분의 3의 고정세율(固定稅率)을 적용한다.
② 주택의 면적에 따라 초과누진세율(超過累進稅率)을 적용한다.
③ 주택의 면적에 따라 비례세율(比例稅率)을 적용한다.
④ 주택의 가액에 따라 초과누진세율을 적용한다.
⑤ 주택이 아파트냐, 연립주택이냐, 단독주택이냐에 따라 세율이 달라진다.

해설 세율(정률 또는 초과누진세율)
1) 건축물 : 용도에 따라 서로 다른 세율이 적용된다.
   ① 골프장·고급오락장용 건축물 : 1,000분의 40(=4%)
   ② 공장용 건축물
      • 특별시·광역시(군 지역을 제외)·시지역(읍·면지역을 제외) 내 주거지역 및 조례로 정하는 지역 : 1,000분의 5(=0.5%)
      • 기 타 : 1,000분의 2.5(=0.25%)
   ③ 기타 건축물(예 : 상가·사무실) : 1,000분의 2.5(=0.25%)
2) 주 택(부속토지 포함)
3) 선 박
   ① 고급선박 : 1,000분의 50(=5%)
   ② 일반선박 : 1,000분의 3(=0.3%)
4) 항공기 : 1,000분의 3(=0.3%)

19 재산세와 관련하여 다음 기술 중 틀린 것은?

① 건물의 과세표준액은 시가표준액으로 한다. 다만 시가표준액에 공정시장 가액비율을 곱하여 산정한 가액으로 한다.
② 중과대상이 되는 공장은 공장건축물의 연면적이 200m² 이상이거나 종업원 50인 이상을 사용하는 사업장에 한한다.
③ 건축물은 그 용도 또는 이용상태에 따라 차등세율이 적용된다.
④ 1동(棟)의 건물이 주거와 주거 이외의 용도에 사용되고 있는 경우에는 주택 부분만을 주택으로 본다.
⑤ 아파트와 연립주택 및 다가구주택의 경우에는 1세대가 독립하여 구분사용할 수 있도록 구획된 부분을 1구의 주택으로 본다.

정답 18. ④ 19. ②

제3장 재산세(Ⅰ) - 건축물, 주택 등(기본)

해설 재산세
중과대상이 되는 공장 건축물의 연면적이 500m² 이상 사업장에 한한다.

20 1세대가 2주택을 소유하고 있을 때 재산세액의 계산은?

① 2주택의 시가표준액을 합산하여 계산한다.
② 2주택을 개별적으로 각각 재산세액을 계산한다.
③ 2주택 중 시가표준액을 가장 높은 1주택에 대해서만 재산세액을 계산한다.
④ 납세의무자가 신고가액(申告價額)에 의하여 각각 계산한다.
⑤ 기준시가에 의하여 종합과세(綜合課稅)한다.

해설 1세대 2주택
1) 1세대 2주택을 소유하고 있는 경우 재산세액의 계산은 2주택의 과세표준액을 합산하여 계산하는 것이 아니고, 2주택을 개별적으로 각각 재산세액을 계산한다.
2) 1동(棟)의 건물이 주거와 주거 외의 용도에 사용되고 있는 경우
   주거용으로 사용되는 부분만을 주택으로 보며, 이 경우 건물의 부속토지는 주거와 주거 외의 용도에 사용되는 건물의 면적비율에 따라 각각 안분하여 주택의 부속토지와 건축물(주택 외의 건물)의 부속토지로 구분한다.
3) 주택의 부속토지의 경계가 명백하지 아니한 경우
   그 주택의 바닥면적의 10배에 해당하는 토지를 주택의 부속토지로 한다.
4) 겸용주택 : 1구(構)의 건물이 주거와 주거 외의 용도로 사용되고 있는 경우에는 주거용으로 사용되는 면적이 전체의 50% 이상인 경우에는 주택으로 본다.
5) 주택은 상시주거용으로 사용되는 건물로서 주택의 과세표준액에 따라 초과누진세율을 적용한다.
6) 재산세에서는 고급주택의 개념이 적용되지 아니한다.

21 재산세의 세율을 적용함에 있어서 높은 세율에서 낮은 세율이 적용되는 순서로 올바른 것은?

| ㉠ 시지역의 주거지역안 공장용 건축물 | ㉡ 상가용 건축물 |
| ㉢ 공장건축물의 부속토지 중 분리과세대상토지 | ㉣ 분리과세대상 목장용지 |

① ㉠ → ㉡ → ㉢ → ㉣
② ㉠ → ㉢ → ㉡ → ㉣
③ ㉡ → ㉠ → ㉣ → ㉢
④ ㉠ → ㉣ → ㉢ → ㉡
⑤ ㉣ → ㉢ → ㉡ → ㉠

해설 재산세의 세율
㉠ 4% ㉡ 0.5% ㉢ 0.25% ㉣ 0.2% ㉤ 0.07%

정답 20. ② 21. ①

제2편 지방세

22 재산세에 관한 설명 중 옳은 것은?
① 고급주택에 대한 재산세 세율은 5%이다.
② 건축물분 재산세의 납기는 매년 9월 16일부터 9월 30일까지이다.
③ 재산세의 과세기준일은 매년 4월 1일이다.
④ 골프장에 대한 재산세 세율은 4%이다.
⑤ 상가, 주차장건물에 대한 재산세율은 초과누진세율이다.

> **해설** 재산세 종합
> 주택은 고급주택이든 일반주택이든 가액(과세표준액)에 따라 초과누진세율을 적용한다. 따라서 고급주택의 개념이 존재하지 않으며 또한 별도로 중과세하지 않는다.

23 ★★★ 개인 甲은 고급주택을 5억원에 취득하여 등기한 후 보유하고 있다. 「지방세법」상 취득세와 등록에 대한 등록면허세 및 재산세의 세율적용에 대하여 가장 올바른 내용은?
① 고급주택을 취득·등기하였으므로 등록면허세는 중과세한다.
② 고급주택을 개인이 취득하였으므로 취득세는 중과세하지 않는다.
③ 고급주택을 취득·등기하였으므로 취득세와 등록면허세 모두 중과세한다.
④ 고급주택을 보유하고 있으므로 재산세의 세율은 40/1,000이다.
⑤ 고급주택을 취득·등기한 후 보유하고 있으므로 취득세와 등록면허세는 중과세하나 재산세는 중과세하지 아니한다.

> **해설** 등록면허세 및 재산세의 중과세
> 취득세는 중과세하나 등록면허세와 재산세는 중과세하지 않는다.

24 재산세의 과세표준과 세율 등을 설명한 것이다. 가장 틀린 내용은?
① 대지의 시가표준액이 1억원인 경우 과세표준액은 7천만원이다.
② 토지분 재산세의 세율은 모두 초과누진세율구조이다.
③ 별장 이외의 주택분 재산세의 세율은 초과누진세율구조이다. 따라서 고급주택을 별도로 구분하여 중과세하지 아니한다.
④ 고급오락장용 건축물의 세율은 과세표준액에 1,000분의 40의 세율이 적용된다.
⑤ 재산세의 세율은 과세대상별로 각각 다르게 규정하고 있으며 표준세율의 100분의 50 범위에서 가감할 수 있다.

> **해설** 재산세의 과세표준과 세율
> 토지분 재산세의 세율은 종합합산과 별도합산과세대상토지는 초과누진세율구조이고, 분리과세대상토지는 비례세율 또는 정율세율구조이다.

정답 22. ④ 23. ④ 24. ②

제3장 재산세(Ⅰ) – 건축물, 주택 등(기본)

25 다음은 재산세에 대한 설명이다. 이 중에서 옳지 않은 것은?
① 재산세는 보통징수에 의하여 징수하며 세액이 고지서 1장당 2,000원 미만인 때에는 소액징수면제한다.
② 재산세는 토지·건축물·주택·선박 및 항공기에 대하여 그 소유자에게 부과하는 지방세로 수익세적 성격으로 분류되는 시·군·구·특시·특도의 독립세이다.
③ 대도시 내에서 공장을 신설하는 경우에 있어서 그 재산에 대한 재산세 세율은 최초의 과세기준일부터 5년간 표준세율의 10배로 한다.
④ 재산세의 과세표준은 재산의 가액으로 하기 때문에 종가세에 해당하며, 재산세에는 종량세를 과세표준으로 하지 않는다.
⑤ 재산세의 과세기준일은 매년 6월 1일로 하고, 건축물분 재산세의 납기는 7월 16일부터 7월 31일까지로 한다.

해설 재산세 종합
③ (×) 대도시 내에서 공장을 신설 또는 증설하는 경우에 있어서 그 재산에 대한 재산세 세율은 최초의 과세기준일부터 5년간 기타 건축물 표준세율의 5배로 한다.
④ (○) 재산세의 과세표준은 시가표준액이므로 종가세에 해당된다. 따라서 종량세는 적용되지 않는다.

26 재산세의 과세표준 및 세율을 설명한 것 중 가장 올바른 내용은?
① 상가용 건축물 — 시가표준액의 1,000분의 2.5 즉 0.25%
② 별장, 골프장, 고급주택 — 1,000분의 40 즉 4%
③ 공장용지 중 분리과세대상토지 — 1,000분의 0.7 즉 0.07%
④ 천안시 주거지역 공장용 건축물 — 1,000분의 5 즉 0.5%
⑤ 일반건축물의 부속토지 중 별도합산과세대상토지 — 1,000분의 2 즉 0.2%

해설 재산세의 과세표준과 세율
① 과세표준액의 0.25% ② 고급주택은 별도로 구분하지 않고 초과누진세율을 적용
③ 0.2%   ⑤ 초과누진세율

27 개인 甲은 건설업자로부터 10억원 상당의 아파트를 증여받아 취득·등기하여 보유하고 있다. 취득세와 재산세의 세율로 옳은 것은? (단, 표준세율이 적용된다고 가정하며 감면이나 비과세는 없는 것으로 한다.)

	취득세	재산세		취득세	재산세
①	3.5%	초과누진세율	②	3%	0.25%
③	2%	0.5%	④	1%	1.25%
⑤	10%	0.8%			

정답 25. ③   26. ④   27. ①

해설 **취득세와 재산세의 세율**

취득세 세율은 아파트를 증여취득하였으므로 3.5%가 적용되고, 재산세의 세율은 초과누진세율을 적용한다.

28 고급주택에 대한 취득세와 재산세에 관한 내용을 설명한 것이다. 올바른 내용은?

① 고급주택의 건축물과 부수 토지를 소유한 경우 재산세에 적용되는 세율은 전국의 지역을 대상으로 40/1,000의 세율이 적용된다.
② 고급주택에 대한 취득세의 세율은 표준세율 + 4%의 세율이 적용된다.
③ 고급주택을 원시취득한 경우 취득세의 세율은 12%이다.
④ 고급주택을 매매취득한 경우 취득세의 세율은 10.8%이다.
⑤ 고급주택이나 일반주택이나 주택은 주택분 재산세가 과세되고 주택의 과세표준액에 따라 초과누진세율이 적용되므로 고급주택을 별도로 중과세하지 아니한다.

해설 **고급주택에 대한 취득세와 재산세**

취득세에서는 고급주택을 별도로 중과세하나 재산세에서는 고급주택을 별도로 중과세하지 아니한다.

제5절 비과세

29 다음 중 재산세에 있어 비과세대상이 아닌 것은?

① 국가와 과세대상재산을 연부로 매매계약을 체결하고 그 재산의 사용권을 무상으로 부여받은 경우
② 국가·지방자치단체 및 지방자치단체조합 및 외국정부의 소유에 속하는 재산(해당 국이 우리 정부 소유재산에 비과세하는 경우에 한함)
③ 재산세를 부과하는 당해 연도 내에 철거키로 계획이 확정되어 재산세 과세기준일 현재 행정관청으로부터 철거명령을 받았거나 보상철거계약이 체결된 건축물
④ 임시로 사용하기 위하여 건축된 건축물로서 재산세 과세기준일 현재 1년 미만인 것
⑤ 무료도선용으로 사용하는 어선(漁船)

해설 **비과세대상**

①의 경우 매수계약자에게 납세의무를 부여한다.

정답 28. ⑤ 29. ①

제3장 재산세(Ⅰ) - 건축물, 주택 등(기본)

30 다음 중 재산세의 비과세대상이 아닌 것은?

① 재산세 과세기준일 현재 행정관청으로부터 철거명령을 받은 건축물

② 지방자치단체의 소유에 속하는 재산

③ 본선에 속하는 전마용 등으로 사용하는 선박

④ 국가·지방자치단체·지방자치단체조합이 개인의 건축물을 유료로 사용하는 공공용 건축물

⑤ 임시로 사용하기 위하여 건축된 건축물로서 재산세 과세기준일 현재 1년 미만인 것

> **해설** 비과세대상
> 국가·지방자치단체·지방자치단체조합이 개인의 건축물을 무료로 1년 이상 사용하는 공공용 건축물만 비과세하며 유료로 사용하는 건축물은 과세한다.

제6절 부과 및 징수

31 재산세의 물납과 분할납부에 대한 설명이다. 가장 틀린 내용은?

① 건축물분 재산세와 토지분 재산세 및 주택분 재산세도 물납과 분할납부가 가능하다.

② 물납은 납부세액이 1,000만원을 초과한 경우에 가능하고 물납신청을 한 경우에 적용한다.

③ 분납은 납부세액이 250만원을 초과한 경우에 가능하고 납부기한이 경과한 날부터 30일 이내에 분납하게 할 수 있다.

④ 물납의 부동산평가는 과세기준일 현재의 시가로 하되 시가로 인정되는 가액이 2 이상인 경우에는 재산세 과세기준일부터 가장 가까운 날에 해당하는 가액에 의한다.

⑤ 납부할 세액이 1,200만원인 경우 600만원까지 분할납부할 수 있다.

> **해설** 물납과 분할납부
> 재산세의 분할납부기한은 2월 이내이다.

정답 30. ④ 31. ③

32 다음은 재산세에 대한 설명이다. 틀린 것은?

① 재산세는 특시·특도·시·군·구 내에 소재하는 토지, 건축물, 주택, 선박 및 항공기 등에 대하여 부과한다.
② 선박의 경우는 원칙적으로 그 선적항이 소재한 특시·특도·시·군·구가 부과한다.
③ 소유권의 귀속이 불분명하여 소유권자(所有權者)를 알 수 없는 경우에는 그 사용자가 재산세를 납부할 의무를 진다.
④ 재산세 과세기준일 현재 사실상 소유자는 재산세를 납부할 의무를 진다.
⑤ 재산세액이 고지서 1장당 2,000원 이하인 때에는 재산세를 부과하지 아니한다.

해설 소액징수면제

재산세의 소액징수면제는 재산세액이 고지서 1장당 2,000원 미만인 때이다. 즉, 재산세액이 고지서 1장당 2,000원 미만이면 재산세를 부과하지 아니한다. 2,000원은 부과한다.

33 재산세의 부과와 징수에 관하여 다음 중 틀린 기술은? ★

① 재산세의 과세요건이 확정되는 시기는 과세기준일이다.
② 과세기준일 이후에 과세대상인 재산의 소유권(所有權)을 취득한 자에 대해서는 과세연도 재산세는 부과되지 아니한다.
③ 재산세의 징수방법은 보통징수방법에 의한다.
④ 재산세를 징수하고자 하는 때에는 늦어도 납기개시 5일 전까지 납세고지서를 발부하여야 한다.
⑤ 동일물건에 대하여 2개 이상의 세율이 중복하여 적용될 경우에는 납세의무자의 사전신고에 의한 세율을 적용한다.

해설 재산세의 부과 및 징수

1) **과세기준일**
   재산세의 과세요건(과세대상, 납세의무자, 과세표준세율)이 확정되는 시점, 즉 과세기준일은 매년 6월 1일로 한다.
2) **징수방법 : 납세고지서의 발부**
   재산세의 징수방법은 정기분에 의한 보통징수방법에 의한다. 재산세를 징수하고자 하는 때에는 고지서에 토지, 건축물, 주택, 선박, 항공기 등으로 구분하여 각 개별 당해 과세표준과 세액을 기재하여 늦어도 납기개시 5일 전까지 발부하여야 한다.
3) **소액징수면제**
   재산세의 세액이 고지서 1장당 2,000원 미만인 때에는 재산세를 징수하지 아니한다. 2,000원은 납부한다.
4) 동일물건에 대하여 2개 이상의 세율이 중복하여 적용될 경우에는 높은 세율로 한다.

정답 32. ⑤ 33. ⑤

5) 납세지
   ① 부동산 : 부동산의 소재지를 관할하는 특시·특도·시·군·구
   ② 선 박 : 「선박법」에 의하여 선적항의 소재지를 관할하는 특시·특도·시·군·구. 다만, 선적항이 없는 선박의 경우에는 정계장 소재지(정계장이 일정하지 아니한 경우에는 선박 소유자의 주소지)를 관할하는 특시·특도·시·군·구
   ③ 항공기 : 「항공법」에 의하여 등록원부에 기재된 정치장 소재지(등록되지 아니한 경우 항공기소유자 주소지) 특시·특도·시·군·구

● 특별수험대책 ●

1 출제경향분석

(1) 재산세 분야 또한 기본개념만 정확히 이해하였다면 매우 쉬운 수준의 문제가 출제되었다는 것을 알 수 있다.
(2) 따라서 납세의무자, 납세지, 과세표준, 세율, 과세기준일, 물납과 분납 등의 기본내용만 정확히 이해하기 바란다.
(3) 최근의 출제경향은 단순한 계산문제를 문장화하여 출제되고 있으므로 이해와 함께 실제계산문제 풀이도 함께 하여야 한다.

2 수험대책

➲ 단계별 수험전략

1단계
① 기출문제를 중심으로 기본개념을 정리한다.
② 납세의무자, 과세표준, 세율과 납부기한에 대하여 기본개념을 정리한다.
③ 재산세와 종합부동산세와의 관계를 비교 정리한다.

2단계
① 과세표준은 시가표준액에 관하여 재산세와 취득세를 비교·정리한다.
② 건축물에 대한 차등세율을 정확히 이해한다.
   즉, 주택, 일반건축물, 골프장·고급오락장용 건축물, 공장용 건축물에 대하여 차등적용되는 세율을 비교·암기하여야 한다.

3단계
① 공장용 건축물에 대하여 중과세 내용을 취득세, 재산세를 비교·정리한다.
② 재산세에 부가되는 세목과 세율을 정리한다.

제2편 지방세

응용 출제예상문제

난이도 A 기본문제

01 「지방세법」상 재산세의 납세의무자에 관한 설명으로 틀린 것은? **21회 출제**

① 재산세 납세의무자인지의 해당 여부를 판단하는 기준 시점은 재산세 과세기준일 현재로 한다.
② 재산세 과세대상 재산의 공부상 소유자를 그 재산에 대한 재산세 납세의무자로 하는 경우가 있다.
③ 재산세 과세대상 재산의 사용자를 그 재산에 대한 재산세 납세의무자로 하는 경우가 있다.
④ 지방자치단체와 재산세과세대상 재산을 연부로 매매계약을 체결하고 그 재산의 사용권을 무상으로 부여받은 경우 그 매수계약자를 납세의무자로 한다.
⑤ 재산세 과세대상 재산을 여러 사람이 공유하는 경우 관할 지방자치단체가 지정하는 공유자 중 1인을 납세의무자로 본다.

해설 재산세의 납세의무자
공유자는 각자 자기지분에 대하여 재산세 납세의무가 있다.

정답   01. ⑤

02 「지방세법」상 재산세 납세의무에 관한 설명으로 옳은 것은? [24회 출제]

① 재산세 과세기준일 현재 소유권의 귀속이 분명하지 아니하여 사실상의 소유자를 확인할 수 없는 경우 그 사용자가 재산세를 납부할 의무가 있다.
② 주택의 건물과 부속토지의 소유자가 다를 경우 그 주택에 대한 산출세액을 건축물과 그 부속토지의 면적 비율로 안분계산한 부분에 대하여 그 소유자를 납세의무자로 본다.
③ 국가와 재산세 과세대상 재산을 연부로 매수계약을 체결하고 그 재산의 사용권을 무상으로 받은 경우 매도계약자가 재산세를 납부할 의무가 있다.
④ 공부상에 개인 등의 명의로 등재되어 있는 사실상의 종중재산으로서 종중소유임을 신고하지 아니한 경우 종중을 납세의무자로 본다.
⑤ 공유재산인 경우 그 지분에 해당하는 부분에 대하여 그 지분권자를 납세의무자로 보되, 지분의 표시가 없는 경우 공유자 중 최연장자를 납세의무자로 본다.

해설 재산세 납부의무
② 시가표준액 비율로 안분
③ 매수계약자
④ 공부상소유자
⑤ 지분표시가 없으면 균등하게 본다

03 「지방세법」상 재산세의 과세기준일 현재 납세의무자에 관한 설명으로 틀린 것은? [28회 출제]

① 공유재산인 경우 그 지분에 해당하는 부분(지분의 표시가 없는 경우에는 지분이 균등한 것으로 봄)에 대해서는 그 지분권자를 납세의무자로 본다.
② 소유권의 귀속이 분명하지 아니하여 사실상의 소유자를 확인할 수 없는 경우에는 그 사용자가 납부할 의무가 있다.
③ 지방자치단체와 재산세 과세대상 재산을 연부로 매매계약을 체결하고 그 재산의 사용권을 무상으로 받은 경우에는 그 매수계약자를 납세의무자로 본다.
④ 공부상에 개인 등의 명의로 등재되어 있는 사실상의 종중재산으로서 종중소유임을 신고하지 아니하였을 때에는 공부상 소유자를 납세의무자로 본다.
⑤ 상속이 개시된 재산으로서 상속등기가 이행되지 아니하고 사실상의 소유자를 신고하지 아니하였을 때에는 공동상속인 각자가 받았거나 받을 재산에 따라 납부할 의무를 진다.

해설 재산세 납세의무자
상속이 개시된 재산으로서 상속등기가 이행되지 아니하고 사실상의 소유자를 신고하지 아니하였을 때에는 행정안전부령으로 정하는 주된 상속자가 납세의무자가 된다(법 제107조 제2항 제2호). 여기서 "행정안전부령으로 정하는 주된 상속자"란 「민법」상 상속지분이 가장 높은 사람으로 하되, 상속지분이 가장 높은 사람이 2명 이상이면 그 중 나이가 가장 많은 사람으로 한다(규칙 제53조).

정답 02. ①   03. ⑤

제2편 지방세

 과세대상, 과세표준

04 「지방세법」상 재산세 과세표준에 관한 설명으로 옳은 것은? [23회 출제]
① 단독주택의 재산세 과세표준은 토지·건물을 일체로 한 개별주택가격으로 한다.
② 건축물의 재산세 과세표준은 거래가격 등을 고려하여 특별자치시장·특별자치도지사·시장·군수·구청장이 결정한 가액으로 한다.
③ 토지의 재산세 과세표준은 개별공시지가로 한다.
④ 공동주택의 재산세 과세표준은 법령에 따른 시가표준액에 100분의 60을 곱하여 산정한 가액으로 한다.
⑤ 건축물의 재산세 과세표준은 법인의 경우 법인장부에 의해 증명되는 가격으로 한다.

해설 재산세 과세표준
① 과세표준은 개별주택가액에 공정시장 가액비율을 곱한다.
② 시가표준액을 설명한 것이다.
③ 토지의 재산세 과세표준은 개별공시지가에 공정시장 가액비율을 곱한다.
⑤ 시가표준액에 공정시장 가액비율을 곱한다.

 세 율

05 「지방세법」상 재산세 표준세율이 초과누진세율로 되어 있는 재산세 과세대상을 모두 고른 것은? [30회 출제]

㉠ 별도합산과세대상 토지
㉡ 분리과세대상 토지
㉢ 광역시(군 지역은 제외) 지역에서 「국토의 계획 및 이용에 관한 법률」과 그 밖의 관계법령에 따라 지정된 주거지역의 대통령령으로 정하는 공장용 건축물
㉣ 주택

① ㉠, ㉡　　② ㉠, ㉢　　③ ㉠, ㉣　　④ ㉡, ㉢　　⑤ ㉢, ㉣

해설 지방세-재산세-세율
㉠ 초과누진세율　　㉡ 정률세율(0.7/1,000, 2/1,000, 40/1,000 등)
㉢ 정률세율(5/1,000)　　㉣ 초과누진세율

정답　04. ④　05. ③

04 부과징수 ··· 물납, 분할납부

06 「지방세법」상 재산세 징수에 관한 설명으로 틀린 것은? [20회 출제]

① 납세의무자는 재산세의 납부세액이 1천만원을 초과하는 경우 납부할 세액의 전부를 분할납부할 수 있다.
② 고지서 1장당 재산세로 징수할 세액이 2,000원 미만인 경우에는 해당 재산세를 징수하지 아니한다.
③ 납세의무자는 재산세의 납부세액이 1천만원을 초과하는 경우 당해 지방자치단체의 관할구역 안에 소재하는 부동산에 한하여 법령이 정하는 바에 따라 물납할 수 있다.
④ 토지분 재산세의 납기는 매년 9월 16일부터 9월 30일까지이다.
⑤ 보통징수방법에 의하여 부과징수한다.

해설 징 수
납부세액이 250만원을 초과하는 경우 2월 이내에 분납할 수 있다. 500만원 이하인 경우 250만원을 초과하는 부분을 분납할 수 있고, 500만원을 초과할 경우 50% 이하를 분납할 수 있다.

07 「지방세법」상 재산세의 부과·징수에 관한 설명으로 틀린 것은? [25회 출제]

① 재산세는 관할지방자치단체의 장이 세액을 산정하여 보통징수의 방법으로 부과·징수한다.
② 고지서 1장당 재산세로 징수할 세액이 2천원 미만인 경우에는 해당 재산세를 징수하지 아니한다.
③ 과세표준의 1천분의 40의 재산세 세율이 적용되는 별장에 대한 재산세의 납기는 별장 이외의 주택에 대한 재산세의 납기와 같다.
④ 국가 또는 지방자치단체의 체납된 재산세에 대하여는 가산금과 중가산금의 적용을 모두 배제한다.
⑤ 「신탁법」에 따라 수탁자 명의로 등기된 신탁재산에 대한 재산세가 체납된 경우에는 체납된 재산이 속한 신탁에 다른 재산이 있는 경우에도 체납된 해당 재산에 대해서만 압류할 수 있다.

해설 지방세, 재산세 – 부과징수
다른 재산이 있는 경우에는 그 다른 재산에 대하여 압류할 수 있다.

정답 06. ① 07. ⑤

제2편 지방세

08 「지방세법」상 재산세의 부과·징수에 관한 설명으로 틀린 것을 모두 고른 것은? `22회 출제`

> ㉠ 해당 연도에 부과할 토지분 재산세액이 20만원 이하인 경우 조례로 정하는 바에 따라 납기를 7월 16일부터 7월 31일까지로 하여 한꺼번에 부과·징수할 수 있다.
> ㉡ 지방자치단체의 장은 과세대상의 누락 등으로 이미 부과한 재산세액을 변경하여야 할 사유가 발생하더라도 수시로 부과·징수할 수 없다.
> ㉢ 재산세 물납을 허가하는 부동산의 가액은 매년 12월 31일 현재의 시가로 평가한다.

① ㉠   ② ㉡   ③ ㉠, ㉢   ④ ㉡, ㉢   ⑤ ㉠, ㉡, ㉢

해설 재산세의 부과·징수
㉠ 주택분 재산세 해당
㉡ 수시부과징수할 수 있다.
㉢ 과세기준일 현재의 시가로 평가한다.

09 「지방세법」상 재산세 납부에 관한 설명으로 틀린 것은? `24회 출제`

① 건축물에 대한 재산세 납기는 매년 7월 16일부터 7월 31일까지이다.
② 주택에 대한 재산세(해당 연도에 부과할 세액이 20만원을 초과함)의 납기는 해당 연도에 부과·징수할 세액의 2분의 1은 매년 7월 16일부터 7월 31일까지, 나머지 2분의 1은 9월 16일부터 9월 30일까지이다.
③ 지방자치단체의 장은 재산세 납부세액이 1천만원을 초과하는 경우 납세의무자의 신청을 받아 관할구역에 관계없이 해당 납세자의 부동산에 대하여 법령으로 정하는 바에 따라 물납을 허가할 수 있다.
④ 재산세 납부세액이 1천만원을 초과하여 재산세를 물납하려는 자는 법령으로 정하는 서류를 갖추어 그 납부기한 10일 전까지 납세지를 관할하는 시장·군수·구청장에게 신청하여야 한다.
⑤ 재산세 납부세액이 250만원을 초과하여 재산세를 분할 납부하려는 자는 재산세 납부기한까지 법령으로 정하는 신청서를 시장·군수구청장에게 제출하여야 한다.

해설 재산세납부
관할구역 안이다.

정답   08. ⑤   09. ③

10. 「지지방세법령상 재산세의 물납에 관한 설명으로 옳은 것을 모두 고른 것은? 〔35회 출제〕

ㄱ. 지방자치단체의 장은 재산세의 납부세액이 1천만원을 초과하는 경우에는 납세의무자의 신청을 받아 해당 지방자치단체의 관할구역에 있는 부동산에 대하여만 대통령령으로 정하는 바에 따라 물납을 허가할 수 있다.
ㄴ. 시장·군수·구청장은 법령에 따라 불허가 통지를 받은 납세의무자가 그 통지를 받은 날부터 10일 이내에 해당 시·군·구의 관할구역에 있는 부동산으로서 관리·처분이 가능한 다른 부동산으로 변경 신청하는 경우에는 변경하여 허가할 수 있다.
ㄷ. 물납을 허가하는 부동산의 가액은 물납 허가일 현재의 시가로 한다.

① ㄱ ② ㄷ ③ ㄱ, ㄴ ④ ㄴ, ㄷ ⑤ ㄱ, ㄴ, ㄷ

해설 재산세 물납
재산세 물납에 관한 내용이다. 허가일이 아니고 과세기준일이다. ③번이 정답

11. 「지방세법」상 재산세의 물납에 관한 설명으로 틀린 것은? 〔28회 출제〕

① 「지방세법」상 물납의 신청 및 허가 요건을 충족하고 재산세(재산세 도시지역분 포함)의 납부세액이 1천만원을 초과하는 경우 물납이 가능하다.
② 서울특별시 강남구와 경기도 성남시에 부동산을 소유하고 있는 자의 성남시 소재 부동산에 대하여 부과된 재산세의 물납은 성남시 내에 소재하는 부동산만 가능하다.
③ 물납허가를 받은 부동산을 행정안전부령으로 정하는 바에 따라 물납하였을 때에는 납부기한 내에 납부한 것으로 본다.
④ 물납하려는 자는 행정안전부령으로 정하는 서류를 갖추어 그 납부기한 10일 전까지 납세지를 관할하는 특자시·특자도 시장·군수·구청장에게 신청하여야 한다.
⑤ 물납 신청 후 불허가 통지를 받은 경우에 해당 특자시·특자도 시·군·구의 다른 부동산으로의 변경신청은 허용되지 않으며 금전으로만 납부하여야 한다.

해설 재산세 물납
시장·군수·구청장은 불허가 통지를 받은 납세의무자가 그 통지를 받은 날부터 10일 이내에 해당 시·군·구의 관할구역에 있는 부동산으로서 관리·처분이 가능한 다른 부동산으로 변경 신청하는 경우에는 변경하여 허가할 수 있다(영 제114조 제2항).

정답 10. ③ 11. ⑤

제2편 지방세

12 「지방세법」상 202△년도 귀속 재산세의 부과·징수에 관한 설명으로 틀린 것은? (단, 세액변경이나 수시 부과사유는 없음) 〔29회 출제〕

① 토지분 재산세 납기는 매년 9월 16일부터 9월 30일까지이다.
② 선박분 재산세 납기는 매년 7월 16일부터 7월 31일까지이다.
③ 재산세를 징수하려면 재산세 납세고지서를 납기개시 5일 전까지 발급하여야 한다.
④ 주택분 재산세로서 해당 연도에 부과할 세액이 20만원 이하인 경우 9월 30일 납기로 한꺼번에 부과·징수한다.
⑤ 재산세를 물납하려는 자는 납부기한 10일 전까지 납세지를 관할하는 시장·군수·구청장에게 물납을 신청하여야 한다.

해설 재산세, 부과·징수
7월 31일을 납기로 한꺼번에 부과·징수할 수 있다.

05 TYPE 기본내용 혼합

13 「지방세법」상 재산세에 관한 설명으로 옳은 것은? 〔27회 출제〕

① 과세기준일은 매년 7월 1일이다.
② 주택의 정기분 납부세액의 50만원인 경우 세액의 2분의 1은 7월 16일부터 7월 31일까지, 나머지는 10월 16일부터 10월 31일까지를 납기로 한다.
③ 토지의 정기분 납부세액이 9만원인 경우 조례에 따라 납기를 7월 16일부터 7월 31일까지로 하여 한꺼번에 부과·징수할 수 있다.
④ 과세기준일 현재 공부상의 소유자가 매매로 소유권이 변동되었는데도 신고하지 아니하여 사실상의 소유자를 알 수 없는 경우 그 공부상의 소유자가 아닌 사용자에게 재산세 납부의무가 있다.
⑤ 지방자치단체의 장은 재산세의 납부세액이 250만원을 초과하는 경우 법령에 따라 납부할 세액의 일부를 납부기한이 경과한 날부터 2월 이내에 분납하게 할 수 있다.

해설 지방세, 재산세
① 6월 1일
② 나머지는 9월 16일부터 9월 30일까지이다.
③ 토지는 9월 16일부터 9월 30일까지이다.
④ 공부상 소유자가 납세의무 있다.

정답 12. ④ 13. ⑤

14. 「지방세법」상 재산세에 관한 설명으로 틀린 것은?

① 동일한 재산에 대하여 2 이상의 세율이 해당되는 경우에는 그 중 높은 세율을 적용한다.
② 국가가 1년 이상 공용에 유료로 사용하는 재산에 대하여는 재산세를 부과하지 아니한다.
③ 과세기준일 현재 상속이 개시된 재산으로서 상속등기가 이행되지 아니하고 사실상의 소유자를 신고하지 아니한 때에는 법령이 정하는 주된 상속자가 재산세를 납부할 의무가 있다.
④ 과세대상인 건물을 구분함에 있어서 1구의 건물이 주거와 주거 외의 용도에 겸용되는 경우 주거용으로 사용되는 면적이 전체의 100분의 50 이상인 경우에는 주택으로 본다.
⑤ 과세기준일 현재 소유권의 귀속이 분명하지 아니하여 사실상의 소유자를 확인할 수 없는 경우에는 그 사용자가 재산세를 납부할 의무가 있다.

해설 재산세 종합

유료로 사용하면 재산세 납세의무가 있다. 무료로 사용하여야 재산세를 부과하지 아니한다.

15. 지방세법령상 재산세에 관한 설명으로 옳은 것은? (단, 주어진 조건 외에는 고려하지 않음)

① 특별시 지역에서 「국토의 계획 및 이용에 관한 법률」에 따라 지정된 주거지역의 대통령령으로 정하는 공장용 건축물의 표준세율은 초과누진세율이다.
② 수탁자 명의로 등기·등록된 신탁재산의 수탁자는 과세기준일부터 15일 이내에 그 소재지를 관할하는 지방자치단체의 장에게 그 사실을 알 수 있는 증거자료를 갖추어 신고하여야 한다.
③ 주택의 토지와 건물 소유자가 다를 경우 해당 주택에 대한 세율을 적용할 때 해당 주택의 토지와 건물의 가액을 소유자별로 구분계산한 과세표준에 세율을 적용한다.
④ 주택의 재산세로서 해당 연도에 부과할 세액이 20만원 이하인 경우에는 납기를 9월 16일부터 9월 30일까지로 하여 한꺼번에 부과·징수할 수 있다.
⑤ 지방자치단체의 장은 과세대상의 누락으로 이미 부과한 재산세액을 변경하여야 할 사유가 발생하여도 수시로 부과·징수할 수 없다.

해설 재산세

재산세의 내용을 종합적으로 묻는 문제이다. ②번이 정답. 수탁자가 과세기준일부터 15일 이내에 신고해야 함.

정답 14. ② 15. ②

제2편 지방세

16 「지방세법」상 재산세의 과세표준과 세율에 관한 설명으로 옳은 것은? 22회 출제

① 지방자치단체의 장은 세율조정이 불가피하다고 인정되는 경우 조례로 정하는 바에 따라 표준세율의 100분의 50의 범위에서 가감할 수 있으며, 가감한 세율은 5년간 적용한다.
② 「건축법 시행령」에 따른 다가구주택은 1가구가 독립하여 구분사용할 수 있도록 분리된 부분을 1구의 주택으로 보며, 이 경우 그 부속토지는 건물면적의 비율에 따라 각각 나눈 면적을 1구의 부속토지로 본다.
③ 법령에 따른 별장과 고급주택은 1천분의 40, 그 밖의 주택은 누진세율을 적용한다.
④ 토지와 건물의 소유자가 다른 주택에 대해 세율을 적용할 때 해당 주택의 토지와 건물의 가액을 소유자별로 구분계산한 과세표준에 해당 세율을 적용한다.
⑤ 법령에 따른 고급주택의 재산세 과세표준은 시가표준액에 공정시장 가액비율 100분의 70을 곱하여 산정한 가액이다.

> **해설** 재산세의 과세표준과 세율
> ① 해당 연도에만 적용한다.
> ③ 고급주택도 일반주택과 동일하게 초과누진세율을 적용한다.
> ④ 당해 주택의 토지와 건물의 가액을 합산한 과세표준액에 주택의 세율을 적용한다.
> ⑤ 100분의 60을 적용한다.

17 거주자 甲은 202△.2.10 거주자 乙로부터 국내 소재 상업용 건축물(오피스텔 아님)을 취득하고, 2022년 10월 현재 소유하고 있다. 이 경우 202△년도분 甲의 재산세에 관한 설명으로 틀린 것은? (단, 사기나 그 밖의 부정한 행위 및 수시부과사유는 없음) 23회 출제

① 甲의 재산세 납세의무는 202△.6.1에 성립한다.
② 甲의 재산세 납세의무는 과세표준과 세액을 지방자치단체에 신고하여 확정된다.
③ 甲의 건축물분에 대한 재산세 납기는 202△.7.16부터 7.31까지이다.
④ 甲의 재산세 납세의무는 202△+5.5.31까지 지방자치 단체가 부과하지 아니하면 부과할 수 없다.
⑤ 甲이 재산세 납부세액이 1천만원을 초과하는 경우에는 물납신청이 가능하다.

> **해설** 재산세
> 재산세는 신고납부세목이 아니라 보통징수세목이다.

정답 16. ② 17. ②

18 거주자 甲은 A주택을 3년간 소유하며 직접 거주하고 있다. 甲이 A주택에 대하여 납부하게 되는 2024년 귀속 재산세와 종합부동산세에 관한 설명으로 틀린 것은? (단, 甲은 종합부동산세법상 납세의무자로서 만 61세이며 1세대 1주택자라 가정함) **29회 출제**

① 재산세 및 종합부동산세의 과세기준일은 매년 6월 1일이다.
② 甲의 고령자 세액공제액은 종합부동산세법에 따라 산출된 세액에 100분의 10을 곱한 금액으로 한다.
③ 재산세 납부세액이 400만원인 경우 150만원은 납부기한이 지난 날부터 2개월 이내에 분납할 수 있다.
④ 재산세 산출세액은 지방세법령에 따라 계산한 직전연도 해당 재산에 대한 재산세액 상당액의 100분의 150에 해당하는 금액을 한도로 한다.
⑤ 만약 甲이 A주택을 「신탁법」에 따라 수탁자 명의로 신탁등기하게 하는 경우로서 A주택이 위탁자 별로 구분된 재산이라면, 위탁자를 재산세 납세의무자로 본다.

해설 재산세와 종합부동산세, 세액공제 등 종합
주택이므로 105/100, 110/100, 130/100을 적용해야 한다.

06 세액계산, 기타 문제

19 다음 조건에 해당하는 별장을 소유(보유)하고 있을 경우 납부할 재산세액으로 올바른 것은?

| ㉠ 취득가액 ·· 130,000,000원 |
| ㉡ 시 가 ··· 135,000,000원 |
| ㉢ 시가표준액 ······································· 100,000,000원 |
| ㉣ 공정시장 가액비율 ································ 60% 가정 |

① 2,400,000원
② 3,240,000원
③ 5,200,000원
④ 3,120,000원
⑤ 4,000,000원

해설 재산세액의 계산
100,000,000 × 60% = 60,000,000원(= 과세표준)
60,000,000 × 4% = 2,400,000원(= 납부할 세액)

정답 18. ④ 19. ①

제2편 지방세

20 「지방세법」상 재산세에 관한 설명으로 틀린 것은?

① 재산세의 과세표준을 시가표준액에 공정시장 가액비율을 곱하여 산정할 수 있는 대상은 토지와 주택에 한한다.
② 지방자치단체가 유료로 공공용에 사용하는 개인 소유의 토지에는 재산세를 부과한다.
③ 지방자치단체의 장은 과세대상의 누락으로 인하여 이미 부과한 재산세액을 변경하여야 할 사유가 발생한 때에는 이를 수시로 부과징수할 수 있다.
④ 재산세는 법정요건을 충족하면 조례에 의해 표준세율의 100분의 50의 범위에서 가감할 수 있다.
⑤ 재산세는 법령이 정하는 바에 따라 세부담의 상한이 적용된다.

해설 재산세
토지, 건축물, 주택에 대하여 시가표준액에 공정시장가액비율을 곱하여 과세표준을 산정한다.

정답 20. ①

CHAPTER 04

재산세(Ⅱ) - 토 지

학습포인트

- 납세의무자, 과세대상, 과세표준 및 세율을 정리한다.
- 토지분 재산세의 분리과세, 별도합산 그리고 종합합산대상토지를 구분할 수 있어야 한다.
- 주택에 대한 개념, 과세표준, 세율 등을 정확히 정리한다.
- 종합부동산세와 비교정리한다.

CHAPTER 학습 & 출제되는 키워드

- ☑ 과세대상
- ☑ 주택
- ☑ 납세지
- ☑ 납세의무자
- ☑ 소유자 불명시 사용자
- ☑ 매수계약자
- ☑ 과세표준
- ☑ 종합합산세율

- ☑ 토지
- ☑ 선박
- ☑ 소재지
- ☑ 사실상 소유한 자
- ☑ 주된 상속자
- ☑ 수탁자
- ☑ 토지·건축물·주택
- ☑ 별도합산세율

- ☑ 건축물
- ☑ 항공기
- ☑ 선적항·정치장 소재지
- ☑ 공부상 소유자
- ☑ 종중재산의 공부상 소유자
- ☑ 사업시행자
- ☑ 선박·항공기
- ☑ 분리과세세율

CHAPTER 학습 & 출제되는 질문

- ☑ 다음은 재산세 납세의무자의 설명이다. 올바른 것은?
- ☑ 토지분 재산세의 분리과세대상토지에 해당되지 않는 것은?
- ☑ 주택에 대한 재산세의 설명이다. 가장 올바른 것은?
- ☑ 재산세와 종합부동산세의 비교설명이다. 틀린 내용은?

제2편 지방세

기본 출제예상문제

제1절 납세의무자

01 토지분 재산세의 납세의무자에 대한 설명 중 틀린 것은?

① 원칙적으로 사실상 소유자가 납세의무를 진다.
② 사실상의 소유자를 알 수 없을 때에는 그 사용자가 납세의무자이다.
③ 상속개시토지(相續開始土地)는 상속등기가 없고 사실상 소유자신고가 없는 때는 주된 상속자가 납세의무자이다.
④ 과세기준일 현재 소유권 귀속이 불분명하여 사실상의 소유자를 확인할 수 없는 경우에는 그 사용자를 납세의무자로 본다.
⑤ 지방자치단체와 토지분 재산세 과세대상토지를 연부로 매매계약을 체결하고 그 토지의 사용권을 무상으로 부여받을 경우 매도자가 납세의무자이다.

> **해설** 토지분 재산세 납세의무자
>
> 1) **원칙** : 과세기준일 현재의 사실상 소유자
>   토지분 재산세의 납세의무자는 과세기준일(6월 1일) 현재 과세대상토지를 사실상 소유하고 있는 자이다. 납세의무의 성립시기가 6월 1일 과세기준일이기 때문에 6월 1일 이전에 당해 토지를 양도하고 소유권이 전등기를 경료한 경우에는 최종소유자(매수인)의 보유기간의 장단에 불구하고 납세의무가 있다. 공유토지인 경우에는 그 지분에 해당하는 면적에 대하여 안분하여 과세하나 지분의 표시가 없는 경우에는 당사자 간의 특약에도 불구하고 지분이 동등한 것으로 보아 납세의무를 부여한다.
>
> 2) **형식적 납세의무자**
>   토지분 재산세에 있어 납세의무자는 사실상의 토지소유자이지만 이를 확인할 수 없을 때는 형식적으로 일정한 자를 소유자로 의제하여 납세의무자로 하고 있는 바 다음과 같다.
>   ① 공부상 소유자 : 공부상의 소유자가 매매 등의 사유로 소유권에 변동이 있었음에도 이를 신고하지 아니하여 사실상의 소유자를 알 수 없는 때에는 공부상의 소유자를 납세의무자로 본다.
>   ② 주된 상속자 : 상속이 개시된 토지로서 상속등기가 이행되지 아니하고 사실상의 소유자를 신고하지 아니한 때에는 주된 상속자를 납세의무자로 본다.
>   ③ 종중재산의 공부상 소유자 : 공부상에 개인 등의 명의로 등재되어 있는 사실상의 종중재산으로서 공부상의 소유자가 종중소유임을 신고하지 아니한 때에는 공부상의 소유자를 납세의무자로 본다.
>   ④ 매수계약자 : 국가·지방자치단체·지방자치단체조합 등과 과세대상토지를 연부로 매매계약을 체결하고 그 토지의 사용권을 무상으로 부여받은 경우에는 그 매수계약자를 납세의무자로 본다.
>   ⑤ 사용자 : 과세기준일 현재 소유권의 귀속이 분명하지 아니하여 사실상의 소유자를 확인할 수 없는 경우에는 그 사용자가 재산세를 납부할 의무가 있다.
>   ⑥ 위탁자 : 「신탁법」에 의하여 수탁자명의로 등기된 신탁토지의 경우에는 위탁자

정답 01. ⑤

02 A가 소유토지를 B에게 다음 조건으로 매매하였을 때 토지분 재산세 납세의무자는?

㉠ 계약일(契約日) : 2024. 4. 10.
㉡ 중도금지급일(中途金支給日) : 2024. 5. 10
㉢ 잔금일(殘金日) : 2024. 5. 31.
㉣ 공부상의 명의변경일(公簿上名義變更日) : 2024. 6. 10

① A ② B ③ A 또는 B
④ A와 B 모두에게 납세의무가 없다. ⑤ A와 B 모두에게 납세의무가 있다.

해설 납세의무자

잔금지급일이 5월 31일이기 때문에 매수자인 B가 납세의무자가 된다. 즉 과세기준일인 6월 1일 현재 사실상의 소유자가 납세의무자이다.

03 다음은 토지분 재산세의 납세의무자에 대한 설명이다. 맞지 않는 것은?

① 과세기준일 현재 소유권의 귀속이 분명하지 아니하여 사실상의 소유자를 확인할 수 없는 경우에는 그 사용자가 토지분 재산세를 납부할 의무가 있다.
② 공부상(公簿上)의 소유자가 매매등의 사유로 소유권에 변동이 있었음에도 이를 신고하지 아니하여 사실상의 소유자를 알 수 없는 때는 공부상의 소유자가 납세의무자가 된다.
③ 상속이 개시된 토지로서 상속등기가 이행되지 아니하고 사실상의 소유자를 신고하지 아니한 때는 주된 상속자가 납세의무를 진다.
④ 공유토지인 경우에는 공유자 중 지분이 가장 큰 소유자를 납세의무자로 하며 다른 지분권자는 연대납세의무를 진다.
⑤ 토지분 재산세의 납세의무자는 과세기준일인 매년 6월 1일 현재 토지를 사실상 소유하고 있는 자이다.

해설 납세의무자

공유토지인 경우에는 그 지분에 해당하는 면적(지분의 표시가 없는 경우에는 균등한 것으로 간주)에 대하여 그 지분권자를 납세의무자로 본다.

정답 02. ② 03. ④

제2절 과세대상

04 토지에 대한 재산세 과세대상은 분리과세토지, 별도합산과세토지, 종합합산과세토지로 구분된다. 다음 중 분리과세 대상인 토지는 무엇인가?

① 사용승인을 받아야 할 건축물로서 사용승인을 받지 아니하고 사용중인 건축물의 부속토지
② 법률에 의하여 설립된 주식회사인 농업회사법인이 소유하는 농지
③ 개인이 직접 자경하는 농지로서 도시지역 내의 상업지역에 위치한 농지
④ 「자연공원법」에 의하여 지정된 공원자연환경지구의 임야
⑤ 군지역에 소재하는 목장용지로서 기준면적을 초과하는 목장용지

해설 분리과세대상토지
① 사용승인을 받지 아니하고, ② 주식회사, ③ 상업지역, ⑤ 기준면적초과의 이유로 모두 종합합산과세대상토지에 해당한다.

05 토지분 재산세의 과세대상에 관하여 틀린 항목은?

① 골프장, 고급오락장 재산의 부수토지에 대하여는 분리과세(分離課稅)를 한다.
② 공장입지기준면적을 초과하는 공장용 토지에 대하여는 별도합산과세를 한다.
③ 개인이 소유한 사실상 농지로서 시지역의 농지는 녹지지역 또는 개발제한구역 안의 농지에 한하여 분리과세를 한다.
④ 도시지역 내의 목장용지라 하더라도 전부 종합합산과세대상이 되는 것은 아니다.
⑤ 위법건축물의 부속토지를 종합합산과세한다.

해설 별도합산과세대상토지
1) **대상토지**: 일반영업용·사업용 건축물의 부속토지는 일정한 '기준면적'의 범위 내에서는 별도합산과세대상토지가 되고, '기준면적'의 범위를 초과하는 부분은 종합합산과세대상토지가 된다.
2) **기준면적**: 건축물의 바닥면적에 용도지역별 적용배율을 적용한 면적을 당해 건축물의 부속토지에 대한 기준면적이라고 하는 바, 이 기준면적 이내의 토지에 한하여 별도합산과세대상이 되고 이를 초과하는 토지에 대하여는 종합합산과세대상이 된다.

정답　04. ④　05. ②

제4장 재산세(Ⅱ) – 토지(기본)

3) 제외되는 토지
  ① 분리과세대상건축물의 부속토지
    다음에 열거한 건축물의 부속토지는 별도합산과세대상에서 제외된다. 왜냐하면 이들 토지는 분리과세대상이 되거나 종합합산과세의 대상이 되기 때문이다.
    ㉠ 공장 구내 건축물(분리과세, 종합합산과세)
    ㉡ 골프장·고급오락장용 건축물(분리과세)
  ② **가액기준에 미달하는 토지 중 건축물의 바닥면적을 제외한 토지** : 일반영업용 건축물로서 건축물 시가표준액이 당해 부속토지의 시가표준액의 2%에 미달하는 경우에는 당해 건축물의 바닥면적까지는 별도합산과세대상이고 나머지 토지가 종합합산과세대상이 된다.
  ③ **위법건축물** : 일반영업용 건축물 중 건축법 등 관계법령의 규정에 의하여 허가 등을 받아야 할 건축물로서 허가 등을 받지 아니한 건축물 또는 사용검사를 받지 아니한 건축물(임시사용승인을 받은 경우는 제외)은 건축물로 인정하지 아니하기 때문에 나대지로 보아 종합합산과세대상이 된다.

06 ★ 다음 중 분리과세대상(分離課稅對象)이 <u>아닌</u> 것은?
① 농업법인이 소유하는 농지로서 과세기준일현재 실제영농에 사용되고 있는 농지
② 종중(宗中)이 소유하고 있는 임야
③ 상수원보호구역의 임야
④ 공장용 건축물의 부속토지 중 기준면적 초과의 토지
⑤ 관계법령의 규정에 의한 사회복지사업자가 복지시설의 소비 목적으로 사용할 수 있도록 하기 위하여 소유하는 농지

해설 분리과세대상 토지
공장용 건축물의 부속토지는 기준면적 이내 토지는 분리과세대상 또는 별도합산과세대상토지이고, 기준면적 초과토지가 종합합산과세대상토지이다.

07 다음 중 토지분 재산세에서 종합합산과세대상인 토지는?
① 종중(宗中)이 소유하는 농지
② 업무용 건축물의 부속토지 중 기준면적 초과토지
③ 골프장으로 사용되는 토지
④ 고급오락장용 토지
⑤ 상가용 건축물(商街用建築物)의 기준면적 이내의 부속토지

정답 06. ④ 07. ②

제2편 지방세

해설 종합합산과세대상 토지

①, ③, ④ 분리과세, ⑤ 별도합산과세
* 기준면적 이내는 별도합산과세대상이고, 기준면적 초과토지는 종합합산과세대상토지이다.

08 토지분 재산세의 과세대상을 설명한 것 중 분리과세대상토지가 아닌 내용은?
① 군 지역에 소재하는 공장용 건축물의 부속토지 중에서 공장입지기준면적 이내의 토지
② 「수도법」에 따른 상수원보호구역의 임야
③ 「자연공원법」에 따라 지정된 공원자연보존지구 안의 임야
④ 축산용으로 사용하는 도시지역 안의 개발제한구역 및 녹지지역의 목장용지로서 기준면적 범위 안의 토지
⑤ 농지 즉 전·답·과수원

해설 분리과세대상 토지

자연공원법에 따라 지정된 공원자연보존지구 안의 임야는 비과세한다. 공원자연환경지구의 임야가 분리과세대상토지이다.

09 다음 중 분리과세대상이 될 수 없는 것은?
★
① 고급오락장용 토지   ② 전(田)·답(畓)·과수원   ③ 공장용지
④ 골프장용 토지   ⑤ 주거지역 내의 업무용 건축물의 부속토지

해설 분리과세대상토지

업무용 건축물의 부속토지는 별도합산과세대상이 되거나 종합합산과세대상이 된다. 즉 기준면적 이내 토지는 별도합산, 기준면적 초과토지는 종합합산이다.

10 토지분 재산세에서 낮은 과세를 위한 분리과세대상토지를 열거한 것이다. 해당되지 않는 것은?
① 「산림자원의 조성 및 관리에 관한 법률」에 의하여 특수산림사업지구로 지정된 임야
② 「자연공원법」에 의하여 지정된 공원자연환경지구의 임야
③ 「하천법」 제12조에 따라 홍수관리구역으로 고시된 지역의 임야
④ 한국농어촌공사가 법령에 의하여 농가에 공급하기 위하여 소유하는 농지
⑤ 「군사기지 및 군사시설 보호법」에 의한 군사기지 및 군사시설보호구역 중 통제보호구역에 있는 토지로서 전·답·과수원 및 대지를 제외한 토지

정답   08. ③   09. ⑤   10. ⑤

제4장 재산세(Ⅱ) - 토지(기본)

해설 분리과세대상 토지

⑤ 비과세에 해당된다.

11 청주시내에서 甲은 1,200m² 토지 위에 500m²의 주택을 소유하고 있을 때 토지에 대한 재산세의 부과내용 중 가장 올바른 것은?

① 1,200m²가 분리과세대상토지이다. ② 662m²가 종합합산과세대상토지이다.
③ 993m²가 별도합산과세대상토지이다. ④ 538m²가 종합합산과세대상토지이다.
⑤ 1,200m²가 주택과 함께 주택분 재산세가 부과된다.

해설 별도합산과세대상토지와 종합합산과세대상토지

주택부속토지는 주택과 함께 주택분 재산세가 부과된다.

12 ★ 상업지역에 있는 영업용 건물의 바닥면적이 200m²이고, 부수토지면적이 1,000m²일 때 별도합산과세되는 면적은? (단, 상업지역의 용도지역별 적용배율은 3배이며, 본 건물은 허가 및 승인을 받았으며 그 가액은 부속토지 시가표준액의 5%에 해당한다)

① 400m²   ② 600m²   ③ 500m²   ④ 200m²   ⑤ 1,000m²

해설 별도합산과세대상토지와 종합합산과세대상토지

상업지역의 용도지역별 적용배율은 3배이므로 200m² × 3 = 600m²만 별도합산과세한다.
1,000m² − 600m² = 400m²는 종합합산과세한다.

13 ★ 상업지역에 있는 영업용 건물의 바닥면적이 200m²이고, 부수토지면적이 1,000m²일 때 별도합산 과세되는 면적은? (단, 본 건물은 허가 및 사용승인을 받았으며, 건물의 시가표준액이 토지의 시가표준액의 100분의 2에 미달한다고 가정한다)

① 200m²   ② 400m²   ③ 600m²   ④ 800m²   ⑤ 1,000m²

해설 별도합산과세대상토지

건축물의 시가표준액이 토지의 시가표준액의 2%에 미달하므로 바닥면적 200m²가 별도합산과세대상토지이고, 나머지 800m²가 종합합산과세대상토지이다.

정답   11. ⑤   12. ②   13. ①

제2편 지방세

14 ★ 대전광역시 준주거지역 안에 공장용 건축물과 부수토지를 소유하고 있다. 건축물 바닥면적이 200m², 부수토지가 1,300m²일 경우 「지방세법」상 재산세의 설명으로 올바른 것은? (다만, 준주거지역의 용도지역별 적용배율은 3배임)

① 공장용 건축물과 부수토지를 합산하여 토지분 재산세가 부과된다.
② 공장이므로 공장입지기준면적 이내의 토지는 분리과세대상토지이다.
③ 공장용 건축물의 부수토지는 공장입지기준면적을 초과하는 토지에 대하여 종합합산과세대상토지로 한다.
④ 준주거지역 안에 소재하므로 일반건축물로 보아 기준면적 이내의 토지인 600m²까지는 별도합산과세대상토지로 한다.
⑤ 기준면적 이내의 토지인 600m²까지는 분리과세대상토지이고 700m²는 종합합산과세대상토지이다.

> **해설** 별도합산과세대상토지와 종합합산과세대상토지
> 공장이 산업단지나 공업지역 안에 소재하여야 공장입지기준면적 이내의 토지를 분리과세대상토지로 한다. 대전광역시 준주거지역 안에 소재한 공장은 일반건축물로 간주하기 때문에 용도지역별 적용배율을 곱한 기준면적 이내의 토지를 별도합산과세대상토지로 한다.

15 재산세에 대한 다음의 내용을 설명한 것 중 가장 올바른 것은?

> • 토지의 시가표준액 100억원, 지상 건축물의 시가표준액(신축가정) : 1억원
> • 건축물 부속토지 1,500m², 건축물(상가용) 바닥면적 : 400m²
> • 용도지역별 적용배율(상업지역) : 3배

① 1,200m²는 별도합산과세대상토지이고, 나머지 300m²가 종합합산과세대상토지이다.
② 건축물의 시가표준액이 토지의 시가표준액의 2%에 미달하므로 1,500m²가 종합합산과세대상토지이다.
③ 건축물의 시가표준액이 토지의 시가표준액의 2%에 미달하므로 400m²가 종합합산과세대상토지이고, 나머지가 분리과세대상토지이다.
④ 건축물의 시가표준액이 토지의 시가표준액의 2%에 미달하므로 1,500m²가 별도합산과세대상토지이다.
⑤ 건축물의 시가표준액이 토지의 시가표준액의 2%에 미달하므로 바닥면적 400m²까지는 별도합산과세대상토지이고, 1,100m²가 종합합산과세대상토지이다.

> **해설** 별도합산과세대상토지와 종합합산과세대상토지
> 일반적으로는 기준면적 이내의 토지인 1,200m²가 별도합산과세대상토지이고, 기준면적 초과토지인 300m²가 종합합산과세대상토지이다. 그러나 위의 경우 건축물의 시가표준액이 토지의 시가표준액의 2%에 미달하므로 건축물의 바닥면적(400m²)까지는 별도합산과세대상토지이고, 나머지가 종합합산과세대상토지이다.

정답 14. ④ 15. ⑤

제3절 과세표준

16 다음은 토지분 재산세에 대한 설명이다. 가장 옳지 <u>않은</u> 것은?

① 토지분 재산세의 과세표준은 시가표준액에 공정시장 가액비율을 곱하여 산정한 가액으로 한다.
② 종중토지로서 공부상에 개인 등의 명의로 등재되어 있는 경우에는 그 공부상의 소유자가 과세기준일부터 15일 이내에 종중토지임을 입증할 수 있는 자료를 갖추어 신고하여야 한다.
③ 토지분 재산세가 비과세 또는 면제되는 토지의 가액과 토지분 재산세가 경감되는 토지의 경감비율에 해당하는 토지의 가액도 별도합산과세표준에 합산한다.
④ 토지·건축물·주택에 대한 재산세의 과세표준은 시가표준액에 공정시장 가액비율을 곱하여 산정한 가액으로 하고, 선박·항공기는 시가표준액을 과세표준으로 한다.
⑤ 토지에 대한 재산세의 과세표준은 시가표준액에 공정시장 가액비율을 곱하여 산정한 가액으로 한다.

해설 토지분 재산세의 과세표준
토지분 재산세가 비과세 또는 면제되는 토지의 가액과 토지분 재산세가 경감되는 토지의 경감비율에 해당하는 토지의 가액은 별도합산과세표준에 합산하지 않는다.

제4절 세율

17 다음 재산세 과세대상 중 적용되는 세율체계가 <u>다른</u> 것은?

① 군사기지 및 군사시설보호구역 중 제한보호구역 안의 임야
② 상시주거용이 아닌 휴양 등을 목적으로 하는 주거용 건축물
③ 시지역의 상업지역에 소재한 공장용건축물의 부속토지로서 기준면적 이내의 토지
④ 도시지역 안의 개발제한구역에 소재한 개인소유의 농지
⑤ 특별시 지역의 주거지역으로 지정된 지역 내의 공장용 건축물

정답 16. ③ 17. ③

해설 세율

③의 경우 별도합산과세대상토지에 해당하여 누진세율이 적용되며, 나머지의 경우 모두 비례세율이 적용된다.

① 분리과세대상토지 : $\frac{0.7}{1,000}$ ② 분리과세대상토지 : $\frac{40}{1,000}$

④ 분리과세대상토지 : $\frac{0.7}{1,000}$ ⑤ 특·광·시·특시·특도지역 안 주거지역 공장 : $\frac{5}{1,000}$

18 ★ 골프장토지의 시가표준액이 1억원일 경우 토지분 재산세의 세액은 얼마인가? (단, 공정시장 가액비율 70%로 가정함)

① 1억원   ② 5천만원   ③ 4백만원   ④ 2백만원   ⑤ 2백8십만원

해설 토지분 재산세액의 계산

1) 과세표준액 = 1억원 × 공정시장 가액비율(70% 가정) = 70,000,000원
2) 재산세액 = 70,000,000원 × $\frac{40}{1,000}$ (세율) = 2,800,000원

19 과세표준과 세율이 다음과 같을 경우 종합합산과세표준이 3억원일 경우 토지분 재산세액은?

과세표준	세 율
1억원 초과	25만원 + 1억원 초과금액의 $\frac{5}{1,000}$

① 2,500,000원   ② 2,000,000원   ③ 1,500,000원
④ 1,250,000원   ⑤ 1,000,000원

해설 토지분 재산세액의 계산

25만원 + 2억원 × $\frac{5}{1,000}$ = 1,250,000원

20 ★ 토지분 재산세에 관한 다음 사항 중 틀린 것은?

① 토지분 재산세의 납세지는 토지의 소재지를 관할하는 특시·특도·시·군·구이다.
② 건축물·주택·선박·항공기의 재산세는 표준세율이지만 토지분 재산세는 표준세율이 적용되지 않는다.
③ 징수세액이 고지서 1장당 2,000원 미만시에는 징수하지 않는다.
④ 지방자치단체의 장은 필요하다면 지방의회의 의결 하에서 토지분 재산세를 감면할 수 있다.
⑤ 납세의무자는 9월 16일부터 9월 30일까지 시중은행 및 우체국에 납부할 세액을 납부해야 한다.

정답   18. ⑤   19. ④   20. ②

제4장 재산세(Ⅱ) – 토지(기본)

> **해설** 토지분 재산세액의 계산
> 토지·건축물·주택·선박·항공기에 대한 재산세는 모두 표준세율이 적용되고 $\frac{50}{100}$ 범위 안에서 가감할 수 있다.

21. 「지방세법」상 재산세의 과세표준과 세율에 관한 설명으로 틀린 것은? [26회 출제]

① 주택에 대한 과세표준은 주택 시가표준액에 100분의 60의 공정시장 가액비율을 곱하여 산정한다.
② 주택이 아닌 건축물에 대한 과세표준은 건축물 시가표준액에 100분의 70의 공정시장 가액비율을 곱하여 산정한다.
③ 토지에 대한 과세표준은 사실상 취득가액이 증명되는 때에는 장부가액으로 한다.
④ 같은 재산에 대하여 둘 이상의 세율이 해당되는 경우에는 그 중 높은 세율을 적용한다.
⑤ 주택에 대한 재산세는 주택별로 표준세율을 적용한다.

> **해설** 지방세, 재산세 – 과세표준 및 세율
> 토지의 과세표준은 시가표준액에 공정시장 가액비율(= 70%)을 곱하여 계산한다.

22. 다음은 토지분 재산세 과세대상에 적용되는 세율이다. 맞는 것은?

① 시지역의 공장 중 산업단지 등을 포함한 모든 지역의 공장입지기준면적 이내의 토지 : $\frac{2}{1,000}$
② 읍·면·군지역의 개인자경농지 : $\frac{0.7}{1,000}$
③ 개인 또는 축산업을 주업(主業)으로 하는 법인(法人)이 소유한 도시지역 밖의 모든 목장용지 : $\frac{0.7}{1,000}$
④ 골프장·고급오락장 토지 : $\frac{50}{1,000}$
⑤ 도시지역 안의 보전산지에 있는 임야로서 산림경영계획인가(山林經營計劃認可)를 받아 실행중인 임야(林野) : $\frac{0.7}{1,000}$

> **해설** 토지분 재산세액의 계산
> ① 시지역 안의 산업단지 및 공업지역 안의 기준면적 이내의 토지 : $\frac{2}{1,000}$
> ③ 도시지역 밖의 개인 또는 축산업을 주업으로 하는 법인이 소유한 목장용지 중 기준면적 이내의 토지 : $\frac{0.7}{1,000}$
> ④ 골프장·고급오락장 토지 : $\frac{40}{1,000}$
> ⑤ 도시지역 외의 지역에 해당된 임야 : $\frac{0.7}{1,000}$. 도시지역은 종합합산과세대상이다.

정답 21. ③ 22. ②

제2편 지방세

제5절 비과세

23 다음 중 토지분 재산세 비과세지목(非課稅地目)이 아닌 것은?
① 공원(公園)　　② 유지(溜池)　　③ 하천(河川)
④ 묘지(墓地)　　⑤ 도로(道路)

> **해설** 토지분 재산세의 비과세토지
> 1) 국가 등에 대한 비과세
>   국가·지방자치단체·지방자치단체조합·외국정부 및 주한 국제기구의 소유에 속하는 토지. 다만, 대한민국 정부기관의 토지에 대하여 과세하는 외국정부의 토지는 과세한다.
> 2) 용도구분에 의한 비과세
>   ① 대통령령으로 정하는 도로·하천·제방·구거·유지 및 묘지
>   ② 군사기지 및 군사시설보호구역 중 통제구역에 있는 토지로서 전·답·과수원 및 대지를 제외한 토지
>   ③ 채종림·시험림
>   ④ 「자연공원법」에 의한 공원자연보존지구 안의 임야
>   ⑤ 백두대간보호지역의 임야
>
> *제외되는 토지
>   1) 당해 토지가 유료로 사용되는 경우
>   2) 「법인세법」의 규정에 의한 수익사업에 사용되는 경우
>   3) 당해 토지의 전부 또는 일부가 그 목적에 직접 사용되지 아니하는 경우
>   4) 사치성 재산에 해당하는 경우

24 토지분 재산세의 비과세대상토지를 열거한 것이다. 해당되지 않는 것은?
★★★
① 공원자연보존지구 안의 임야　　② 지방자치단체의 소유재산
③ 상수원보호구역의 임야　　　　　④ 도로, 하천, 제방
⑤ 채종림, 시험림

> **해설** 비과세대상토지
> ③은 분리과세대상이고, 나머지는 비과세대상이다.

정답　23. ①　24. ③

제6절 부과 및 징수

25 토지분 재산세에 대한 설명 중 잘못된 것은?

① 토지분 재산세는 토지의 보유정도에 따른 응능과세원칙(應能課稅原則)을 확립하고, 과다한 토지보유를 억제하여 지가안정과 토지소유의 저변확대를 도모하는 데 그 목적이 있다.

② 토지분 재산세는 당해 시·군·구·특시·특도의 모든 토지를 소유자별로 분리·별도·종합합산대상토지로 구분한 후 별도합산과 종합합산대상토지별로 합산한 후 누진세율을 적용하여 부과하는 것이다.

③ 토지분 재산세의 납세의무자는 과세기준일 현재 토지를 사실상 소유하고 있는 자이다.

④ 토지분 재산세의 과세기준일은 매년 6월 1일로 하고, 납기는 매년 9월 16일부터 9월 30일까지로 한다.

⑤ 매매 등의 사유로 소유권변동이 있었음에도 사실상소유자를 신고하지 않은 경우에는 사실상의 소유자가 토지분 재산세의 납세의무자가 된다.

> **해설** 토지분 재산세의 부과 및 징수
> 공부상의 소유자가 매매 등의 사유로 소유권에 변동이 있었음에도 이를 신고하지 아니하여 사실상의 소유자를 알 수 없는 때에는 공부상의 소유자를 납세의무자로 한다.

26 「지방세법」상 재산세 부과·징수에 관한 설명으로 틀린 것은? **26회 출제**

① 해당 연도에 주택에 부과할 세액이 100만원인 경우 납기를 7월 16일부터 7월 31일까지로 하여 한꺼번에 부과·징수한다.

② 재산세를 징수하려면 토지, 건축물, 주택, 선박 및 항공기로 각각 구분된 납세고지서에 과세표준과 세액을 적어 늦어도 납기개시 5일 전까지 발급하여야 한다.

③ 토지에 대한 재산세는 납세의무자별로 한 장의 납세고지서로 발급하여야 한다.

④ 재산세는 관할 지방자치단체의 장이 세액을 산정하여 보통징수의 방법으로 부과·징수한다.

⑤ 고지서 1장당 징수할 세액이 2천원 미만인 경우에는 해당 재산세를 징수하지 아니한다.

> **해설** 지방세, 재산세 – 부과징수
> 20만원 이하인 경우에 한꺼번에 부과징수할 수 있다.

정답 25. ⑤   26. ①

 **특별수험대책**

1 출제경향분석

(1) 분리과세대상토지, 별도합산과세대상토지, 종합합산과세대상토지의 구분에 대하여는 매회 출제되었다. 난이도에 있어서는 극히 기본적인 개념 또는 쉬운 내용으로 출제되었다. 즉, 과세대상토지 중에서 분리·별도·종합으로 단순히 구분할 수만 있으면 해답을 알 수 있는 문제였다.

(2) 토지분 재산세에 대한 일반적인 내용이 매회 1문제씩 출제되었다. 즉, 부과징수, 분리·별도·종합의 구분, 납세의무자 등 기본개념을 전반적으로 알고 있는지 여부의 문제였다. 난이도 수준도 매우 쉬운 내용이었다.

(3) 납세의무자, 비과세, 세율에 대한 내용도 너무 쉽게 출제되었다.

(4) 최근의 출제경향은 재산세와 종합부동산세를 혼합하여 출제하고 있다. 양자의 기본내용을 비교·정리하여야 한다.

2 수험대책

➡ 단계별 수험전략

1단계
① 과세대상토지를 구분할 수 있어야 한다. 즉 고급오락장, 상가, 사무실용 건축물의 부속토지, 골프장, 농지, 공장용지 등이 분리·별도·종합합산과세대상토지 중 어느 부류에 해당되는지를 이해하여야 한다.
② 또한 매회 전반적이면서 기본적인 개념에 대하여 출제되므로 납세의무자, 과세표준, 세율, 비과세, 부과징수 등의 개념을 정확히 이해하여야 한다.

2단계
① 1구의 주택에 부속된 토지가 주택분 재산세로 부과되는지, 분리과세대상토지인지, 종합합산과세대상토지인지 여부를 정확히 이해하여야 한다.
② 공장용지, 농지(전·답·과수원), 목장용지가 분리 과세대상토지가 되기 위한 구체적인 기준을 이해하여야 한다.
③ 별도합산과세대상토지의 구체적인 기준과 제외되는 토지를 이해하여야 한다.

3단계
재산세와 종합부동산세의 체계와 동시에 기본개념을 정리하여야 한다.

제4장 재산세(Ⅱ) - 토지(응용)

응용 출제예상문제

난이도 A 기본문제

01 납세의무자

01 「지방세법」상 재산세의 납세의무자에 관한 설명으로 틀린 것은?

① 상속이 개시된 재산으로서 상속등기가 이행되지 아니하고 사실상의 소유자를 신고하지 아니하였을 경우 : 「민법」상 상속지분이 가장 높은 상속자(상속지분이 가장 높은 상속자가 두 명 이상인 경우에는 그 중 나이가 가장 많은 사람)

② 「신탁법」에 따라 수탁자 명의로 등기·등록된 신탁재산의 경우로서 위탁자별로 구분된 재산 : 그 수탁자

③ 국가가 선수금을 받아 조성하는 매매용 토지로서 사실상 조성이 완료된 토지의 사용권을 무상으로 받은 경우 : 그 사용권을 무상으로 받은 자

④ 「도시개발법」에 따라 시행하는 환지방식에 의한 도시개발사업 및 「도시 및 주거환경정비법」에 따른 주택재개발사업의 시행에 따른 환지계획에서 일정한 토지를 환지로 정하지 아니하고 체비지로 정한 경우 : 사업시행자

⑤ 공부상의 소유자가 매매 등의 사유로 소유권이 변동되었는데도 신고하지 아니하여 사실상의 소유자를 알 수 없을 때 : 공부상 소유자

해설 지방세, 재산세 - 납세의무자
수탁자가 아니고 위탁자이다.

정답 01. ②

02 지방세법령상 재산세 과세기준일 현재 납세의무자로 틀린 것은?

35회 출제

① 공부상에 개인 등의 명의로 등재되어 있는 사실상의 종중재산으로서 종중소유임을 신고하지 아니하였을 경우: 종중
② 상속이 개시된 재산으로서 상속등기가 이행되지 아니하고 사실상의 소유자를 신고하지 아니하였을 경우: 행정안전부령으로 정하는 주된 상속자
③ 「도시 및 주거환경정비법」에 따른 정비사업(재개발사업만 해당한다)의 시행에 따른 환지계획에서 일정한 토지를 환지로 정하지 아니하고 체비지로 정한 경우: 사업시행자
④ 「채무자 회생 및 파산에 관한 법률」에 따른 파산선고 이후 파산종결의 결정까지 파산재단에 속하는 재산의 경우: 공부상 소유자
⑤ 지방자치단체와 재산세 과세대상 재산을 연부(年賦)로 매매계약을 체결하고 그 재산의 사용권을 무상으로 받은 경우: 그 매수계약자

해설 지방세

재산세 납세의무자에 관한 내용으로 자주 출제되는 문제이다. ①번 공부상 소유자가 정답.

03 「지방세법」상 20△△년 재산세 과세기준일 현재 납세의무자가 아닌 것을 모두 고른 것은?

26회 출제

㉠ 5월 31일에 재산세 과세대상 재산의 매매잔금을 수령하고 소유권이전등기를 한 매도인
㉡ 공유물 분할등기가 이루어지지 아니한 공유토지의 지분권자
㉢ 「신탁법」에 따라 위탁자별로 구분되어 수탁자 명의로 등기·등록된 신탁재산의 수탁자
㉣ 도시환경정비사업시행에 따른 환지계획에서 일정한 토지를 환지로 정하지 아니하고 체비지로 정한 경우 종전 토지소유자

① ㉠, ㉢   ② ㉡, ㉣   ③ ㉠, ㉡, ㉣   ④ ㉠, ㉢, ㉣   ⑤ ㉡, ㉢, ㉣

해설 지방세, 재산세 - 납세의무자

㉠ 매도인이 아니고 매수인이다.
㉡ 지분권자가 납세의무자이다.
㉢ 수탁자가 아니고 위탁자이다.
㉣ 종전 토지소유자가 아니고 사업시행자이다.

정답   02. ①   03. ④

제4장 재산세(Ⅱ) - 토지(응용)

02 과세대상 분류

04 「지방세법」상 토지에 대한 재산세를 부과함에 있어서 과세대상의 구분(종합합산과세대상, 별도합산과세대상, 분리과세대상)이 같은 것으로만 묶인 것은?

> ㉠ 1990.5.31 이전부터 종중이 소유하고 있는 임야
> ㉡ 「체육시설의 설치·이용에 관한 법률 시행령」에 따른 회원제 골프장이 아닌 골프장용 토지 중 원형이 보전되는 임야
> ㉢ 과세기준일 현재 계속 염전으로 실제 사용하고 있는 토지
> ㉣ 「도로교통법」에 따라 등록된 자동차운전학원의 자동차운전학원용 토지로서 같은 법에서 정하는 시설을 갖춘 구역 안의 토지

① ㉠, ㉡   ② ㉡, ㉢   ③ ㉡, ㉣
④ ㉠, ㉡, ㉢   ⑤ ㉠, ㉢, ㉣

해설 지방세, 재산세 - 토지의 과세대상구분
분리과세대상 : ㉠, ㉢
별도합산과세대상 : ㉡, ㉣

05 「지방세법」상 재산세 종합합산과세대상토지는? [29회 출제]
① 「문화재보호법」 제2조 제2항에 따른 지정문화재 안의 임야
② 국가가 국방상의 목적 외에는 그 사용 및 처분 등을 제한하는 공장 구내의 토지
③ 「건축법」 등 관계 법령에 따라 허가 등을 받아야 할 건축물로서 허가 등을 받지 아니한 공장용 건축물의 부속토지
④ 「자연공원법」에 따라 지정된 공원자연환경지구의 임야
⑤ 「개발제한구역의 지정 및 관리에 관한 특별조치법」에 따른 개발제한구역의 임야 (1989.12.31 이전에 취득하여 소유함)

해설 재산세, 과세대상구분
허가등을 받지 아니한 공장용 건축물의 부속토지는 종합합산과세대상토지이다.

정답 04. ③ 05. ③

제2편 지방세

 세율

06 「지방세법」상 분리과세대상 토지 중 재산세 표준세율이 <u>다른</u> 하나는?
① 과세기준일 현재 특별시지역의 도시지역 안의 녹지지역에서 실제 영농에 사용되고 있는 개인이 소유하는 전(田)
② 1990.5.31 이전부터 관계법령에 의한 사회복지사업자가 복지시설이 소비목적으로 사용할 수 있도록 하기 위하여 소유하는 농지
③ 산림의 보호육성을 위하여 필요한 임야로서 자연공원법에 의하여 지정된 공원자연환경지구 안의 임야
④ 1990.5.31 이전부터 종중이 소유하고 있는 임야
⑤ 과세기준일 현재 계속 염전으로 실제 사용하고 있는 토지

> **해설** 재산세 표준세율
> ①~④ 0.07%로 세율이 동일하다.
> ⑤ 에너지·자원의 공급 및 방송·통신·교통 등의 기반시설용 토지에 해당하는 분리과세대상토지이다. 공장용지와 기타의 부분은 0.2%이다.

07 「지방세법」상 다음의 재산세 과세대상 중 가장 낮은 표준세율이 적용되는 것은? **21회 출제**
① 무허가 건축물의 부속토지
② 군(郡)지역에 소재하는 공장용 건축물
③ 분리과세대상 고급오락장용 토지
④ 고급오락장용 건축물
⑤ 분리과세대상 골프장용 토지

> **해설** 재산세 표준세율
> ①, ③, ④, ⑤ 4%, ② 0.25%

08 다음 중 「지방세법」상 가장 높은 재산세 표준세율이 적용되는 것은? **24회 출제**
① 골프장용 토지
② 읍지역 소재 공장용 건축물의 부속토지
③ 고급주택
④ 별도합산과세대상 차고용 토지
⑤ 종합합산과세대상 무허가건축물의 부속토지

정답 06. ⑤ 07. ② 08. ①

제4장 재산세(Ⅱ) – 토지(응용)

해설 재산세 표준세율
① 4%
② 기준면적 이내 : 0.2%(분리), 기준면적 초과 0.2~0.4%(별도)
③ 초과누진세율 : 0.1~0.4% 주택
④ 별도합산 : 초과누진세율(0.2~0.4% 별도)
⑤ 종합합산 : 초과누진세율(0.2~0.5% 종합)

09 「지방세법」상 다음의 재산세 과세표준에 적용되는 표준세율 중 가장 낮은 것은?
① 과세표준 5천만원인 종합합산과세대상 토지
② 과세표준 2억원인 별도합산과세대상 토지
③ 과세표준 20억원인 분리과세대상 목장용지
④ 과세표준 6천만원인 주택(별장 제외)
⑤ 과세표준 10억원인 분리과세대상 공장용지

해설 지방세, 재산세 – 세율
① 0.2~0.5% ② 0.2~0.4% ③ 0.07% ④ 0.1~0.4% ⑤ 0.2%

비과세

28회 출제

10 「지방세법」상 재산세의 비과세 대상이 <u>아닌</u> 것은? (단, 아래의 답항별로 주어진 자료 외의 비과세요건은 충족된 것으로 가정함)
① 임시로 사용하기 위하여 건축된 건축물로서 재산세 과세기준일 현재 1년 미만의 것
② 재산세를 부과하는 해당 연도에 철거하기로 계획이 확정되어 재산세 과세기준일 현재 행정관청으로부터 철거명령을 받은 주택과 그 부속토지인 대지
③ 농업용 구거와 자연유수의 배수처리에 제공하는 구거
④ 「군사기지 및 군사시설 보호법」에 따른 군사기지 및 군사시설 보호구역 중 통제보호구역에 있는 토지(전·답·과수원 및 대지는 제외)
⑤ 「도로법」에 따른 도로와 그 밖에 일반인의 자유로운 통행을 위하여 제공할 목적으로 개설한 사설도로(「건축법 시행령」 제80조의2에 따른 대지 안의 공지는 제외)

정답 09. ③ 10. ②

해설 **재산세 비과세**

재산세를 부과하는 해당 연도에 철거하기로 계획이 확정되어 재산세 과세기준일 현재 행정관청으로부터 철거명령을 받았거나 철거보상계약이 체결된 건축물 또는 주택(건축법 제2조 제1항 제2호에 따른 건축물부분으로 한정)이다(영 제108조 제3항).

05 TYPE 토지분 재산세 일반적인 내용을 혼합

22회 출제

「지방세법」상 재산세의 과세대상, 납세의무자, 비과세에 관한 설명으로 옳은 것을 모두 고른 것은?

㉠ 「지방세법」 또는 관계법령에 따라 재산세가 경감되는 토지의 경감비율에 해당하는 토지는 별도합산과세대상으로 본다.
㉡ 국가가 선수금을 받아 조성하는 매매용 토지로서 사실상 조성이 완료된 토지의 사용권을 무상으로 받은 자는 재산세를 납부할 의무가 있다.
㉢ 임시로 사용하기 위하여 건축된 건축물로서 재산세 과세기준일 현재 1년 미만의 법령에 따른 고급오락장은 재산세를 부과하지 아니한다.

① ㉠   ② ㉡   ③ ㉠, ㉢   ④ ㉡, ㉢   ⑤ ㉠, ㉡, ㉢

해설 **재산세 종합**
㉠ 경감되는 토지는 별도합산 또는 종합합산과세대상에서 제외한다.
㉢ 임시사용건축물에 해당하더라도 고급오락장과 같은 사치성 재산에 대하여는 과세한다.

정답   11. ②

12. 「지방세법」상 재산세 과세대상에 대한 표준세율 적용에 관한 설명으로 틀린 것은? **27회 출제**

① 납세의무자가 해당 지방자치단체 관할구역에 소유하고 있는 종합합산과세대상 토지의 가액을 모두 합한 금액을 과세표준으로 하여 종합합산과세대상의 세율을 적용한다.
② 납세의무자가 해당 지방자치단체 관할구역에 소유하고 있는 별도합산과세대상 토지의 가액을 모두 합한 금액을 과세표준으로 하여 별도합산과세대상의 세율을 적용한다.
③ 분리과세대상이 되는 해당 토지의 시가표준액을 과세표준으로 하여 분리과세대상의 공정시장가액비율을 적용한다.
④ 납세의무자가 해당 지방자치단체 관할구역에 2채 이상의 주택을 소유하고 있는 경우 그 주택의 가액을 모두 합한 금액을 과세표준으로 하여 주택의 세율을 적용한다.
⑤ 주택에 대한 토지와 건물의 소유자가 다를 경우 해당 주택의 토지와 건물의 가액을 합산한 과세표준에 주택의 세율을 적용한다.

> **해설** 지방세, 재산세 – 세율
> 2채 이상의 주택을 소유하고 있어도 합산하지 않는다.

06 TYPE 납부 … 물납 등

13. 분리과세대상에 해당하는 임야의 시가표준액(=개별공시지가)이 1억원이고, 공정시장가액비율이 70%라 가정할 경우 토지분 재산세로 납부할 세액으로 올바른 것은?

① 300,000원 ② 140,000원 ③ 280,000원
④ 49,000원 ⑤ 700,000원

> **해설** 세액계산
> 1억원 × 70% = 70,000,000원(과세표준), 70,000,000 × 0.07%(세율) = 49,000원

정답 12. ④ 13. ④

CHAPTER 05

목적세

학습포인트

- 목적세는 구체적인 내용보다는 목적세의 종류, 독립세와 부가세의 해당 여부 등을 정리한다.
- 지역자원시설세는 납세의무자, 중과대상을 중점 정리한다.
- 지방교육세는 취득세, 등록면허세, 재산세에 부가될 경우의 세율을 정리한다.

CHAPTER 학습 & 출제되는 키워드

- ☑ 지역자원시설세
- ☑ 선박
- ☑ 공공시설로 인하여 이익을 받는 자
- ☑ 과세표준
- ☑ 세율
- ☑ 부과징수
- ☑ 소액부징수
- ☑ 등록면허세액 재산세액 등
- ☑ 과세대상
- ☑ 토지
- ☑ 납세지
- ☑ 시가표준액
- ☑ 소방시설의 초과누진세율
- ☑ 재산세 준용
- ☑ 지방교육세
- ☑ 자동차세액·담배소비세액 등
- ☑ 건축물
- ☑ 납세의무자
- ☑ 소재지·선적항 등의 소재지
- ☑ 공정시장 가액비율
- ☑ 오물처리시설의 정률세
- ☑ 비과세
- ☑ 과세표준
- ☑ 가산세

CHAPTER 학습 & 출제되는 질문

- ☑ 지방세 중 목적세의 종류를 설명한 것이다. 해당되지 않은 것은?
- ☑ 지역자원시설세가 2배 중과세되는 대상이 아닌 것은?
- ☑ 토지분 재산세에 부가되는 지방교육세의 세율은?

제5장 목적세(기본)

기본 출제예상문제

제1절 소방분에 대한 지역자원시설세

01 소방분에 대한 지역자원시설세에 대한 과세객체는?
① 토지, 건축물, 선박
② 토지, 선박, 자동차
③ 건축물, 선박
④ 토지, 건축물
⑤ 건축물, 선박, 항공기

해설 지역자원시설세
소방분에 대한 지역자원시설세의 과세객체는 건축물과 선박(소방선이 있는 시·군·구에 한함) 및 토지이다.

02 소방시설에 충당하는 지역자원시설세의 세율에 대한 설명 중 맞는 것은?
① 1,000분의 0.3을 표준세율로 한다.
② 1,000분의 2를 표준세율로 한다.
③ 1,000분의 1을 표준세율로 한다.
④ 초과누진세율의 구조이다.
⑤ 1,000분의 6부터 1,000분의 10까지 세율을 체차로 적용한다.

해설 지역자원시설세
10,000분의 4, 10,000분의 12의 초과누진세율 구조이다.

03 다음 중 소방분에 대한 지역자원시설세에 대한 설명이다. 이 중에서 옳지 않은 것은?
① 지역자원시설세의 세율은 표준세율의 50% 범위에서 가감할 수 있다.
② 소방시설에 충당하는 지역자원시설세의 납세의무자는 소방시설·오물처리시설·수리시설 기타 공공시설에 의하여 이익을 받는 자, 즉 과세기준일 현재의 건축물 및 선박의 소유자이다.
③ 건축물 또는 선박의 지역자원시설세의 과세표준은 건축물 또는 선박의 시가표준액으로 한다.
④ 일반건축물 및 선박의 세율은 10,000분의 4부터 10,000분의 12까지의 6단계로 나뉘며, 화재위험건축물에 대하여는 일반건축물 및 선박세율의 300%로 한다.
⑤ 건축물 또는 선박의 지역자원시설세의 납기와 재산세의 납기가 같을 때에는 재산세의 납세고지서에 이를 나란히 적어 고지할 수 있다.

정답 01. ① 02. ④ 03. ④

해설 지역자원시설세

화재위험건축물에 대해서만 표준세율의 2배(200%) 또는 3배(300%)의 중과세율을 적용한다.

04 다음 중 소방시설에 충당하는 지역자원시설세의 중과대상물건(重課對象物件)이 아닌 것은?

① 호텔 및 여관 등 숙박시설
② 극장·영화상영관
③ 도매시장, 상점
④ 고층아파트
⑤ 4층 이상의 영업용 건축물

해설 화재위험건축물에 대한 중과세

- 다음에 열거하는 건축물에 대하여는 표준세율의 2배인 중과세율을 적용한다.
  1) 4층 이상의 건축물(주거용 건축물을 제외함). 이 경우 지하층과 옥탑은 층수로 보지 아니한다.
  2) 위험물 저장 및 처리시설, 공장 및 영업용 창고
  3) 판매시설 및 영업시설 중 도매시장·소매시설·상점·여객자동차터미널
  4) 숙박시설
  5) 위락시설(무도장 및 무도학원은 바닥면적의 합계가 200㎡ 이상의 것). 다만, 유흥주점영업용 건축물 중 33㎡ 미만인 것(단란주점은 150㎡ 미만인 것)을 제외한다.
  6) 문화 및 집회시설 중 극장, 영화상영관, 예식장, 비디오물감상실, 비디오물소극장
  7) 자동차관련시설 중 주차용 건축물
  8) 교육연구시설 중 학원·노래연습장(바닥면적합계가 200㎡ 미만은 제외)
  9) 장례식장(의료시설의 부속시설인 장례식장 포함 등)

제2절 지방교육세

05 지방교육세의 설명 중 가장 틀린 것은?

① 지방교육세는 지방교육의 질적 향상에 필요한 지방교육재정의 확충에 소요되는 재원을 확보하기 위하여 부과하는 조세이다.
② 지방교육세는 목적세이며 부가세이다.
③ 지방교육세는 부동산의 취득 보유와 관련된 세목이며, 양도관련세목은 아니다.
④ 지방교육세는 표준세율제도를 도입하고 있다.
⑤ 지방교육세는 납부하여야 할 취득세액의 100분의 30이다.

정답 04. ④ 05. ⑤

해설 지방교육세

지방교육세 부과기준 취득세액의 20%가 지방교육세로 부가된다.

06 다음 ( )에 알맞은 것은?

> 지방자치단체의 장은 지방교육투자재원의 조달을 위하여 필요한 경우에는 당해 지방자치단체의 조례가 정하는 바에 따라 지방교육세의 세율을 표준세율의 ( ) 범위에서 가감할 수 있다.

① $\dfrac{10}{100}$ ② $\dfrac{20}{100}$ ③ $\dfrac{30}{100}$

④ $\dfrac{40}{100}$ ⑤ $\dfrac{50}{100}$

해설 지방교육세 세율

표준세율의 100분의 50 범위에서 가감할 수 있다.

07 지방교육세의 부과징수방법으로 가장 올바른 것은?

① 보통징수방법   ② 신고납부방법   ③ 신고납부방법과 보통징수방법
④ 특별징수방법   ⑤ 원천징수방법

해설 지방교육세의 부과징수방법

취득세, 등록면허세의 경우에는 신고납부방법이고, 재산세의 경우에는 보통징수방법이다.

08 지방교육세를 납부하여야 할 자가 납부하지 아니한 경우 납부불성실 가산세로 올바른 것은?

① 1일 $\dfrac{25}{100,000}$ ② $\dfrac{10}{100}$ ③ 1일 $\dfrac{1}{1,000}$

④ $\dfrac{20}{100}$ ⑤ $\dfrac{40}{100}$

해설 지방교육세의 가산세

신고불성실가산세는 없다. 납부불성실가산세는 1일 $\dfrac{25}{100,000}$ 이다.

정답 06. ⑤   07. ③   08. ①

제2편 지방세

09 주식회사 경록은 부동산을 취득하여 임대하고자 한다. 부동산에 관한 취득등기에 대하여 납부하여야 할 취득세액이 10,000,000원인 경우 지방교육세로 납부하여야 할 금액으로 가장 올바른 것은? (지방교육세의 부과기준세액을 10,000,000원으로 가정함)

① 1,000,000원 ② 100,000원 ③ 2,000,000원
④ 10,000,000원 ⑤ 500,000원

> **해설** 세액계산
> 지방교육세 부과기준 취득세액의 100분의 20이다. 따라서 지방교육세는 2,000,000원이다.

10 개인 甲은 건축물과 부속토지를 보유하면서 임대하고 있다. 재산세액에 부가되는 지방교육세의 세율로 가장 올바른 것은?

① $\dfrac{10}{100}$ ② $\dfrac{20}{100}$ ③ $\dfrac{30}{100}$ ④ $\dfrac{10}{1,000}$ ⑤ $\dfrac{20}{1,000}$

> **해설** 지방교육세의 세율
> 지방교육세의 세율은 취득세액·등록면허세액·재산세액(도시지역분 제외)의 100분의 20이다.

특별수험대책

1 출제경향분석

지방세 중 목적세는 최근에는 거의 출제되지 않고 있다. 과거에 출제되었던 경우에도 재산세를 알고 있으면 충분히 알 수 있는 내용이었다.

다만, 간단히 살펴보면, 목적세의 과세대상과 세율, 과세기준일 그리고 지방교육세의 표준세율, 신고납부 및 부과징수 등을 이해하고 있으면 정답을 맞출 수 있는 문제였다.

2 수험대책

수험기간이 짧아서 공부할 시간이 없다면 과감히 생략하기 바란다.

➡ **단계별 수험전략**

1단계
과세대상, 과세표준, 세율, 과세기준일, 신고납부, 부과징수, 목적세별로 간단명료하게 정리하기 바란다.

2단계
1단계의 내용을 목적세별로 비교하여 이해한다.
예를 들어 신고납부세목과 보통징수세목을 비교·정리한다.

정답 09. ③ 10. ②

응용 출제예상문제

난이도 A 기본문제

01 지역자원시설세의 3배 중과세 대상물건으로 틀린 것은?
① 연면적 30,000m² 이상의 복합건물
② 11층 이상의 고층 주거용 건축물
③ 하나의 건축물로서 연면적 15,000m² 이상의 공장 및 창고
④ 백화점 등 연면적 10,000m² 이상의 판매시설
⑤ 상영관 10개 이상 또는 지하층에 설치된 영화상영관

> **해설** 지방교육세 3배 중과세
> 11층 이상의 고층 건축물은 해당되나 주거용은 제외한다.

31회 출제

02 「지방세법」상 2020년 납세의무가 성립하는 지역자원시설세에 관한 설명으로 틀린 것은?
① 오물처리시설에 충당하는 지역자원시설세는 토지 및 건축물의 전부 또는 일부에 대한 가액을 과세표준으로 하여 부과하되, 그 표준세율은 토지 또는 건축물 가액의 1만분의 2.3으로 한다.
② 지역자원시설세의 과세대상인 특정 부동산은 소방시설, 오물처리시설, 수리시설, 그 밖의 공공시설로 인하여 이익을 받는 자의 건축물, 선박 및 토지이다.
③ 주거용이 아닌 4층 이상 10층 이하의 건축물 등 법령으로 정하는 화재위험 건축물에 대해서는 법령에 따른 표준세율에 따라 산출한 금액의 100분의 200을 세액으로 한다.
④ 「지방세법」에 따라 재산세가 비과세되는 건축물에 대하여도 지역자원시설세는 부과된다.
⑤ 지하자원이 과세대상인 경우 납세지는 광업권이 등록된 토지의 소재지이다. 다만, 광업권이 등록된 토지가 둘 이상의 지방자치단체에 걸쳐 있는 경우에는 광업권이 등록된 토지의 면적에 따라 안분한다.

> **해설** 지역자원시설세
> 재산세가 비과세되는 건축물에 대하여는 지역자원시설세를 부과하지 아니한다.

정답 01. ② 02. ④

PART 03 국세

출제비율

46%

구분		26회	27회	28회	29회	30회	31회	32회	33회	34회	35회	계	비율(%)
국세	제1장 종합부동산세	1	1	1	1	1	1	4	2	2	2	16	10.0
	제2장 소득세	6	6	6	5	4	6	6	6	6	6	57	35.6
	소 계	7	7	7	6	5	7	10	8	8	8	73	45.6

CHAPTER 01 종합부동산세

학습포인트

- 종합부동산세는 1~2문제 정도가 출제되고 있다.
- 재산세와 종합부동산세와의 관계를 파악하고, 납세의무자, 과세표준 및 세율을 중심으로 주택과 토지에 대하여 비교정리하기 바란다.
- 특히 주택분 종합부동산세액 계산 흐름을 상세히 이해하여야 한다.

CHAPTER 학습 & 출제되는 키워드

- ☑ 종합부동산세
- ☑ 토지분 재산세
- ☑ 과세기준일
- ☑ 세액
- ☑ 과세표준
- ☑ 1세대 1주택 고령자·장기보유자
- ☑ 과세표준
- ☑ 부과와 징수
- ☑ 시·군·구
- ☑ 공시가격
- ☑ 납세지
- ☑ 주택에 대한 종합부동산세
- ☑ 세율 및 세액
- ☑ 토지에 대한 종합부동산세
- ☑ 세율 및 세액
- ☑ 분납
- ☑ 주택분 재산세
- ☑ 세대
- ☑ 과세구분
- ☑ 납세의무자
- ☑ 세부담의 상한
- ☑ 납세의무자
- ☑ 세부담의 상한

CHAPTER 학습 & 출제되는 질문

- ☑ 종합부동산세와 재산세에 관한 설명으로 틀린 것은?
- ☑ 주택분 종합부동산세 세액계산 흐름도이다. 옳게 묶인 것은?
- ☑ 종합합산과세대상토지의 공시가격을 합한 금액이 5억원을 초과하는 자는 해당 토지에 대한 종합부동산세를 납부할 의무가 있다.

제1장 종합부동산세(기본)

기본 출제예상문제

01 종합부동산세의 내용을 설명한 것이다. 틀린 내용은?

① 토지와 건축물 및 주택의 보유에 대한 과세로서 공시가격 합계액이 일정금액을 초과한 자에 대하여 부과한다.
② 주택의 경우 1차적으로 해당 특시·특도·시·군·구에서 재산세를 부과하고 2차적으로 종합부동산세의 과세대상인 전국의 주택을 합산하여 종합부동산세를 부과한다.
③ 재산세는 지방세·보통세이고, 종합부동산세는 국세·보통세이다.
④ 토지는 토지분 재산세의 별도합산대상토지와 종합합산대상토지만 종합부동산세의 대상토지로 한다.
⑤ 주택과 그 부수토지를 과세함에 있어서 주택과 그 부수토지를 주택으로 보아 주택분 재산세와 종합부동산세의 과세여부를 판정한다.

해설 종합부동산세 종합
- 종합부동산세는 토지와 주택(부속토지 포함)을 과세대상으로 한다.
  일반건축물은 종합부동산세의 과세대상이 아니다.

02 ★★ 주택에 대한 종합부동산세의 내용을 설명한 것 중 틀린 내용은?

① 과세기준일은 매년 6월 1일이다.
② 납세의무자는 국내에 있는 재산세 과세대상인 주택에 대한 공시가격을 합한 금액이 9억원을 초과하는 자이다.
③ 임대주택과 사원용 주택 등 일정한 주택은 종합부동산세의 대상이 되는 주택의 범위에 포함되지 아니한다.
④ 과세표준금액은 주택분 공시가격의 합계액에서 9억원을 공제한 후 공정시장 가액비율을 곱한 금액으로 한다.
⑤ 세율은 초과누진세율구조이고, 세부담의 상한이 없다.

해설 종합부동산세 종합
- 세부담의 상한이 있다. 전년도 당해 총세액상당액의 150%를 초과할 수 없다.
- ②, ④ 보충설명
  - 단독명의의 1세대 1주택자는 12억원을 초과한 자이다.
  - 과세표준 = [주택공시가격합계 − 9억원(12억원)] × 공정시장 가액비율(60~100%)

정답   01. ①   02. ⑤

제3편 국세

03 토지에 대한 종합부동산세의 내용 중 틀린 내용은?

① 국내에 소재하는 토지에 대하여 종합합산과세대상과 별도합산과세대상으로 구분하여 종합부동산세를 과세한다.
② 종합합산과세대상인 경우에는 국내의 종합합산대상 공시가격을 합한 금액이 5억원을 초과하는 자에 대하여 납세의무를 부여하고 있다.
③ 별도합산과세대상에 대한 종합부동산세의 과세표준은 국내의 별도합산대상 공시가격을 합한 금액에서 80억원을 공제한 금액에 공정시장가액비율을 곱하여 계산한다.
④ 별도합산과 종합합산에 대한 종합부동산세의 세율은 각각 1%와 0.6%이다.
⑤ 6월 1일 현재 토지와 주택에 대한 종합부동산세의 납세의무자는 과세표준과 세액을 매년 12월 1일부터 12월 15일까지 납세지 관할 세무서장에게 신고하고 납부할 수 있다.

> **해설** 토지에 대한 종합부동산세
> 1) 별도합산과세대상 종합부동산세의 세율은 초과누진세율이 적용된다.
> 2) 종합합산과세대상 종합부동산세의 세율은 초과누진세율이 적용된다.

04 부동산을 보유한 경우 재산세가 부과되고, 일정가액을 초과한 자는 종합부동산세가 해당된다. 다음은 종합부동산세에 관한 일반적인 설명이다. 틀린 것은?

① 종합부동산세의 과세기준일은 6.1이다. 과세기준일은 재산세와 동일하다.
② 고령자 세액공제와 장기보유자 세액공제는 1세대 1주택자인 경우에만 적용한다.
③ 종합합산과세대상토지인 경우 공시가격을 합한 금액이 5억원을 초과한자는 종합부동산세 납세의무자에 해당된다.
④ 종합부동산세의 세부담 상한은 150/100이다.
⑤ 종합부동산세액이 5백만원을 초과한 경우 물납과 분납을 할 수 있다.

> **해설** 종합부동산세 일반
> 물납제도는 없고, 분납은 250만원을 초과할 경우 할 수 있다.

정답 03. ④ 04. ⑤

제1장 종합부동산세(기본)

05 주택분 종합부동산세에 대한 내용이다. 틀린 내용은?

① 주택의 범위에는 재산세의 주택의 범위와 다르다.
② 주택에 대한 종합부동산세는 세부담 상한제도와 분납제도가 적용된다.
③ 2주택에 대한 공시가격의 합계액이 10억원인 경우 과세표준은 10억원에서 9억원을 차감한 1억원이다.
④ 1세대 1주택자인 경우 고령자와 장기보유자에 대하여 세액공제제도가 있다. 65세인 경우 20% 고령자세액공제와 5년 보유한 경우 20% 장기보유자세액공제가 적용되므로 중복하여 적용할 수 있다.
⑤ 과세기준일 현재 국내에 있는 재산세 과세대상인 주택의 공시가격을 합한 금액이 주택분 과세기준금액인 9억원(1세대 1주택으로서 단독명의일 경우 12억원을 공제한 금액)을 초과하는 자는 주택에 대한 종합부동산세를 납부할 의무가 있다.

해설 주택분 종합부동산세
(10억원 − 9억원) × 60% = 6천만원이다.

06 종합부동산세에 관한 설명이다. 가장 올바른 내용은?

① 주택분 종합부동산세의 과세표준을 계산함에 있어서 1세대 1주택으로 단독명의일 경우 주택공시가액에서 9억원을 공제한 금액에서 공정시장 가액비율 100%를 곱한 금액으로 한다.
② 별도합산 과세대상토지의 과세표준은 국내 별도합산과세대상토지의 공시가액 합계액에서 기초공제 3억원을 공제한 후 80억원을 공제한 금액에서 공정시장 가액비율을 곱한 금액으로 한다.
③ 1세대 1주택자 세액공제에 있어서 만 70세 이상에 해당한 경우 공제율은 20%이다.
④ 종합부동산세의 물납과 분할납부는 납부할 세액이 250만원을 초과한 경우에 해당하고 주택분과 토지분 종합부동산세에 모두 적용된다.
⑤ 종합(별도)합산과세대상토지에 대한 종합부동산세의 세부담의 상한은 100분의 150이다.

해설 종합부동산세 종합
① 9억원이 아니라 12억원을 공제한다.
② 기초공제 3억원은 공제하지 아니한다.
③ 40%이다.
④ 물납제도는 적용되지 않는다.

정답 05. ③ 06. ⑤

07. 공동명의 1주택자에 대한 종합부동산세의 설명이다. 올바른 것으로 짝지어진 것은?

> ㉠ 배우자와 공동으로 1주택을 소유하는 경우이다.
> ㉡ 공동명의 1주택자를 해당 1주택에 대한 납세의무자로 할 수 있다.
> ㉢ 1주택에 대한 납세의무자로 적용받으려는 자는 당해 연도 9월 16일부터 9월 30일까지 관할 세무서장에게 신청하여야 한다.

① ㉠ ② ㉠, ㉡ ③ ㉡, ㉢ ④ ㉠, ㉢ ⑤ ㉠, ㉡, ㉢

해설
모두 옳은 내용

08. 법인 주택분 종합부동산세에 관한 내용이다. 틀린 것은?

① 법인 주택분 세율은 2주택 이하(조정대상지역 아님)인 경우 3% 단일세율이 적용된다.
② 3주택 이상 또는 조정대상지역 2주택인 경우 6% 단일세율이 적용된다.
③ 법인 주택분 세부담 상한 적용을 하지 아니한다. 즉 세부담 상한이 "0"이다.
④ 법인 보유주택에 대해 종합부동산세 공제액 9억원을 적용하지 아니한다.
⑤ 법인 보유주택분 과세표준을 계산할 때 추가공제 5억원을 공제한다.

해설
추가공제 5억원을 공제하지 아니한다.

● 특별수험대책 ●

■ 종합부동산세

매년 1~2문제씩 출제되고 있다. 주택분과 토지분에 있어서 재산세와 종합부동산세의 기본개념에 대하여 출제되고 있다.
따라서 기본개념을 정확히 이해한 다음 재산세와 종합부동산세와의 관계를 정립하기 바란다.

정답 07. ⑤ 08. ⑤

제1장 종합부동산세(응용)

응용 출제예상문제

> 종합부동산세는 기본개념에 대해서만 출제되었다. 앞으로도 기본개념을 정확히 정리하면 충분하리라 생각된다. 물론 재산세와 비교·정리하여야 한다.

01 「종합부동산세법」상 종합부동산세의 과세대상이 <u>아닌</u> 것을 모두 고른 것은?

㉠ 종중이 1990년 1월부터 소유하는 농지
㉡ 1990년 1월부터 소유하는 「수도법」에 따른 상수원보호구역의 임야
㉢ 「지방세법」에 따라 재산세가 비과세되는 토지
㉣ 취득세 중과대상인 고급오락장용 건축물

① ㉠, ㉡
② ㉡, ㉢
③ ㉢, ㉣
④ ㉠, ㉡, ㉣
⑤ ㉠, ㉡, ㉢, ㉣

해설 종합부동산세 과세대상
㉠ 분리과세, ㉡ 분리과세, ㉢ 비과세, ㉣ 건축물
■ 종합부동산세 과세대상은 토지와 주택이다. 토지는 별도합산과세대상토지와 종합합산과세대상토지가 있다.

02 주택분 종합부동산세액을 계산함에 있어서 1세대 1주택자에 해당하면 고령자세액공제와 장기보유자세액공제를 적용한다. 다음 연결 내용 중 틀린 것은?

① 60세 이상 ·· 20%
② 65세 이상 ·· 30%
③ 70세 이상 ·· 40%
④ 5년 이상 10년 미만 보유 ··· 20%
⑤ 10년 이상 15년 미만 보유 ······································· 30%

해설 종합부동산세의 세액공제
5년 이상 20%, 10년 이상 15년 미만은 40%, 15년 이상은 50% 세액공제한다. 60세 이상 20%, 65세 이상 30%, 70세 이상 40%를 공제한다. 그리고 고령자 세액공제와 장기보유자 세액공제는 중복하여 공제받을 수 있다(한도 80%).

정답 01. ⑤ 02. ⑤

03. 「종합부동산세법」상 종합부동산세에 관한 설명으로 틀린 것은? [21회 출제]

① 종합부동산세의 과세대상인 주택의 범위는 재산세의 과세대상인 주택의 범위와 다르다.
② 관할세무서장은 종합부동산세로 납부하여야 할 세액이 250만원을 초과하는 경우 법령에 따라 분납하게 할 수 있다.
③ 과세기준일 현재 만 60세 이상인 자가 보유하고 있는 종합부동산세 과세대상인 토지에 대하여는 연령에 따른 세액공제를 받을 수 있다.
④ 「지방세법」에 의한 재산세의 감면규정은 종합부동산세를 부과함에 있어서 이를 준용한다.
⑤ 법정요건을 충족하는 1세대1주택자(단독소유임)는 과세기준일 현재 보유기간이 5년 이상이면 보유기간에 따른 세액공제를 받을 수 있다.

해설 종합부동산세 종합
1세대 1주택자에 대하여 60세 이상인 자에 대한 세액공제와 5년 이상 장기보유에 대한 세액공제제도가 있다. 토지에 대하여는 이런 세액공제제도가 없다.

04. 종합합산과세대상토지의 공시가격 합계액이 6억원이다. 공정시장 가액비율이 95%일 경우 납부하여야 할 종합부동산세액은 얼마인가? (단, 공제할 종합합산토지분 재산세 100,000원, 150% 세부담상한초과세액 70,000원으로 가정하며, 과세표준 15억원 이하에 적용할 세율은 1%임)

① 95,000,000원
② 950,000원
③ 800,000원
④ 780,000원
⑤ 700,000원

해설 종합부동산세액의 계산
1) (6억 − 5억) × 95% = 95,000,000원(과세표준)
2) $95,000,000 \times \dfrac{10}{1,000}$ = 950,000원(종합부동산세액)
3) 950,000 − 100,000 − 70,000 = 780,000원

05. 「종합부동산세법」상 종합부동산세에 관한 설명으로 틀린 것은? [20회 출제]

① 납세의무자가 거주자인 개인인 경우 납세지는 소득세법상 납세지 규정을 준용한다.
② 납세의무자가 해당 연도에 납부하여야 할 종합부동산세의 세부담 상한액은 직전연도에 부과된 종합부동산세액의 100분의 500이다.
③ 「조세특례제한법」에 의한 재산세의 감면규정은 종합부동산세를 부과함에 있어서 이를 준용한다.
④ 재산세가 분리과세되는 토지에 대하여는 종합부동산세를 과세하지 아니한다.
⑤ 주택분 종합부동산세의 납세의무자가 과세기준일 현재 1세대 1주택자로서 만 70세이고 당해 주택을 3년 보유한 경우 법령에 따라 산출된 세액에서 그 산출된 세액에 법령이 정하는 연령별 공제율을 곱한 금액을 공제한다.

정답 03. ③ 04. ④ 05. ②

> **해설** 종합부동산세 종합
>
> 종합부동산세의 세부담 상한은 150/1000이다.

06 주택에 대한 종합부동산세의 과세표준 계산시 합산 대상이 되는 주택에 해당하는 것은? (단, 합산배제되는 주택은 법령이 정하는 요건을 모두 충족함)

① 「국세기본법」상 과점주주가 아닌 종업원에게 무상으로 제공하는 국민주택규모 이하인 법인소유 사원용 주택
② 전용면적이 149m²이고 과세기준일의 공시가격이 3억원이며, 계속 임대기간이 3년 이상인 수도권 내의 지역에 위치한 미분양매입임대주택
③ 종합부동산세 과세기준일 현재 사업자등록을 한 「건축법」에 따른 허가를 받은 자가 건축하여 소유하는 주택으로서 기획재정부령이 정하는 미분양주택
④ 「문화재보호법」에 따른 등록문화재에 해당하는 주택
⑤ 납세의무자가 수도권 밖의 지역에 위치하는 2주택을 소유한 경우 주택의 공시가격이 가장 높은 1주택

> **해설** 종합부동산세 종합합산대상
>
> ②는 합산대상이 되는 주택에 해당한다. 다만, 전용면적이 149m² 미만에 해당하고 계속 임대기간이 5년 이상인 경우에 해당하면 합산배제되는 주택에 해당한다.

07 종합부동산세법령상 주택에 대한 과세에 관한 설명으로 옳은 것은?

① 「신탁법」 제2조에 따른 수탁자의 명의로 등기된 신탁주택의 경우에는 수탁자가 종합부동산세를 납부할 의무가 있으며, 이 경우 수탁자가 신탁주택을 소유한 것으로 본다.
② 법인이 2주택을 소유한 경우 종합부동산세의 세율은 1천분의 50을 적용한다.
③ 거주자 甲이 2023년부터 보유한 3주택(주택 수 계산에서 제외되는 주택은 없음) 중 2주택을 2024.6.17.에 양도하고 동시에 소유권이전등기를 한 경우, 甲의 2024년도 주택분 종합부동산세액은 3주택 이상을 소유한 경우의 세율을 적용하여 계산한다.
④ 신탁주택의 수탁자가 종합부동산세를 체납한 경우 그 수탁자의 다른 재산에 대하여 강제징수하여도 징수할 금액에 미치지 못할 때에는 해당 주택의 위탁자가 종합부동산세를 납부할 의무가 있다.
⑤ 공동명의 1주택자인 경우 주택에 대한 종합부동산세의 과세표준은 주택의 시가를 합산한 금액에서 11억원을 공제한 금액에 100분의 50을 한도로 공정시장가액비율을 곱한 금액으로 한다.

정답 06. ② 07. ③

제3편 국세

해설 종합부동산세-주택

주택분 종합부동산세에 관한 내용이다. ③번이 정답. 6. 1. 기준으로 주택수를 판정한다.

08 종합부동산세법령상 토지에 대한 과세에 관한 설명으로 옳은 것은? [35회 출제]

① 토지분 재산세의 납세의무자로서 종합합산과세대상 토지의 공시가격을 합한 금액이 5억원인 자는 종합부동산세를 납부할 의무가 있다.

② 토지분 재산세의 납세의무자로서 별도합산과세대상 토지의 공시가격을 합한 금액이 80억원인 자는 종합부동산세를 납부할 의무가 있다.

③ 토지에 대한 종합부동산세는 종합합산과세대상, 별도합산과세대상 그리고 분리과세 대상으로 구분하여 과세한다.

④ 종합합산과세대상인 토지에 대한 종합부동산세의 과세표준은 해당 토지의 공시가격을 합산한 금액에서 5억원을 공제한 금액에 100분의 50을 한도로 공정시장가액비율을 곱한 금액으로 한다.

⑤ 별도합산과세대상인 토지의 과세표준 금액에 대하여 해당 과세대상 토지의 토지분 재산세로 부과된 세액(「지방세법」에 따라 가감조정된 세율이 적용된 경우에는 그 세율이 적용된 세액, 같은 법에 따라 세부담 상한을 적용받은 경우에는 그 상한을 적용받은 세액을 말한다)은 토지분 별도합산세액에서 이를 공제한다.

해설 종합부동산세-토지

토지분 종합부동산세에 관한 내용이다. ⑤번이 정답. 과세기준금액 "이상"이 아니라 "초과"이다.

09 종합부동산세법상 종합부동산세의 과세대상인 것은? [23회 출제]

① 취득세 중과대상인 별장
② 관계법령에 따른 사회복지사업자가 복지시설이 소비목적으로 사용할 수 있도록 하기 위하여 1990. 5. 1부터 소유하는 농지
③ 상업용 건축물(오피스텔 제외)
④ 공장용 건축물
⑤ 「건축법」 등 관계법령에 따라 허가 등을 받아야 할 건축물로서 허가 등을 받지 아니한 건축물의 부속토지

해설 종합부동산세의 과세대상

무허가 건축물의 부속토지는 종합합산 과세대상 토지에 해당하므로 종합부동산세의 과세대상토지이다. 별장, 농지, 건축물 등은 종부세 과세대상이 아니다.

정답 08. ⑤ 09. ⑤

제1장 종합부동산세(응용)

10 종합부동산세의 과세기준일 현재 과세대상자산이 <u>아닌</u> 것을 모두 고른 것은? (단, 주어진 조건 외에는 고려하지 않음) `26회 출제`

> ㉠ 여객자동차운송사업 면허를 받은 자가 그 면허에 따라 사용하는 차고용 토지(자동차운송사업의 최저보유차고면적기준의 1.5배에 해당하는 면적 이내의 토지)의 공시가격이 100억원인 경우
> ㉡ 국내에 있는 부부공동명의(지분비율이 동일함)로 된 1세대 1주택의 공시가격이 10억원 경우
> ㉢ 공장용 건축물
> ㉣ 회원제 골프장용 토지(회원제 골프장업의 등록시 구분등록의 대상이 되는 토지)의 공시가격이 100억원인 경우

① ㉠, ㉡ ② ㉢, ㉣ ③ ㉠, ㉡, ㉢
④ ㉠, ㉢, ㉣ ⑤ ㉡, ㉢, ㉣

> **해설** 국세, 종합부동산세 - 과세대상구분
> ㉠ 별도합산과세대상이다.
> ㉡ 지분이 1/2이므로 9억원을 초과하지 않는다.
> ㉢ 건축물은 과세대상이 아니다.
> ㉣ 분리과세대상은 과세대상이 아니다.

11 「종합부동산세법」상 납세의무 성립시기가 202△년인 종합부동산세에 관한 설명으로 옳은 것은? `27회 출제`

① 과세기준일 현재 주택의 공시가격을 합산한 금액이 5억원인 자는 납세의무가 있다.
② 과세기준일은 7월 1일이다.
③ 주택에 대한 과세표준이 5억원인 경우 적용될 세율은 1천분의 10이다.
④ 관할세무서장은 납부하여야 할 세액이 1천만원을 초과하면 물납을 허가할 수 있다.
⑤ 관할세무서장이 종합부동산세를 부과·징수하는 경우 납세고지서에 주택 및 토지로 구분한 과세표준과 세액을 기재하여 납부기간 개시 5일 전까지 발부하여야 한다.

> **해설** 국세, 종합부동산세
> ① 9억원 초과한 자
> ② 6월 1일
> ③ 초과누진세율이 적용된다.
> ④ 물납제도는 없다.

정답 10. ⑤ 11. ⑤

12 202△년 귀속 종합부동산세에 관한 설명으로 틀린 것은? `29회 출제`

① 과세대상토지가 매매로 유상이전 되는 경우로서 매매계약서 작성일이 202△년 6월 1일이고, 잔금지급 및 소유권이전등기일이 202△년 6월 29일인 경우 종합부동산세의 납세의무자는 매도인이다.
② 납세의무자가 국내에 주소를 두고 있는 개인의 경우 납세지는 주소지이다.
③ 납세자에게 부정행위가 없으며 특례제척기간에 해당하지 않는 경우 원칙적으로 납세의무 성립일부터 5년이 지나면 종합부동산세를 부과할 수 없다.
④ 납세의무자는 선택에 따라 신고·납부할 수 있으나, 신고를 함에 있어 납부세액을 과소하게 신고한 경우라도 과소신고가산세가 적용되지 않는다.
⑤ 종합부동산세는 물납이 허용되지 않는다.

해설 종합부동산세, 납세의무자 등 종합

과소신고한 경우 가산세(10%, 부정과소 40%)가 부과된다.

13 202△년 귀속 종합부동산세에 대한 설명으로 틀린 것은? `30회 출제`

① 과세기준일 현재 토지분 재산세의 납세의무자로서 「자연공원법」에 따라 지정된 공원자연환경지구의 임야를 소유하는 자는 토지에 대한 종합부동산세를 납부할 의무가 있다.
② 주택분 종합부동산세 납세의무자가 1세대 1주택자에 해당하는 경우의 주택분 종합부동산세액 계산시 연령에 따른 세액공제와 보유기간에 따른 세액공제는 공제율 합계 100분의 80의 범위에서 중복하여 적용할 수 있다.
③ 「문화재보호법」에 따른 등록문화재에 해당하는 주택은 과세표준 합산의 대상이 되는 주택의 범위에 포함되지 않는 것으로 본다.
④ 관할세무서장은 종합부동산세로 납부하여야 할 세액이 400만원인 경우 최대 150만원의 세액을 납부기한이 경과한 날부터 6개월 이내에 분납하게 할 수 있다.
⑤ 주택분 종합부동산세액을 계산할 때 1주택을 여러 사람이 공동으로 매수하여 소유한 경우 공동 소유자 각자가 그 주택을 소유한 것으로 본다.

해설 국세-종합부동산세-혼합

재산세 과세대상 중 분리과세대상토지는 종합부동산세를 납부할 의무가 없다.

정답   12. ④   13. ①

14 「종합부동산세법」상 종합부동산세에 관한 설명으로 틀린 것은? (단, 감면 및 비과세와 지방세특례제한법 또는 조세특례제한법은 고려하지 않음) 〔31회 출제〕

① 종합부동산세의 과세기준일은 매년 6월 1일로 한다.
② 종합부동산세의 납세의무자가 비거주자인 개인으로서 국내사업장이 없고 국내원천소득이 발생하지 아니하는 1주택을 소유한 경우 그 주택 소재지를 납세지로 정한다.
③ 과세기준일 현재 토지분 재산세의 납세의무자로서 국내에 소재하는 종합합산과세대상 토지의 공시가격을 합한 금액이 5억원을 초과하는 자는 해당 토지에 대한 종합부동산세를 납부할 의무가 있다.
④ 종합합산과세 대상 토지의 재산세로 부과된 세액이 세부담상한을 적용받는 경우 그 상한을 적용받기 전의 세액을 종합합산과세대상 토지분 종합부동산세액에서 공제한다.
⑤ 관할세무서장은 종합부동산세를 징수하고자 하는 때에는 납세고지서에 주택 및 토지로 구분한 과세표준과 세액을 기재하여 납부기간 개시 5일 전까지 발부하여야 한다.

해설 종합부동산세 전반적인 내용

세부담상한을 적용받는 세액을 토지분 종합부동산세액에서 공제한다.

정답 14. ④

CHAPTER 02

소득세

학습포인트

- 소득세 과세체계를 먼저 이해한다.
- 양도소득세는 과세대상, 양도·취득시기, 양도차익, 양도소득금액의 구체적인 계산과정 이해
- 세율체계와 고가주택 및 1세대 1주택 비과세 해당 여부
- 미등기 양도자산의 내용

CHAPTER 학습 & 출제되는 키워드

- ☑ 소득세 과세체계
- ☑ 납세의무자
- ☑ 1세대 1주택 비과세
- ☑ 필요경비개산공제
- ☑ 세율(미등기, 다주택)
- ☑ 납부불성실가산세
- ☑ 비과세임대료
- ☑ 부동산매매업

- ☑ 양도소득세
- ☑ 양도소득의 범위(과세대상)
- ☑ 미등기 양도자산에 대한 불이익
- ☑ 장기보유특별공제
- ☑ 예정신고납부·확정신고납부
- ☑ 부동산임대소득
- ☑ 간주임대료
- ☑ 총수입금액의 수입시기

- ☑ 양도
- ☑ 양도시기
- ☑ 양도가액과 취득가액의 결정
- ☑ 양도소득기본공제
- ☑ 신고불성실가산세
- ☑ 1세대 3주택 이상
- ☑ 필요경비
- ☑ 토지 등 매매차익의 계산

CHAPTER 학습 & 출제되는 질문

- ☑ 양도의 개념을 설명한 것이다. 옳은 것은?
- ☑ 양도시기로 올바른 것은?
- ☑ 양도가액에서 공제하는 필요경비이다. 해당되지 않는 것은?
- ☑ 장기보유특별공제에 관한 설명 중 옳은 것은?
- ☑ 1세대 1주택에 해당하는 고가주택을 양도한 경우 양도차익은?

제1절 양도소득세

01 TYPE 양도소득세 및 양도의 의의

01 「소득세법」에 규정한 양도소득에 관한 내용이다. 올바른 내용은?

① 양도소득은 부동산매매업소득과 주택신축판매업소득과 동일하게 종합소득에 속한다.
② 현물출자, 경매, 부담부증여, 양도담보는 자산이 사실상 유상으로 이전되는 사례이므로 양도에 해당한다.
③ 甲 소유의 임야와 乙 소유의 지역권을 교환한 경우 갑과 을은 양도소득에 대한 납세의무가 있다.
④ 공유의 토지를 소유지분별로 단순히 분할만 하는 경우에는 양도로 보지 아니한다. 그러나 분할로 인하여 공유지분이 변경되는 경우에 증가되는 부분은 양도한 것으로 본다.
⑤ 비거주자가 국내의 부동산을 양도한 경우 양도소득세의 납세의무가 있다.

해설 양도소득
① (X) 양도소득은 종합소득이 아니다.
② (X) 양도담보는 양도가 아니다.
③ (X) 乙은 양도소득세 납세의무가 없다. 지역권의 양도는 과세대상이 아니다
④ (X) 지분이 감소된 부분이 양도이다.
⑤ (O) 비거주자는 거주자가 아닌 개인으로 국내원천소득에 대하여 납세의무를 진다.

정답 01. ⑤

02 다음 중 양도에 대한 설명으로 옳지 않은 것은?

① 법인에 대한 현물출자는 양도에 해당하지만 법인이 아닌 자기의 개인사업체에 현물출자하는 경우에는 양도로 보지 아니한다.
② 적법하게 성립된 계약이 당사자 간의 합의에 따라 해제됨으로써 당초 소유자에게 환원된 경우에는 당초 소유자의 양도는 양도에 해당하나 소유권의 환원은 양도로 보지 아니한다.
③ 당사자 간 이혼에 따른 위자료에 갈음하여 과세대상자산의 소유권을 이전하는 경우는 양도에 해당한다.
④ 배우자에게 자산을 증여하면서 당해 자산에 대한 금융기관의 채무를 함께 이전하는 경우 증여가액 중 채무액에 상당하는 부분, 즉 부담부증여는 양도로 본다.
⑤ 공동소유 토지를 공유자 지분의 변경없이 2개 이상의 공유토지로 분할하였다가 그 공유토지를 소유지분별로 단순히 재분할하는 경우에는 양도로 보지 아니한다.

해설 양 도

적법하게 성립된 계약을 합의해제하였으므로 당초 양도와 소유권환원에 의한 것 모두 다 양도이다. 소유권의 환원은 이를 또 다른 양도로 본다. 따라서 모두 양도소득세 납세의무가 있다.

03 다음 중 양도소득세 과세대상인 양도에 해당하는 것은?

① 자기소유 부동산에 대한 경매시 자기가 경락받은 경우
② 토지거래계약 허가구역 내에서 허가를 받지 않은 토지소유권의 이전
③ 법원의 확정판결에 의하여 명의신탁이 해지되어 신탁자의 명의로 소유권을 이전한 경우
④ 상속세 및 증여세의 물납에 따른 나대지의 소유권이전
⑤ 배우자 또는 직계존비속간 매매에 의한 부동산소유권의 이전

해설 양 도

- 재산세·상속세 등의 조세를 부동산 등으로 물납하는 경우 조세채무에 대한 대물변제이므로 양도에 해당한다.
- ⑤의 경우 배우자 또는 직계존비속에게 양도한 재산은 원칙적으로 양도자가 당해 재산을 양도한 때에 그 재산의 가액을 그 양수자에게 증여한 것으로 추정한다.

정답   02. ②   03. ④

제2장 소득세(기본)

04 다음 중 양도소득세(讓渡所得稅)의 양도에 해당하는 것은?

① 법률의 규정에 의한 환지처분(換地處分)으로 지목 또는 지번(地番)이 변경되거나 보류지로 충당되는 경우
② 법원의 확정판결에 의하여 신탁해지를 원인으로 소유권을 이전등기하는 경우
③ 매매원인무효의 소에 의해서 그 매매사실이 원인무효로 판시되어 환원되는 경우
④ 공동소유의 토지를 소유지분별로 단순히 분할만 하는 경우
⑤ 소유하고 있던 토지가 국가에 수용된 경우

[해설] 양 도
부동산이 수용된 경우는 유상으로 양도한 것에 해당한다.

05 양도소득에 관한 설명으로 옳지 않은 것은?

① 임목을 임지와 함께 양도한 경우에 그 임지의 양도로 인하여 발생하는 소득은 양도소득이 된다.
② 세율을 적용할 경우 상속받은 양도자산의 보유기간은 피상속인의 보유기간을 합산하여 계산한다.
③ 양도소득금액은 양도차익(讓渡差益)에서 장기보유특별공제액을 공제하여 계산한 금액이다.
④ 양도소득은 종합소득의 일종으로 종합소득에 합산하여 과세한다.
⑤ 장기보유특별공제는 3년 이상 보유하고 등기된 토지와 건물 그리고 일정한 요건에 해당하는 조합원입주권의 양도소득에 대해서만 적용된다.

[해설] 양도소득
양도소득은 종합소득과 구분하여 별도로 과세한다.

06 다음 중 양도소득세와 관련되는 양도의 개념을 설명한 것 중 잘못된 것은?

① 당해 재산에 대한 등기·등록의 여부를 묻지 아니한다.
② 무상으로 사실상 이전되는 것은 제외된다.
③ 부담부증여에 있어서 수증자가 인수한 채무액에 상당하는 부분은 양도로 취급된다.
④ 양도담보, 체비지충당, 공유물분할, 현물출자, 공매 등은 양도에 해당하지 않는다.
⑤ 교환에 의한 토지의 사실상 이전도 양도에 해당한다.

정답 04. ⑤ 05. ④ 06. ④

해설 양 도

- 자산에 대한 등기 또는 등록에 관계없이 매도·교환·법인에 대한 현물출자 등으로 인하여 그 자산이 유상으로 사실상 이전되는 것을 말한다. 따라서 자산의 무상이전은 양도소득세 과세대상에서 제외하여 증여세가 과세된다. 또한, 등기·등록에 관계없이 사실상의 유상이전을 양도로 보아 과세하게 된다(사실과세의 원칙).

  1) 사실상의 유상이전
     양도란 자산의 소유권이 유상으로 이전되는 것이므로 자산의 소유권이 무상으로 이전되는 상속과 증여의 경우에는 양도소득세가 부과되지 아니한다. 또한, 부동산양도라도 이를 상품으로 하여 계속적으로 매매하는 경우에는 부동산매매업으로서 사업소득이 되어 종합소득세 과세대상이 된다. 자산의 소유권이 유상으로 이전되는 구체적인 경우로는 매매·교환·현물출자·대물변제·부담부증여·공매·토지수용 등을 들 수 있다.

  2) 자산의 양도로 보지 아니하는 사항
     ① 「도시개발법」 등에 의한 환지처분 : 「도시개발법」 등 기타 법률의 규정에 의한 환지처분으로 지목 또는 지번이 변경되거나 보류지로 충당되는 경우에는 양도로 보지 않는다.
        그러나 토지소유자가 도시개발사업 등으로 환지받은 토지를 양도하는 경우와 도시개발사업 등의 시행자가 공사대금으로 취득한 보류지를 양도하는 경우에는 과세대상인 양도에 해당된다.
     ② 양도담보 : 양도담보란 채무자가 채무의 변제를 담보하기 위하여 자산을 담보 목적물로 하여 그 소유권을 채권자에게 이전하는 것을 말하며, 다음의 요건을 갖춘 계약서 사본을 과세표준확정신고서에 첨부하여 양도담보임이 확인되는 때에는 양도로 보지 아니한다.
        ㉠ 당사자간에 채무의 변제를 담보하기 위하여 양도한다는 의사표시가 있을 것
        ㉡ 당해 자산을 채무자가 원래대로 사용·수익한다는 의사표시가 있을 것
        ㉢ 원금, 이율, 변제기한, 변제방법 등에 관한 약정이 있을 것
           그러나 양도담보계약을 체결한 후 계약조건에 위배하거나 채무불이행으로 인하여 변제에 충당된 때에는 그때에 양도한 것으로 본다.
     ③ 공유물의 분할 : 공유의 토지를 소유지분별로 단순히 분할만 하는 경우에는 양도로 보지 아니한다. 그러나 분할로 인하여 공유지분이 변경되는 경우에는 변경되는 부분은 양도한 것으로 본다.

07 ★ 부담부증여(負擔附贈與)에 있어서 수증자가 인수하는 채무액에 상당하는 증여의 가액에 대하여 올바른 설명은?

① 증여에 해당하므로 증여세를 부과한다.
② 자산이 사실상 유상(有償)으로 이전되는 것으로 보아 양도소득으로 계산하는 것이나 배우자 또는 직계존·비속간의 부담부증여의 경우에는 증여세가 과세되는 경우가 있다.
③ 부담부증여에 대해서는 예외없이 양도소득에 대한 소득세를 부과한다.
④ 특수관계에 있는 자 사이에 경제적 이익을 분여(分與)한 것으로 보아 기타 소득으로 종합소득세 과세표준에 합산된다.
⑤ 사업용 자산에 대한 부담부증여의 경우에는 사업소득총수입금액에 산입된다.

정답 07. ②

해설 부담부증여

수증자가 일정한 급부를 할 의무를 부담시키는 증여계약을 말하는 것으로 「민법」은 상대부담있는 증여라고 한다. 「상속세 및 증여세법」은 증여재산 중 배우자 또는 직계존·비속 간의 부담부증여가 있을 경우에는 수증자가 증여자의 채무를 인수한 경우에도 당해 채무액은 이를 공제하지 아니한다. 다만, 수증자의 직업, 연령, 소득 및 재산상태 등으로 보아 채무를 변제할 능력이 있다고 객관적으로 인정되는 수증자가 국가·지방자치단체 또는 금융기관 등의 채무 또는 재판상 확정되는 채무를 인수한 경우에는 그러하지 아니하다.

08 배우자 사이 또는 직계존비속 사이에 다음과 같이 부담부증여가 있는 경우 양도소득세에 대하여 올바르게 설명한 것은?

① 배우자 사이의 거래에 있어서 부담부증여는 원칙적으로 증여로 추정되므로 양도로 볼 수 없다. 다만 양도로 볼 수 있는 확실한 증명이 입증되면 부담부증여를 양도로 본다.
② 양도로 볼 수 있는 확실한 증명이 입증되지 아니하더라도 직계존비속사이의 부담부증여는 양도로 본다.
③ 부담부증여는 원칙적으로 양도에 해당하므로 배우자사이의 부당부증여도 양도에 해당한다.
④ 직계존비속 사이의 부담부증여거래는 예외 없이 증여에 해당한다.
⑤ 배우자 사이 또는 직계존비속 사이에 부담부증여가 양도에 해당될 경우 양도소득세의 납세의무자는 수증자이다.

해설 부담부증여

② 양도로 볼 수 있는 증명이 입증되어야 양도로 본다.
③ 배우자 사이 또는 직계존비속 사이의 부담부증여는 원칙적으로 증여로 추정한다.
④ 증명이 입증되면 양도로 볼 수 있는 예외가 있다.
⑤ 양도소득세의 납세의무자는 증여자이다.

09 양도소득세에 있어서 양도의 개념을 설명한 것 중 양도에 해당하지 <u>않는</u> 것은 모두 몇 개인가?

- 매 도
- 수 용
- 양도담보
- 부담부증여
- 공유물의 지분별 단순분할
- 교 환
- 경 매
- 환지처분
- 매매원인무효의 소에 의한 소유권 환원
- 이혼시 위자료로 준 상가

① 1개　　② 2개　　③ 3개　　④ 4개　　⑤ 5개

정답　08. ①　09. ④

> **해설** 양도
> 매매원인무효의 소에 의한 소유권 환원, 공유물의 단순분할, 양도담보, 환지처분, 보류지 충당 등은 양도로 보지 아니한다.

납세의무자

10 다음은 양도소득세에 대한 설명이다. 틀린 것은?
① 과세대상재산의 등기·등록 여부와는 관계없이 과세된다.
② 종합소득에 포함하지 않고 별도로 과세하는 소득세의 일종이다.
③ 개인 또는 법인 모두가 과세대상재산을 양도할 때 과세된다.
④ 공유재산의 양도시는 공유자(共有者)가 연대하여 납세의무를 지지 않는다.
⑤ 해당 과세대상물건의 보유기간 및 등기여부에 따라 세율의 적용이 다르다.

> **해설** 양도소득세 종합
> 과세대상재산을 양도함으로써 발생된 소득이 있는 자(거주자, 비거주자, 법인격 없는 사단·재단 기타 단체)로서 법인 이외의 자연인이다. 법인의 양도시에는 법인세가 적용된다.

03 양도소득의 범위(과세대상) - 국내자산

11 다음 중 양도소득세의 과세대상자산(목적물)에 해당하지 않는 것은?
① 등기되지 아니한 지상권
② 코스닥상장법인의 주식으로서 대주주가 양도하는 주식
③ 부동산을 취득할 수 있는 권리가 부여된 주택청약예금증서
④ 영업권의 단독양도
⑤ 콘도미니엄회원권

> **해설** 과세대상
> 사업에 사용하는 자산과 함께 양도하는 영업권이 과세대상에 해당한다.

12 다음 중 국내자산의 양도소득세 과세대상에 해당되지 않는 것은?
① 전세권의 양도
② 지상권의 양도
③ 등기된 부동산임차권의 양도
④ 부동산을 취득할 수 있는 권리의 양도
⑤ 지역권의 양도

정답 10. ③ 11. ④ 12. ⑤

해설 과세대상자산(목적물 ; 국내자산의 경우)

(1) 토지와 건물
  1) 토 지
     토지는 「공간정보의 구축 및 관리 등에 관한 법률」의 규정에 의한 토지로서 당해 토지의 지목판단은 지적공부상의 지목에 상관없이 '사실상의 지목'에 의한다.
  2) 건 물
     건물로서 무허가건물, 구축물, 시설물도 양도소득세의 과세대상자산에 포함된다.

(2) 부동산에 관한 권리
  1) 부동산에 관한 권리
     지상권, 전세권, 등기된 부동산 임차권(지역권은 과세대상자산이 아님)
  2) 부동산을 취득할 수 있는 권리
     ① 건물이 완성되는 때에 그 건물과 이에 부수되는 토지를 취득할 수 있는 권리(아파트당첨권)
     ② 지방자치단체·한국토지주택공사가 발행하는 토지상환채권
     ③ 한국토지주택공사가 발행하는 주택상환채권
     ④ 부동산매매계약을 체결한 자가 계약금만 지급한 상태에서 양도하는 권리
     ⑤ 주택청약예금증서

(3) 기타 자산
  1) 특정주식
     특정주식이란 다음의 요건을 모두 갖춘 법인의 주주 1인 또는 출자자 1인 및 그와 친족 기타 특수관계에 있는 자가 그 법인의 주식 또는 출자지분의 합계액의 100분의 50 이상을 양도하는 경우의 당해 주식 등을 말한다.

구 분	내 용
양도자	주주(또는 출자자)와 기타 주주(친족 및 특수관계인)
대상주식	① 부동산비율 = $\dfrac{\text{토지·건물·부동산에 관한 권리의 합계액}}{\text{자산총액}}$ ≥ 50% ② 지분비율 = $\dfrac{\text{주주1인과 특수관계인의 소유주식합계}}{\text{당해법인의 주식합계}}$ ≥ 50% ■ 자산가액과 자산총액 계산시 참고사항 　㉠ 당해 법인의 장부가액(토지의 경우엔 기준시가) 　㉡ 다음의 금액은 자산총액에 포함되지 아니한다. 　　ⓐ 무형고정자산의 금액 　　ⓑ 양도일로부터 소급하여 1년 이내의 기간 중에 증가한 현금·금융재산 및 대여금의 합계액
양도비율	주주1인과 기타 주주가 주식을 양도한 날로부터 소급하여 3년 이내에 50% 이상을 양도한 경우에 한한다. 이는 그들이 소유하고 있는 주식의 50%가 아니라 당해 법인의 전체주식에 대한 50%를 의미한다는 점에 유의하여야 한다.

  2) 사업에 사용하는 자산(토지, 건축물, 부동산에 관한 권리)과 함께 양도하는 영업권
  3) 특정시설의 이용권·회원권
     명칭 여하를 불문하고 당해 시설물을 배타적으로 이용하거나 일반이용자에 비하여 유리한 조건으로 이용할 수 있도록 약정한 단체의 일원이 된 자에게 부여되는 시설물이용권을 말한다.

4) 부동산 과다보유 법인의 주식
다음에 해당되는 법인의 주식을 양도하는 경우에는 단 1주를 양도하여도 양도소득세가 과세된다.
① 당해 법인의 자산총액 중 토지·건물·부동산에 관한 권리에 대한 자산가액의 합계액이 차지하는 비율이 100분의 80 이상인 법인으로서 다음의 업종에 해당하는 주식
② 「체육시설의 설치·이용에 관한 법률」에 의한 골프장업·스키장업 등 체육시설업
③ 「관광진흥법」에 의한 관광사업 중 휴양시설관련업
④ 부동산업, 부동산개발업 중 기획재정부령이 정하는 사업을 영위하는 법인
5) 사업에 사용하는 자산(토지, 건축물)과 함께 양도하는 이축권

(4) 비상장법인의 주식
양도일 현재 한국거래소에 상장되지 아니한 주식은 양도소득세의 과세대상자산이 된다.

(5) 대주주의 상장주식(유가증권시장 또는 코스닥시장)

(6) 파생상품

13 ★★★ 양도소득세의 과세대상자산인 기타 자산에 대한 설명으로 틀린 것은?

① 토지·건물·부동산에 관한 권리 이외의 자산의 양도는 기타 자산으로서 양도소득세를 과세한다.
② 비상장 법인의 자산 중 토지와 건물 및 부동산에 관한 권리의 자산가액이 총자산의 100분의 50 이상인 법인이 발행한 주식의 100분의 50 이상을 주주 1인과 국세기본법상의 친족 및 기타 특수관계있는 자(기타 주주)가 소유하고, 주주 1인과 기타 주주가 소유한 그 법인주식 등의 합계액의 100분의 50 이상을 양도하는 경우 양도소득세가 과세된다.
③ 특정시설물의 이용권 및 회원권을 양도하는 경우에는 보유기간에 관계없이 250만원의 양도소득기본공제가 적용된다.
④ 부동산비중이 80% 이상인 법인으로서 체육시설업을 영위하는 법인의 주식도 기타 자산에 해당한다.
⑤ 사업용 고정자산과 함께 양도하는 영업권을 양도함으로써 얻은 이익도 기타 자산에 해당한다.

해설 양도소득에 대해 과세하는 기타 자산의 종류
1) 위 ②의 경우
2) 사업에 사용하는 자산(토지, 건축물, 부동산에 관한 권리)과 함께 양도하는 영업권
3) 특정시설물이용권과 이용권·회원권의 권리가 부여된 주식
4) 부동산비중이 80% 이상인 법인으로서 체육시설업 등을 영위하는 법인의 주식 등

정답   13. ①

14
양도소득세는 열거된 과세대상물건을 양도한 사실행위가 있어야 과세된다. 개인 甲은 10억원에 상당하는 특허권을 乙에게 양도하고 乙은 소유하고 있던 9억원에 상당하는 상가용 건축물과 딸린(부수)토지를 甲에게 양도하였다. 양도소득세의 규정 중 옳은 것은?

① 甲은 10억원에 상당하는 특허권을 양도하였으므로 양도소득세 납세의무가 있다.
② 乙은 10억원에 상당하는 특허권을 취득하였으므로 취득세 납세의무가 있다.
③ 甲과 乙은 특허권과 부동산을 상호 교환하였으므로, 모두가 양도소득세 납세의무가 있다.
④ 乙은 부동산을 양도하였으므로 양도소득세 납세의무가 있다.
⑤ 甲과 乙은 특허권과 부동산을 상호 교환하였으므로, 모두가 양도소득세 납세의무가 없다.

해설 양도세 과세대상

특허권은 양도소득세 과세대상물건이 아니다.

04 TYPE 양도 또는 취득시기

15
다음 중 양도 또는 취득시기에 대한 설명 중 틀린 것은?

① 점유 시효의 만료로 취득하는 부동산의 취득시기는 해당 부동산의 점유를 개시한 날이다.
② 상속 또는 증여에 의하여 취득한 자산에 있어서는 상속은 상속개시일, 증여는 증여를 받는 날을 취득시기로 본다.
③ 타인으로부터 부동산에 관한 권리를 인수받아 이를 양도하는 경우 대금청산일이 취득시기가 된다.
④ 환지처분의 경우 교부받은 토지의 면적이 권리면적보다 증가한 경우 그 증가된 면적의 토지에 대한 취득시기는 환지처분의 공고가 있은 날의 다음날로 한다.
⑤ 대금을 청산한 후에 소유권이전등기를 한 경우에는 등기부에 기재된 등기접수일을 양도 또는 취득시기로 한다.

해설 양도시기 및 취득시기

대금을 청산하기 전에 소유권이전등기를 한 경우 즉, 등기를 먼저 한 경우에는 등기일(=접수일)을 취득시기 또는 양도시기로 한다.

정답 14. ④ 15. ⑤

16 양도소득세에 있어서 양도시기 및 취득시기를 설명한 내용 중 가장 올바른 내용은?

① 상속에 의하여 취득한 상가의 양도시기는 상속개시일이다.
② 환지처분에 의한 권리면적보다 증가한 경우에는 그 증가된 면적의 양도시기는 환지처분의 공고가 있은 날의 다음 날이다.
③ 토지와 건물에 대하여 의제취득시기를 적용할 경우에 1985.12.31 이전에 취득한 것은 1986.1.1에 취득한 것으로 본다.
④ 자기가 건설한 건축물의 양도시기는 사용승인서교부일이다.
⑤ 매매 등 일반적인 양도시기는 대금청산일로 한다. 이 경우 대금에는 양도소득세 및 양도소득세의 부가세액을 양수자가 부담하기로 약정한 경우에는 해당 양도소득세 및 양도소득세의 부가세액을 제외한다.

해설 양도시기 및 취득시기
① 취득시기가 상속개시일이다.
② 권리면적이 증가된 경우에는 양도시기가 아니라 취득시기이다.
③ 1984.12.31 이전에 취득한 것은 1985.1.1에 취득한 것으로 본다.
④ 취득시기가 사용승인서교부일이다.

17 다음 중 양도소득세 계산시 양도 또는 취득시기로서 가장 옳은 것은?

① 대금청산일이 불분명한 경우의 양도시기는 계약상 잔금지급일이다.
② 대금청산 전에 소유권이전등기를 한 경우 양도시기는 대금을 청산한 날이다.
③ 환지처분에 의하여 취득한 토지의 취득시기는 원칙적으로 환지처분공고일의 다음날이다.
④ 양도 및 취득시기는 원칙적으로 매매계약서에 기재된 잔금지급약정일에 불구하고 실제로 잔금을 주고받은 날이다.
⑤ 증여에 의하여 부동산을 취득한 경우의 취득시기는 증여계약일이다.

해설 양도시기 및 취득시기
① 대금청산일이 불분명한 경우의 양도시기는 등기접수일이다.
② 대금청산 전에 소유권이전등기를 한 경우 양도시기는 등기접수일이다.
③ 환지처분에 의하여 취득한 토지의 취득시기는 원칙적으로 환지 전 토지의 취득일, 즉 종전토지의 취득일이다.
⑤ 증여에 의하여 부동산을 취득한 경우의 취득시기는 증여받은 날이다.

정답 16. ⑤ 17. ④

18. 양도소득(讓渡所得)에 대한 다음 설명 중 옳지 않은 것은?

① 양도한 자산의 취득시기가 분명하지 아니한 경우에는 먼저 취득한 자산을 먼저 양도한 것으로 본다.
② 법률에 의한 환지처분으로 인하여 취득한 토지의 취득시기는 환지 전의 토지의 취득일로 한다.
③ 완성 또는 확정되지 아니한 자산을 양도 또는 취득한 경우로서 당해 자산의 대금을 청산한 날까지 그 목적물이 완성 또는 확정되지 아니한 경우에는 당해 대금을 청산한 날을 그 양도일 또는 취득일로 본다.
④ 자기가 건설한 건축물은 사용승인서교부일 전에 사실상 사용하거나 임시사용승인을 받은 경우에는 그 사실상의 사용일 또는 임시사용승인일을 당해 자산의 취득시기 및 양도시기로 한다.
⑤ 대금을 청산한 날이 분명하지 아니한 경우 등기부·등록부 또는 명부 등에 기재된 등기접수일을 당해 자산의 취득 및 양도시기로 한다.

해설 양도·취득시기
그 목적물이 완성 또는 확정된 날을 그 양도일 또는 취득일로 본다.

19.
甲과 乙은 부동산을 10억원에 매매를 하였다. 계약금 2021.12.1 1억원, 중도금 2021.12.15 4억원, 잔금 2021.12.31 5억원으로 하였고, 특약사항으로 매수자인 乙이 甲의 양도소득세와 지방소득세의 합계액 1억원을 부담하기로 하였다. 계약금과 중도금은 사실내용과 동일하고, 잔금 5억원에서 1억원을 차감한 잔액을 2022.2.22 대금을 현금으로 청산하고, 2022.4.20 등기를 접수하였다. 그런데 매수자인 乙은 甲의 양도소득세와 지방소득세의 합계액 1억원을 2022.10.3 납부하였다. 위 경우 양도소득세의 계산에 있어서 양도시기로 가장 올바른 것은?

① 대금청산일인 2022.10.3이 양도일이다.
② 계약상 잔금지급일인 2021.12.31이 양도일이다.
③ 등기접수일인 2022.4.20이 양도일이다.
④ 대금청산일인 2022.2.22이 양도일이다.
⑤ 계약상 잔금지급일과 대금청산일 중 가장 빠른 날인 2021.12.31이 양도일이다.

해설 양도시기
양도소득세와 관련 부가세 등을 양수자가 부담하는 조건일 경우 양도시기를 판단할 때에는 양수자가 납부한 양도소득세와 그 부가세는 고려하지 않는다.

정답 18. ③ 19. ④

20. 다음은 「소득세법」상 자산의 양도 또는 취득시기에 관한 설명이다. 잘못된 것은?

① 자기가 건설한 건축물에 있어서는 사용승인서를 교부일
② 장기할부조건의 경우에는 소유권이전등기 접수일, 인도일 또는 사용수익일 중 빠른 날
③ 완성 또는 확정되지 아니한 자산을 양도 또는 취득한 경우에 해당 자산의 대금을 청산한 날까지 그 목적물이 완성 또는 확정되지 아니한 경우에는 그 목적물이 완성 또는 확정된 날을 그 양도일 또는 취득일로 본다.
④ 환지처분으로 인하여 취득한 토지의 취득시기는 환지받아 등기한 날로 한다.
⑤ 상속 또는 증여에 의하여 취득한 자산에 대하여는 그 상속이 개시된 날 또는 증여를 받은 날

해설 「소득세법」상 자산의 양도·취득시기

1) **장기할부조건매매** : 과세대상자산을 장기할부조건부로 양도하는 경우에는 소유권이전등기접수일, 인도일 또는 사용수익일 중 빠른 날을 양도·취득시기로 한다.
2) **상속과 증여**
   ① 상속 : 상속에 의하여 자산을 취득한 경우에는 상속개시일이 취득일이 된다.
   ② 증여 : 증여에 의하여 취득한 자산의 취득시기는 그 증여를 받은 날이 된다.
3) **현물출자** : 부동산 등을 법인에 현물출자하는 경우의 양도시기는 현물출자의 대가로 주식을 교부받는 날로 하되, 교부받기 전에 명의개서를 한 경우에는 명의개서일이 된다.
4) **자기가 건설한 건축물**
   ① 원칙 : 자기가 건설한 건축물의 취득시기는 사용승인서교부일이 된다.
   ② 예외 : 사용승인서 교부일 전에 사용한 경우에는 사실상의 사용일로 한다. 또 임시사용승인을 얻은 경우에는 임시사용승인일로 하고, 무허가건축물의 취득시기는 사실상의 사용일이 취득시기가 된다.
5) **환지처분** : 법률에 의한 환지처분으로 인하여 취득한 토지의 취득시기는 그 환지처분이 있기 전 토지, 즉 종전토지의 취득일이 된다.
6) **미완성목적물** : 대금을 청산한 날까지 그 목적물이 완성되지 아니하였거나 또는 확정되지 아니한 경우에는 당해 목적물이 완성되거나 확정된 날을 양도일 또는 취득일로 본다.
7) 법률에 따라 공익사업을 위하여 수용되는 경우에는 대금을 청산한 날, 수용의 개시일 또는 소유권이전등기접수일 중 빠른 날을 양도시기로 한다.

정답 20. ④

21. 다음과 같은 내용에 해당할 경우 양도시기로 올바른 것은?

* 특약사항 : 양수인이 양도소득세와 그 부가세의 합계액 3천만원을 부담할 조건이며, 납부일자는 2022.1.31이다.
- ㉠ 계약일 ·················· 2021.10. 1
- ㉡ 중도금지급일 ············ 2021.10.16
- ㉢ 계약상의 잔금지급일······ 2021.11.10
- ㉣ 대금청산일·············· 2021.12. 5
- ㉤ 등기일 ·················· 2022. 1. 3

① 2022. 1. 3 ② 2021.12. 5 ③ 2022.1.31
④ 2021.11.10 ⑤ 2021.10. 1

해설 양도시기

양도소득세 등을 양수자가 부담하기로 한 조건은 양도시기를 판정할 때에는 고려하지 않는다.

22. 토지를 양도하고 다음과 같은 계약서를 작성하였다. 양도시기는 언제인가?

〈계약내용 및 사실내용〉
- ㉠ 계약일 : 20△△년 6월 20일
- ㉡ 중도금 : 1차 → 20△△년 8월 20일
  2차 → 20△△년 9월 15일
- ㉢ 잔금일 : 계약상의 잔금지급일 → 20△△년 11월 25일
  대금청산일 → 20△△년 12월 29일

① 20△△년 6월 20일 ② 20△△년 8월 20일
③ 20△△년 12월 29일 ④ 20△△년 11월 25일
⑤ 20△△년 12월 30일

해설 양도의 시기

1) 원 칙
    대금[당해 자산의 양도에 대한 양도소득세 및 양도소득세의 부가세액을 양수자가 부담하기로 약정한 경우에는 당해 양도소득세 및 양도소득세의 부가세액을 제외함(양도시기를 결정할 때에는 무시한다)] 청산일

2) 예 외
    ① 등기·등록접수일 : 대금을 청산한 날이 분명하지 아니한 경우에는 등기부·등록부 등에 기재된 등기접수일이 양도·취득시기가 된다.
    ② 등기접수일 : 대금을 청산하기 전에 소유권이전등기를 한 경우에는 등기부·등록부 또는 명부 등에 기재된 등기접수일이 양도·취득시기가 된다.

정답   21. ②   22. ③

05 비과세와 감면 – 1세대 1주택 비과세

23 "국내에 1주택을 소유한 1세대가 그 주택을 양도하기 전에 다른 주택을 취득함으로써 일시적으로 2주택이 된 경우 다른 주택을 취득한 날부터 (   )년 이내에 (   )을 양도하면 1주택으로 간주한다" (   )에 들어갈 내용으로 가장 올바른 것은? (단, 조정대상 지역이 아님)

① 1년   종전주택
② 2년   새로운 주택(다른 주택)
③ 3년   종전주택
④ 1년   새로운 주택(다른 주택)
⑤ 2년   종전주택

> **해설** 1세대 1주택
> ■ (3)년 이내에 (종전주택)을 양도한 경우 1주택으로 간주한다.

24 다음 중 보유기간의 제한을 받지 아니하는 1세대 1주택에 대한 설명으로 틀린 것은?
★★
① 주택 및 부수토지가 법률에 의하여 수용되는 경우
② 1년 이상 계속하여 국외거주를 필요로 하는 취학 또는 근무상의 형편으로 세대전원이 출국하는 경우(다만, 출국일 현재 1주택을 보유하고 있는 경우로서 출국일 부터 2년 이내에 양도하는 경우에 한함)
③ 1년 이상 거주한 주택을 취학 등 부득이한 사유로 다른 시 또는 군으로 주거를 이전함에 따라 양도하는 경우
④ 「해외이주법」에 의한 해외이주로 세대전원이 출국하는 경우에 양도하는 주택(다만, 양도하는 주택에 1년 이상 거주한 경우에 한함)
⑤ 「공공주택 특별법」에 의한 공공건설임대주택을 1년 전에 취득하여 양도하는 경우로서 임차일부터 양도일까지 5년 이상 거주한 경우

> **해설** 1세대 1주택
> ④의 경우에는 거주기간의 제한을 받지 아니한다. 그러나 출국일 현재 1주택을 보유하고 있는 경우로서 출국일부터 2년 이내에 양도하는 경우에 한하여 비과세한다.

정답   23. ③   24. ④

25. 다음 중 양도소득세가 비과세되는 1세대 1주택에 대한 설명 중 틀린 것은?

① 1주택을 소유한 1세대가 법에서 정하는 요건을 갖춘 장기저당담보대출계약을 체결하고 당해 담보로 제공된 주택을 양도하는 경우에는 거주기간의 제한을 받지 아니한다.
② 5년 이상 거주한 이농주택인 농어촌주택과 일반주택을 보유한 경우 일반주택을 양도하는 때에는 1주택으로 본다.
③ 상속받은 주택과 일반주택을 보유한 경우 상속주택을 먼저 양도하는 때에 1주택으로 본다.
④ 1주택을 소유한 1세대가 주택을 양도하기 전에 다른 주택을 취득한 경우 다른 주택을 취득한 날부터 3년 이내에 종전 주택을 양도하는 경우에는 1주택으로 본다.
⑤ 1주택을 보유하는 자가 1주택을 보유하는 자와 혼인함으로써 2주택이 된 경우 혼인한 날부터 5년 이내에 먼저 양도하는 주택은 1주택으로 본다.

해설 1세대 1주택
상속주택을 먼저 양도하는 경우에는 1주택으로 보지 아니한다.

26. 농어촌주택과 일반주택을 동시에 소유하고 있는 경우의 1세대 1주택 적용 여부에 대한 설명으로 옳지 않은 것은?

① 피상속인이 취득 후 3년 이상 거주한 사실이 있는 상속받은 농어촌주택과 일반주택을 국내에 각각 1개씩 보유하고 있는 1세대가 일반주택을 양도하는 경우에는 국내에 1개의 주택을 소유하고 있는 것으로 보아 1세대 1주택을 판정한다.
② 이농인이 취득일 후 5년 이상 거주한 사실이 있는 이농주택과 일반주택을 국내에 각각 1개씩 보유하고 있는 1세대가 일반주택을 양도하는 경우에는 국내에 1개의 주택을 소유하고 있는 것으로 보아 1세대 1주택을 판정한다.
③ 이농주택이라 함은 영농(營農) 또는 영어(營漁)에 종사하던 자가 전업으로 인하여 다른 시·구·읍·면으로 전출함으로써 거주자 및 그 배우자가 생계를 같이하는 가족 전부 또는 일부가 거주하지 못하게 되는 주택으로서 이농인이 소유하고 있는 주택을 말한다.
④ 귀농주택소유자가 귀농일부터 계속하여 3년 이상 영농 또는 영어에 종사하지 아니하거나 그 기간 동안 당해 주택에 거주하지 아니한 경우 그 양도한 일반주택은 1세대 1주택으로 보지 아니한다.
⑤ 농어촌주택과 일반주택에 1세대가 각각 분리하여 거주하고 있는 경우에도 세대전원이 1개의 주택에서 거주한 것으로 본다.

해설 1세대 1주택
3년 → 5년 이상 거주한 사실이 있어야 한다.

정답 25. ③ 26. ①

27. 다음은 양도소득세의 비과세대상인 1세대 1주택에 대한 설명이다. 옳지 않은 것은?

① 1세대가 국내에 고가주택이 아닌 1개의 주택을 소유하고 2년 이상 보유하여야 한다.
② 1세대가 고가주택이 아닌 1주택을 2년 이상 보유하고 양도한 경우에는 거주기간에 관계없다.
③ 거주자에게만 적용되며 1주택을 2 이상의 주택으로 분할하여 양도하는 경우에는 먼저 양도하는 부분의 주택을 1세대 1주택으로 본다.
④ 거주자가 배우자와 동일한 주소 또는 거소에서 생계를 같이하는 가족과 함께 구성하는 1세대가 1주택을 소유하는 것을 말한다.
⑤ 주거이전을 목적으로 국내에 1주택을 가진 세대가 그 주택을 양도하기 전에 다른 주택을 취득하여 1세대 2주택이 된 경우에도 다른 주택을 취득한 날로부터 3년 내에 종전의 주택을 양도하는 경우에는 1주택으로 간주한다.

해설 1세대 1주택
1) 1세대 1주택으로 2년 보유하면 비과세한다.
2) 1주택을 2주택으로 분할하여 양도하는 경우에는 먼저 양도하는 부분의 주택은 1세대 1주택으로 보지 아니한다. 즉, 먼저 양도하는 부분의 주택은 과세된다.
3) 배우자가 없는 경우에도 1세대로 보는 경우가 있다.

28. 다음은 1세대 1주택에 관한 「소득세법」의 규정이다. 올바른 것은 몇 개인가?

㉠ 일시적인 2주택에 해당할 경우 원칙적으로 신주택을 취득한 날부터 3년 이내에 종전주택을 양도하면 1주택으로 간주한다.
㉡ ㉠에서 종전의 주택이 조정대상지역에 있는 상태에서 조정대상지역에 있는 신규주택을 취득하는 경우에는 2년 이내 종전주택을 양도하면 1주택으로 간주한다.
㉢ ㉡에서 신규주택 취득 후 1년 이내 전입하고 동시에 1년 이내 종전주택을 양도하면 1주택으로 간주한다(2019.12.17 이후에 조정대상지역에 종전주택이 있는 상태에서 조정대상지역 내 주택을 취득한분부터 적용한다).
㉣ ㉠의 경우 법원에 경매를 신청하는 경우 등 3년 이내 양도하지 못하는 부득이한 사유에 해당하여 3년이 경과하여 양도 되어도 1주택으로 간주한다.
㉤ 조정대상지역에서 양도소득세가 비과세 되는 1세대 1주택은 1세대가 양도일 현재 국내에 1개의 주택을 2년 이상 보유하고 2년 이상 거주하는 경우 해당 주택을 의미한다.

① 1개　　② 2개　　③ 3개　　④ 4개　　⑤ 5개

해설 모두 올바른 내용이다.

정답　27. ③　28. ⑤

제2장 소득세(기본)

29 다음 중 1세대 1주택 비과세에 대한 설명으로 틀린 것은?

① 관리처분계획인가일 현재 1세대 1주택 비과세요건을 충족한 주택이 조합원입주권으로 된 해당 조합원입주권을 양도하기 전에 다른 1주택을 취득한 후 3년 이내에 조합원입주권을 양도하는 경우에는 1주택으로 보아 양도소득세를 비과세한다.

② 1세대 1주택의 모든 요건을 갖춘 주택으로서 「건축법」에 의한 건축허가를 받지 아니하여 등기가 불가능한 경우에도 1세대 1주택에 대한 비과세를 적용받을 수 있다.

③ 비과세 대상이 되는 주택으로서 양도가액이 12억원을 초과하는 주택의 경우에는 12억원을 초과하는 금액에 해당하는 양도소득에 대하여만 양도소득세가 과세된다.

④ 하나의 건물이 주택과 주택 이외의 부분으로 복합되어 있는 경우 주택연면적이 주택 이외의 연면적과 같은 경우에는 주택 부분만 주택으로 본다.

⑤ 귀농주택의 요건에 해당하는 농어촌주택과 일반주택을 소유한 1세대가 일반주택을 양도하는 경우에 1주택으로 보는 특례규정은 일반주택을 여러 차례 양도하는 경우에도 반복적으로 적용이 가능하다.

> **해설** 1세대 1주택
> 세대전원이 이사할 경우 최초로 양도하는 1주택에 한하여 적용한다.

30 다음은 1세대 1주택인 경우에도 양도소득세가 과세되는 고가주택을 예시한 것이다. 옳지 않은 것은?

① 공동주택으로 주택의 전용면적과는 상관없이 그 양도가액이 12억원을 초과할 것

② 단독주택 및 이에 부수되는 토지의 양도가액의 합계액이 12억원을 초과하는 것

③ 주택에 부수되는 토지의 연면적에 상관없이 그 주택 및 이에 부수되는 토지의 양도가액 합계액이 12억원을 초과하는 것

④ 엘리베이터, 에스컬레이터 또는 $67m^2$ 이상의 수영장이 설치된 주택이라 하더라도 양도 당시 실지거래가액이 12억원을 초과하지 아니하면 고가주택이 아니다.

⑤ 주택의 전용면적이 $264m^2$ 이상이고 그 양도가액이 12억원 이상인 주택

> **해설** 1세대 1주택
> 「소득세법」상 1세대 1주택 비과세대상에서 제외되는 고가주택이란 단독주택이든 공동주택이든 양도 당시 실지거래가액이 12억원을 초과하는 것을 말한다.

정답 29. ⑤ 30. ⑤

31. 다음 설명 중 1세대 1주택 비과세대상(非課稅對象)이 아닌 것은?

① 1세대가 국내에 1개의 주택을 소유하고 1년간 보유하던 중 건물이 노후되어 멸실하고 재건축하여 다시 1년 6개월 보유 후 양도한 경우로서 통산하여 2년 이상 보유한 경우
② 1세대가 국내에 1개의 주택을 소유하고 2년 이상 보유한 경우로서 상속에 의하여 또 하나의 주택을 취득하고 상속받은 주택 이외의 주택을 양도한 경우
③ 1주택을 소유한 1세대가 1주택을 소유한 직계존속을 동거봉양하기 위하여 세대를 합가한 경우 세대를 합친 날부터 10년 이내에 먼저 양도한 주택은 1주택으로 본다. 이 경우 양도일 현재 2년 이상 보유요건을 충족하면 비과세한다.
④ 지정문화재주택을 소유하고 있는 1세대가 새로운 주택을 취득하여 2년 이상 보유 후 새로 취득한 주택을 양도한 경우
⑤ 1세대가 국내에 1개의 주택을 소유하고 1년간 보유하다가 소실되어 건물이 멸실된 후 재건축하지 않고 2년이 지나 그 주택의 부속토지를 양도한 경우

해설 1세대 1주택
재건축하는 경우 거주기간은 통산하여 계산한다. 그러나 멸실된 후 재건축하지 않고 그 주택의 부속토지를 양도한 경우에는 주택이 아닌 부속토지만을 양도한 것이므로 과세한다.

32. 양도소득세에서 상가와 주택으로 된 겸용주택을 양도하였다. 1세대 1주택에 해당될 경우 주택으로 보면 비과세에 해당되고, 상가로 보면 주택이 아니므로 과세에 해당된다. 따라서 주택에 해당되느냐의 여부가 매우 중요하다. 겸용주택에 관한 규정 중 옳은 것은?

① 주택의 연면적이 상가의 연면적보다 작을 경우에는 건물 전체면적을 주택으로 보아 1세대 1주택에 해당되어 양도소득세가 비과세된다.
② 주택 이외의 연면적인 상가면적이 주택연면적보다 클 경우에는 건물전체면적을 주택으로 보아 비과세 여부를 판정한다.
③ 주택 이외인 상가의 연면적이 주택연면적보다 클 경우에 상가의 면적은 주택으로 보지 아니함으로 1세대 1주택에 해당되어도 상가의 면적부분은 비과세하지 아니한다.
④ 주택의 연면적이 주택 이외인 상가의 연면적보다 클 경우에는 딸린(부수)토지는 딸린 토지전체면적을 주택의 부수토지로 보아 1세대 1주택에 해당될 경우 비과세한다.
⑤ 주택의 연면적과 주택 이외의 연면적의 크기에 관계없이 주택의 면적은 과세된다.

해설 1세대 1주택
주택연면적 ≤ 상가연면적 : 주택면적만 주택으로 본다. 주택연면적 > 상가연면적 : 전체면적을 주택으로 본다. 딸린 토지의 최고한도는 도시지역은 5(도시지역 밖은 10)배이다.

정답 31. ⑤ 32. ③

제2장 소득세(기본)

33. 주택과 점포 등이 하나의 건물에 설치되어 있을 경우 주택의 범위는?

① 어떠한 경우이든 모두 주택으로 본다.
② 주택의 일부로서 점포 등의 연면적이 주택연면적보다 작은 경우는 전부를 주택으로 본다.
③ 주택의 연면적이 점포 등의 목적물 연면적과 같거나 작은 경우에는 점포 등으로 본다.
④ 어떠한 경우이든 각각의 면적으로 계산한 규모를 범위로 한다.
⑤ 납세의무자의 신고에 의한다.

[해설] 주택의 범위

1) 주택의 일부에 점포 등 다른 목적의 건물이 설치되어 있거나 동일지번상에 주택과 다른 목적의 건물이 설치되어 있는 경우에는 그 전부를 주택으로 본다. 다만, 주택의 연면적이 주택 이외의 연면적보다 작거나 같을 때에는 주택부분 이외의 건물은 주택으로 보지 아니한다.
  ① 주택연면적 > 점포 등 연면적 …… 전부를 주택으로 본다.
  ② 주택연면적 ≤ 점포 등 연면적 …… 주택부분만 주택으로 본다.
2) 겸용주택의 경우 1세대 1주택에 부수되는 토지(비과세되는 토지)는 전체토지면적에 주택부분의 면적이 건물전체의 면적에서 차지하는 비율을 곱하여 계산한다.

$$\text{주택에 부수되는 토지면적} = \min \begin{cases} \text{전체토지면적} \times \dfrac{\text{주택부분면적}}{\text{건물전체면적}} \\ \max \begin{cases} \text{주택연면적} \\ \text{주택정착면적의 5, 10배 이내 면적} \end{cases} \end{cases}$$

34. 1세대 1주택 비과세 요건을 갖춘 고가주택의 양도차익계산방식으로 옳은 것은?

① 양도차익 $\times \dfrac{\text{양도가액} - 12\text{억원}}{\text{양도가액}}$ = 고가주택의 양도차익

② 양도가액 $- \left(\text{양도차익} - \dfrac{\text{양도가액}}{12\text{억원}}\right)$ = 고가주택의 양도차익

③ 양도가액 $-$ 필요경비 = 고가주택의 양도차익

④ 양도가액 $-$ 필요경비 $-$ 양도소득공제 $-$ 양도소득특별공제 = 양도차익

⑤ 양도차익 $- \dfrac{\text{양도가액}}{12\text{억원}}$ = 고가주택의 양도차익

[해설] 고가주택의 부분비과세

고가주택의 양도소득은 원칙적으로 비과세대상에서 제외하고 있으나 고가주택이 1세대 1주택 비과세요건을 갖춘 경우에는 당해 고가주택의 양도차익 중 일반주택상당부분(양도가액 12억원)에 대하여는 비과세하고 그 초과부분에 대하여만 과세한다.

$$\text{1세대 1주택 비과세요건 해당 고가주택의 양도차익} = \text{양도차익} \times \dfrac{\text{양도가액} - 12\text{억원}}{\text{양도가액}}$$

정답 33. ② 34. ①

35. 고가주택에 대한 양도소득세의 규정을 설명한 것이다. 올바른 내용은?

⊙ 양도 당시 실지거래가액 14억원
ⓒ 취득 당시 실지거래가액 6억원, 총필요경비 13억원
ⓒ 취득일 2017.1.10, 양도일 2022.10.28
ⓔ 국내에 양도일 현재 1세대 1주택에 해당하며 등기하여 양도함
ⓜ 2021년도 양도한 다른 물건은 없음
ⓗ 5년이상 보유하고 거주함(장기보유특별공제 40% 가점)

① 1주택의 일부를 양도하거나 일부가 타인소유인 경우에는 실지거래가액 합계액에 양도하는 부분(타인소유부분을 포함함)의 면적이 전체주택면적에서 차지하는 비율을 곱하여 계산한 금액이 12억원을 초과하는 경우에는 고가주택에 해당한다.
② 1세대 1주택으로 3년 이상 보유하고 등기된 고가주택이므로 장기보유특별공제금액은 14,285,714원 × 40%이다.
③ 1세대 1주택으로 비과세요건을 충족하였으므로 양도차익은 14억원에서 13억원을 차감한 1억원이다.
④ 고가주택의 해당 여부를 판단할 때 단독주택으로 보는 다가구주택의 경우에는 그 전체를 하나의 주택으로 보지 않는다.
⑤ 고가주택에 해당하므로 양도소득기본공제는 적용하지 않는다.

해설 고가주택
① 양도하는 부분(타인소유부분을 포함함)의 면적이 전체주택면적에서 차지하는 비율을 나누어 계산한 금액이 12억원을 초과하는 경우 고가주택이다
③ (14억원 − 13억원) × (14억원 − 12억원) ÷ 14억원 = 14,285,714원이다.
④ 단독주택으로 보는 다가구주택의 경우에는 그 전체를 하나의 주택으로 본다.
⑤ 2022년도에 다른 양도물건이 없으므로 기본공제 2,500,000원 공제대상이다.

36. 고가주택의 총 양도차익이 1억원이다. 거주 및 보유기간이 12년인 경우 장기보유특별공제금액은 얼마인가? (단, 1세대 1주택에 해당하고, 양도가액이 13억원, 취득가액이 12억원이라 가정한다)

① 2억원이다.   ② 1억원이다.   ③ 8천만원이다.
④ 2,500만원이다.   ⑤ 2,000만원이다.

정답 35. ② 36. ⑤

해설 장기보유특별공제

- 장기보유특별공제금액

$$= 1억원 \times \left(\frac{양도가액 - 12억원}{양도가액}\right) = 7,692,307원 \times 80\%(장기보유특별공제율) = 6,153,846원$$

또는 $80,000,000^* \times \dfrac{13억원 - 12억원}{13억원} = 6,153,846원$ 이다.

* $80,000,000 =$ 총장기보유특별공제액 $= 1억원 \times 80\%$

06 미등기양도자산과 기타 비과세와 감면

37 ★★ 미등기양도자산에 적용되는 제도는?

① 양도소득세의 비과세 ② 65%의 세율 적용 ③ 장기보유특별공제
④ 예정신고납부의무 ⑤ 양도소득기본공제

해설 미등기양도자산

1) 미등기양도자산에 대한 불이익
   ① 비과세 규정의 적용배제 : 미등기양도자산에 대하여는 양도소득에 대한 소득세의 비과세에 관한 규정을 적용하지 아니한다.
   ② 공제의 배제 : 미등기양도자산에 대하여는 장기보유특별공제 및 양도소득기본공제에 관한 규정을 적용하지 아니한다.
   ③ 양도소득세의 중과 : 미등기양도자산에 대하여는 70%의 가장 높은 세율을 적용한다.
2) 미등기양도자산에도 적용되는 사항
   ① 필요경비개산공제 적용(토지 : 0.3%, 건물 : 0.3%)
   ② 예정신고납부를 하여야 한다(의무).

38 미등기양도자산(未登記讓渡資産)이란 토지·건물 또는 부동산에 관한 권리를 취득한 자가 그 자산의 취득에 관한 등기를 하지 아니하고 양도하는 것을 말한다. 다음 중 미등기양도자산에 해당하는 것은?

① 5년 이상 재촌하여 자경하는 농지로서 그 취득에 관한 등기를 하지 않고 양도하는 것
② 법정의 대토농지로서 그 취득에 관한 등기를 하지 않고 양도하는 것
③ 법정의 방법으로 교환 또는 분합하는 농지로서 그 취득에 관한 등기를 하지 않고 양도하는 것
④ 법률의 규정 또는 법원의 결정에 의하여 양도 당시 그 자산의 취득에 관한 등기가 불가능한 자산
⑤ 장기할부조건으로 취득한 자산으로서 그 계약조건에 의하여 양도 당시 그 자산의 취득에 관한 등기가 불가능한 자산

정답 37. ④ 38. ①

> **해설** 미등기양도자산
> 8년 이상 자경하고 미등기양도하면 미등기양도자산에서 제외한다.

39 다음 중 농지의 교환 또는 분합으로 인한 양도소득으로서 비과세요건이 <u>아닌</u> 것은?
① 국가·지방자치단체가 시행하는 사업으로 인하여 교환 또는 분합
② 국가·지방자치단체가 소유하는 토지의 교환 또는 분합
③ 「농지법」 또는 「농업협동조합법」에 의하여 교환 또는 분합
④ 경작상 필요에 의하여 농지를 교환한 후 3년 이상 농지소재지에서 거주하면서 경작하는 경우
⑤ 교환 또는 분합(分合)하는 쌍방토지가액의 차액은 가액이 작은 편의 4분의 1 이하일 것

> **해설** 양도소득세 비과세대상
> 교환 또는 분합하는 쌍방토지가액의 차액은 가액이 큰 편의 4분의 1 이하이어야 한다. 즉 甲의 농지 1억원과 乙의 농지 7천만원을 상호 교환한 경우 1억의 4분의 1인 25,000,000원보다 크므로(차액은 3천만원이므로) 甲과 乙 모두 과세한다.

40 양도소득세(讓渡所得稅)가 중과되는 미등기양도자산에 해당되는 것은?
① 장기할부매입(長期割賦買入)한 자산으로 계약조건에 의하여 양도 당시 그 자산의 취득에 관한 등기가 불가능한 자산
② 경작상 필요에 의하여 교환하는 농지로서 교환에 의하여 새로이 취득하는 농지를 3년 이상 경작하는 경우의 농지
③ 「건축법」에 의한 건축허가를 받지 못하여 등기가 불가능한 모든 무허가주택
④ 법원의 결정에 의하여 양도 당시 그 자산의 취득에 관한 등기가 불가능한 자산
⑤ 농지를 대토한 경우

> **해설** 미등기양도자산
> ■ 미등기양도자산으로 보지 않는 경우는 다음과 같다.

구 분	양도소득세
장기할부조건으로 취득한 자산으로서 그 계약조건에 따라 양도 당시 그 자산의 취득에 관한 등기가 불가능한 자산	미등기 제외
법률의 규정 또는 법원의 결정에 의하여 양도 당시 그 자산취득의 등기가 불가능한 자산	
「소득세법」에 의한 양도소득의 비과세규정 중 농지의 교환과 분합, 농지의 대토에 해당하는 토지, 8년 이상 자경농지	
1세대 1주택으로서 「건축법」에 의한 건축허가를 받지 아니하여 등기가 불가능한 자산	
도시개발사업이 종료되지 아니하여 토지취득등기를 하지 아니하고 양도하는 토지	
건설업자가 공사용역대가로 취득한 체비지를 토지구획환지처분공고 전에 양도하는 토지	

정답 39. ⑤ 40. ③

제2장 소득세(기본)

41 ★ 양도가액이 150,000,000원, 취득가액이 1억원(취득 당시 기준시가와 동일함)인 미등기 토지를 양도하였다. 양도소득세 산출세액은 얼마인가?

① 50,000,000원　　② 34,790,000원　　③ 49,700,000원
④ 35,000,000원　　⑤ 32,900,000원

해설 미등기양도자산
- 미등기 토지이므로 필요경비개산공제율은 0.3%이고 세율은 70%이다. 따라서 양도가액 150,000,000원 − 필요경비 100,300,000원 = 양도차익 49,700,000원이다.
- 양도차익 = 양도소득금액 = 과세표준이므로 세율 70%를 곱하면 34,790,000원이 산출세액이다.

42 다음 중 양도소득세 비과세대상(讓渡所得稅 非課稅對象)이 아닌 것은?

① 파산선고에 의한 처분으로 인하여 발생하는 양도소득
② 경작상 필요에 의하여 주거지 면(面)에 소재하는 자기농지와 연접한 면에 소재하는 타인농지를 동일가격으로 교환한 후 3년 이상 경작한 경우
③ 지방자치단체가 소유하는 1억원의 농지와 자경농민이 소유하는 8천만원 농지의 교환
④ 경작상 필요에 의한 경우 농지를 교환하거나 분합한 경우 모두 비과세 대상이 되는 것이 아니고 교환하는 경우에만 비과세 대상이다.
⑤ 경작상 필요에 의하여 주거지역으로 지정된 지 3년이 경과된 시지역 내의 답(畓)을 동일시내 상업지역으로 지정된 지 3년이 경과된 지역 내의 전(田)과 동일가(同一價)로 평가하여 교환한 경우

해설 양도소득세 비과세대상
- 시지역의 주거지역·상업지역·공업지역에 편입된 후 3년이 경과된 후에 양도하거나 교환·분합하면 과세한다.
- 다만, 다음에 해당하는 대규모 개발사업지역 안에서 개발사업의 시행으로 인하여 법률에 의한 주·상·공업지역에 편입된 농지로서 사업시행자의 단계적 사업시행 또는 보상지연으로 이들 지역에 편입된 날로부터 3년이 지난 농지는 비과세한다.
  1) 사업지역 내의 토지소유자가 1천명 이상인 지역
  2) 사업시행면적이 총리령이 정하는 규모 이상인 지역
     ① 사업시행면적이 100만m²
     ② 택지개발사업 또는 대지조성사업의 경우로서 당해 개발사업시행면적이 10만m²

정답　41. ②　42. ⑤

제3편 국세

07 과세표준

43 「소득세법」상 거주자의 양도소득세가 과세되는 부동산의 양도가액 또는 취득가액을 추계조사하여 양도소득과세표준 및 세액을 결정 또는 경정하는 경우에 관한 설명으로 틀린 것은? (단, 매매사례가액과 감정가액은 특수관계인과의 거래가액이 아님) **24회 출제**

① 양도 또는 취득 당시 실지거래가액의 확인을 위하여 필요한 장부·매매계약서·영수증 기타 증빙서류가 없거나 그 중요한 부분이 미비된 경우 추계결정 또는 경정의 사유에 해당한다.
② 매매사례가액, 감정가액, 환산가액, 기준시가를 순차로 적용한다.
③ 매매사례가액은 양도일 또는 취득일 전후 각 3개월 이내에 해당 자산과 동일성 또는 유사성이 있는 자산의 매매사례가 있는 경우 그 가액을 말한다.
④ 감정가액은 당해 자산에 대하여 감정평가기준일이 양도일 또는 취득일 전후 각 3월 이내이고 2 이상의 감정평가업자가 평가한 것으로서 신빙성이 인정되는 경우 그 감정 가액의 평균액으로 한다.
⑤ 환산가액은 양도가액을 추계할 경우에는 적용되지만 취득가액을 추계할 경우에는 적용되지 않는다.

해설 양도소득과세표준과 세액의 결정·경정
환산가액은 양도가액에 적용하지 않고 취득가액에 적용한다.

44 다음은 양도소득세에 있어서 장기보유특별공제에 관한 설명이다. 옳은 것은?
① 장기보유특별공제는 양도가액에 보유기간별 공제율을 곱하여 계산한 금액을 양도차 익에서 차감한다.
② 비사업용 토지를 3년 이상 보유한 경우에는 장기보유특별공제를 적용받을 수 없다.
③ 장기보유특별공제액 계산시의 보유기간은 해당 자산의 취득일부터 양도일까지로 한다. 단, 상속에 의해 취득한 부동산을 양도하는 경우 장기보유특별공제 적용시 보유기간은 피상속인이 취득한 날로부터 기산한다.
④ 양도소득의 비과세대상에서 제외되는 고가주택의 양도차익과 장기보유특별공제액은 일반주택과 동일하게 공제받는다.
⑤ 배우자로부터 증여받은 부동산을 5년 이내에 양도하는 경우의 장기보유특별공제는 증여한 배우자가 해당 자산을 취득한 날부터 보유기간을 기산한다.

정답 43. ⑤ 44. ⑤

제2장 소득세(기본)

> **해설** 장기보유특별공제
> ① 장기보유특별공제는 양도차익에 보유기간별 공제율을 곱하여 계산한다.
> ② 비사업용 토지의 경우도 장기보유특별공제를 적용한다.
> ③ 상속에 의해 취득한 부동산을 양도하는 경우 장기보유특별공제 적용시 보유기간은 상속개시일부터 기산한다. 참고로 세율을 적용할 경우의 취득시기는 피상속인이 취득한 날부터 시작한다.
> ④ 고가주택의 양도차익과 장기보유특별공제액은 일반주택과 다르게 특별한 방식으로 계산한다.

45 양도차익결정에 있어 양도가액·취득가액을 실지거래가액으로 신고하여야 하는 경우가 <u>아닌</u> 것은?

① 토지·건물 및 부동산에 관한 권리가 자산합계액의 50% 이상을 차지하는 법인의 주식을 주주 1인과 기타 주주가 50% 이상 양도하는 경우의 당해 주식
② 비상장법인의 주식
③ 사업용 고정자산과 함께 양도하는 영업권
④ 토지·건물 및 부동산에 관한 권리가 자산합계액의 80% 이상인 스키장을 운영하는 법인의 주식
⑤ 일반상가건축물과 부수토지의 양도로서 실지거래가액을 알 수 없는 경우

> **해설** 양도차익결정
> ⑤의 경우 추계에 의하여 양도가액과 취득가액을 결정하여야 한다.

46 ★ 토지, 건물의 양도차익을 결정함에 있어서 실지거래가액에 의하여 계산하는 경우에 양도가액의 범위를 결정하는 순서로 올바른 것은?

① 실지거래가액 → 환산가액 → 환산양도가액
② 실지거래가액 → 기준시가 → 감정가액
③ 실지거래가액 → 환산양도가액 → 감정가액
④ 실지거래가액 → 감정가액 → 기준시가
⑤ 실지거래가액 → 매매사례가액 → 감정가액

> **해설** 양도차익결정
> 양도가액을 결정함에 있어서 실지거래가액의 범위에는 매매사례가액, 감정가액이 포함된다. 또한 결정의 순서도 '실지거래가액 → 매매사례가액 → 감정가액'이다.

정답 45. ⑤ 46. ⑤

47. 다음 양도차익결정에 있어 양도가액(讓渡價額)·취득가액(取得價額)결정에 관한 설명 중 옳지 않은 것은?

① 양도가액을 실지거래가액에 의하는 경우에는 취득가액도 실지거래가액에 의하여야 한다.
② 양도가액을 실지거래가액으로 하는 경우 실지거래가액의 범위에는 매매사례가액, 감정가액도 포함된다.
③ 3년 보유한 나대지는 양도가액과 취득가액을 원칙적으로 실지거래가액으로 결정하여야 한다.
④ 취득가액을 실지거래가액으로 하는 경우 실지거래가액의 범위에는 매매사례가액, 감정가액, 환산가액을 포함한다.
⑤ 골프회원권은 양도가액과 취득가액을 원칙적으로 기준시가로 결정하여야 한다.

해설 양도차익결정
골프회원권 등 기타 자산도 원칙적으로 실지거래가액으로 결정하여야 한다.

48. 다음은 양도 및 취득가액계산에 관한 설명이다. 옳지 않은 것은?

① 토지·건물은 원칙적으로 실지거래가액으로 한다.
② 부동산에 관한 권리는 예외없이 모두 원칙적으로 기준시가로 한다.
③ 특정영업권은 원칙적으로 실지거래가액으로 한다.
④ 미등기부동산은 실지거래가액으로 한다.
⑤ 비상장법인(非上場法人)의 주식양도는 원칙적으로 실지거래가액으로 한다.

해설 양도 및 취득가액계산
부동산을 취득할 수 있는 권리는 원칙적으로 실지거래가액으로 계산한다.

49. 다음은 「소득세법」상 양도자산의 기준시가(基準時價)를 계산하는 방법이다. 틀린 것은?

① 국세청장이 정하는 지정지역에 있는 토지에 있어서는 배율의 방법을 적용해서 계산한 금액
② 단독주택의 경우에는 국세청장이 고시한 가액으로 한다.
③ 국세청장이 지정하는 지역 안의 공동주택은 토지와 건물의 가액을 일괄하여 산정·고시한 가액으로 한다.
④ 부동산을 취득할 수 있는 권리의 평가는 양도자산의 종류, 규모, 거래상황 등을 감안하여 취득일 또는 양도일까지 불입한 금액과 취득일 또는 양도일 현재의 프리미엄에 상당한 금액을 합한 금액
⑤ 비상장주식 등의 취득 당시 기준시가계산시 장부분실 등의 사유로 취득 당시의 기준시가를 확인할 수 없는 경우에는 액면가액을 기준시가로 한다.

정답 47. ⑤ 48. ② 49. ②

제2장 소득세(기본)

해설 양도자산의 기준시가

1) 토지의 기준시가
   ① 국세청장이 지정하는 지역 이외의 기준시가(=개별공시지가) : 국세청장이 지정하는 지역 이외의 지역에 대한 토지의 기준시가는 「부동산가격공시 및 감정평가에 관한 법률」의 규정에 의한 개별공시지가. 다만, 개별공시지가가 없는 토지에 있어서는 인근유사토지의 개별공시지가를 참작하여 대통령령이 정하는 방법에 의하여 평가한 가액으로 한다.
   ② 국세청장이 지정하는 지역의 기준시가 : 국세청장이 지정하는 지역의 기준시가는 배율방법에 의하여 평가한 가액으로 한다. 여기서 배율방법에 의하여 평가한 가액이란 양도·취득 당시의 개별공시지가에 지역마다 그 지역에 있는 가격산정이 유사한 토지의 매매실례가액을 참작하여 국세청장이 정하는 배율을 곱하여 계산한 금액을 말한다(=개별공시지가 × 배율).

2) 건물의 기준시가
   ① 일반건물의 기준시가 : 국세청장이 지정하는 지역 이외에 소재하는 건물과 일반건물의 기준시가는 매년 1회 이상 국세청장이 산정·고시하는 가액으로 한다.
   ② 지정지역 안의 오피스텔·상업용 건물 : 토지와 건물의 가액을 일괄하여 산정·고시한 가액

3) 주택의 기준시가
   ① 국세청장이 지정하는 지역 안에 있는 공동주택의 기준시가 : 국세청장이 지정하는 지역 안에 있는 공동주택에 대하여는 양도자산의 종류·규모·거래상황 등을 참작하여 매년 1회 이상 국세청장이 토지와 건물의 가액을 일괄하여 산정·고시한 가액으로 한다.
   ② 국세청장이 고시한 공동주택 이외의 공동주택 : 국토교통부장관이 고시한 공동주택가격
   ③ 단독주택 : 시장·군수·구청장이 고시한 개별주택가격

50 다음 중 기준시가(基準時價)에 의하여 양도차익을 계산함에 있어 취득 당시의 기준시가에 가산하는 필요경비개산 공제금액 계산이 올바른 것은?

① 토지 및 건물 : 취득 당시의 기준시가 × $\frac{7}{100}$

② 미등기토지 : 취득 당시의 시가표준액 × $\frac{1}{100}$

③ 지상권·전세권과 등기된 부동산임차권 : 취득 당시의 기준시가 × $\frac{3}{100}$

④ 기준시가 고시된 특정시설물 이용·회원권 : 취득 당시의 기준시가 × $\frac{1}{100}$

⑤ 사업용 고정자산과 함께 양도하는 영업권 : 취득 당시의 기준시가 × $\frac{10}{100}$

정답 50. ④

해설 **필요경비**

구 분	산 식
실지거래가액에 의한 경우	취득가액 + 자본적 지출액 + 양도비
기준시가에 의한 경우	취득 당시 기준시가 + 필요경비개산공제

■ 필요경비의제공제 = 간주공제

1) 토 지 : 취득 당시 개별공시지가 × $\frac{3}{100}$ (단, 미등기양도 $\frac{3}{1,000}$)
2) 건 물
   ① 일반건물 : 취득 당시 기준시가 × $\frac{3}{100}$ (단, 미등기양도 $\frac{3}{1,000}$)
   ② 지정지역 내 공동주택 : 취득 당시 기준시가 × $\frac{3}{100}$ (단, 미등기 $\frac{3}{1,000}$)
3) 지상권, 전세권, 등기된 부동산임차권 : 취득 당시의 기준시가 × $\frac{7}{100}$ (미등기는 $\frac{1}{100}$)
4) 위 이외의 자산 : 취득 당시의 기준시가 × $\frac{1}{100}$

51 양도소득세의 과세표준은 양도차익, 양도소득금액, 과세표준의 순서로 계산한다. 대지를 취득하여 취득등기하지 아니하고 11년 보유한 후 양도하였다. 양도가액이 1억원이고, 취득가액을 포함한 필요경비가 8천만원인 경우 과세표준금액은 얼마인가?

① 11,500,000원 ② 14,000,000원 ③ 20,000,000원
④ 80,000,000원 ⑤ 100,000,000원

해설 **양도소득과세표준액**

미등기이므로 양도차익 20,000,000원이 양도소득금액이고, 과세표준금액이다. 즉, 장기보유특별공제와 양도소득기본공제를 적용하지 않는다.

52 다음 양도소득금액의 계산에 관한 설명 중 틀린 것은?
① 양도가액이란 해당 자산의 양도로 인하여 발생한 총수입금액이다.
② 양도차익이란 양도가액(讓渡價額)에서 취득가액, 자본적 지출액 및 양도비를 차감한 금액을 말한다.
③ 양도소득금액은 양도차익(讓渡差益)에서 양도소득기본공제액을 차감한 금액을 말한다.
④ 양도소득금액은 양도차익에서 장기보유특별공제(長期保有特別控除)를 차감한 금액을 말한다.
⑤ 양도소득기본공제액은 2,500,000원이다.

정답 51. ③ 52. ③

제2장 소득세(기본)

> **해설** 양도소득과세표준액
>
> 양도소득금액 = 양도차익 − 장기보유특별공제
> 과세표준 = 양도소득금액 − 양도소득기본공제

53 ★★ 미등기된 토지의 양도가액이 3억원이고 취득가액을 포함한 필요경비가 2억원인 경우 양도소득과세표준액은 얼마인가?

① 300,000,000원
② 94,000,000원
③ 200,000,000원
④ 99,400,000원
⑤ 100,000,000원

> **해설** 양도소득과세표준액
>
> 미등기 토지의 경우 양도차익 = 양도소득금액 = 과세표준이다. 왜냐하면 장기보유특별공제, 양도소득기본공제를 적용하지 않기 때문이다. 따라서 3억원 − 2억원 = 1억원이다.

54 다음 중 양도차익계산(讓渡差益計算)에 있어서 필요경비로 산입되지 아니하는 것은?

① 등록에 대한 등록면허세
② 취득세
③ 증권거래세
④ 중개업자의 중개보수
⑤ 재산세

> **해설** 양도차익계산에 있어서 양도가액에서 공제할 필요경비
>
> - 실지거래가액에 의하여 양도차익을 계산하는 경우에 양도가액에서 공제할 필요경비는 취득가액, 자본적 지출액, 양도비 등으로서 증빙서류에 의해 확인된 실제지출금액으로 한다.
>   1) **취득부대비용**
>   취득세, 등록에 대한 등록면허세, 중개업자보수 등의 부대비용은 취득가액에 포함한다.
>   2) **자본적 지출액**(수익적 지출은 제외함)
>   ① 내용연수를 연장시키거나 그 가치를 현실적으로 증가시키는 수선비
>   ② 양도자산을 취득한 후 쟁송이 있는 경우에 그 소유권을 확보하기 위하여 직접 소요된 소송비용, 화해비용 등의 금액으로서 필요경비에 산입된 것을 제외한 금액
>   ③ 양도자산의 용도변경, 개량, 이용편의를 위하여 지출한 비용
>   ④ 당해 사업구역 내의 토지소유자가 부담한 수익자부담금, 개발부담금
>   ⑤ 토지의 이용편의를 위하여 지출한 장애철거비용, 도로시설비, 도로를 신설하여 무상으로 공여한 경우의 토지가액
>   ⑥ 사방사업에 소요된 비용
>   3) **양도비**
>   ① 자산을 양도하기 위하여 직접 지출한 비용(광고비, 중개업자보수, 계약서작성비용, 공증비용, 인지대, 명도비용 등)
>   ② 「증권거래세법」에 의하여 납부한 증권거래세(주식양도에만 해당)

정답 53. ⑤   54. ⑤

55 다음은 실지거래가액에 의한 양도차익계산에 있어서 양도가액에서 공제할 필요경비(必要經費)이다. **틀린** 내용은?

① 취득한 건물의 도장(塗裝)에 소요된 비용
② 토지이용의 편의를 위하여 지출한 장애철거비용
③ 관계법령에 의하여 토지소유자가 부담한 수익자부담금
④ 양도자산을 취득한 후 쟁송(爭訟)이 있는 경우에 그 소유권을 확보하기 위하여 직접 소요된 화해비용
⑤ 토지이용의 편의를 위하여 해당 토지에 도로를 신설한 경우의 그 시설비

> **해설** 필요경비
> 취득한 건물의 도장에 소요된 비용은 수익적 지출이므로 필요경비에 산입하지 않는다.

56 부동산을 양도할 경우 양도가액에서 필요경비를 차감하면 양도차익이 산출되고, 양도차익에서 장기보유특별공제를 차감하면 양도소득금액이 산출된다. 다음 중 양도소득금액을 계산함에 있어서 양도차익에서 공제되는 장기보유특별공제에 대한 설명 중 **틀린** 것은?

① 보유기간에 따라 장기보유특별공제의 공제율이 다르게 적용되며 최고 30%(1세대 1주택은 최고 80%)를 한도로 한다.
② 조합원입주권을 양도하는 경우에 대하여는 장기보유특별공제를 적용받을 수 있다.
③ 미등기토지를 양도하는 경우에는 보유기간이 3년 이상인 경우에도 장기보유특별공제를 적용받을 수 없다.
④ 1세대 1주택 비과세가 적용되는 고가주택의 경우 장기보유특별공제금액은 총 양도차익에 공제율을 곱하여 계산한다.
⑤ 국외자산을 양도하는 경우에는 3년 이상 보유한 부동산의 경우에도 장기보유특별공제를 적용받을 수 없다.

> **해설** 장기보유특별공제
> 총양도차익 × 공제율 × (양도가액 − 12억원) / 양도가액이다. 즉 12억원 초과한 부분에 대하여 적용받을 수 있다.

정답 55. ① 56. ④

제2장 소득세(기본)

57 양도소득세의 과세표준을 계산함에 있어서 장기보유특별공제와 양도소득기본공제를 적용한다. 장기보유특별공제와 양도소득기본공제를 설명한 것 중 가장 틀린 것은?

① 토지(양도 당시 10년 보유)위에 신축한 건축물(양도 당시 2년 보유)을 양도한 경우 즉 토지와 건축물을 함께 양도한 경우 장기보유특별공제는 토지와 건축물 모두 적용된다.
② 양도 당시 20년 보유한 건축물을 미등기한 상태로 양도한 경우 양도소득 기본공제는 적용되지 아니한다.
③ 건물에 대한 장기보유특별공제는 건물의 양도차익에서 양도차익의 일정공제율을 곱하여 계산한 금액을 공제한다.
④ 임야에 대한 양도소득기본공제는 보유기간에 관계없이 양도소득금액에서 2,500,000원을 공제한다.
⑤ 국외의 부동산을 양도한 경우 장기보유특별공제는 공제불가능하나 양도소득기본공제는 공제가능하다.

> **해설** 장기보유특별공제와 양도소득기본공제
> 토지는 3년 이상 보유하였으므로 장기보유특별공제대상이나 건축물은 3년 미만 보유하였으므로 공제대상이 아니다.

58 다음 자산의 양도 중 양도소득기본공제(讓渡所得基本控除)의 적용대상이 <u>아닌</u> 것은?

① 보유기간 3년 이상인 미등기된 토지
② 보유기간이 2년 미만인 등기된 건물
③ 2년 이상 보유한 등기 토지
④ 1세대 1주택으로 보유기간 2년 미만인 주택
⑤ 보유기간이 1년 미만인 부동산에 관한 권리

> **해설** 양도소득기본공제
> 양도소득기본공제는 거주자가 양도한 모든 자산이 적용대상이나 미등기양도자산(토지, 건물, 부동산에 관한 권리)에 대하여는 적용하지 아니한다.

59 양도소득세에 있어서 ㉠ 장기보유특별공제와 ㉡ 양도소득기본공제에 대하여 설명한 것이다. 올바른 것은? (단 임야를 먼저 양도하고 상가는 나중에 양도한다고 가정함)

① 2년 이상 보유하고 등기된 부동산에 해당할 경우 ㉠과 ㉡ 모두 공제한다.
② 1세대 1주택에 해당(4년 보유)하는 고가주택의 경우 ㉠과 ㉡의 공제금액은 ㉠과 ㉡에 $\dfrac{\text{양도가액} - 12억원}{\text{양도가액}}$ 을 곱하여 계산한다.
③ 비사업용 토지를 양도한 경우 ㉠과 ㉡ 모두 공제하지 아니한다.
④ 동일한 연도에 임야(양도소득금액 5백만원)와 상가(양도소득금액 3백만원)를 양도한 경우 ㉠은 임야와 상가 모두 공제가능하나 ㉡은 임야에서만 공제할 수 있다.
⑤ ㉠은 필요경비에 산입하나 ㉡은 부동산과 부동산에 관한 권리 및 기타 자산의 소득금액과 주식의 소득금액을 구분하여 각각 양도연도에 250만원을 공제한다.

정답 57. ① 58. ① 59. ④

해설 장기보유특별공제와 양도소득기본공제
① ㉠은 3년 이상 보유하여야 한다.
② ㉠은 ㉠ × $\dfrac{양도가액 - 12억원}{양도가액}$ 으로 계산하나, ㉡은 250만원 전액을 공제한다.
③ ㉠, ㉡ 모두 공제한다.
⑤ ㉠은 필요경비에 산입하는 항목이 아니고 양도차익에서 공제하는 항목이다.

60. 양도소득세를 계산함에 있어서 양도차익에서 공제하는 장기보유특별공제에 관한 「소득세법」의 내용이다. 올바른 내용은 모두 몇 개인가?

> ㉠ 미등기 자산과 조정대상지역에 있는 1세대 2주택 이상인 경우에는 장기보유특별공제 대상에서 제외한다.
> ㉡ 1세대 1주택으로 과세되는 경우 보유기간이 3년 이상(12%)이고 거주기간이 2~3년(8%)인 경우 장기보유특별공제율은 20%이다.
> ㉢ 1세대 1주택으로 과세되는 고가주택은 2년 이상 거주하지 않은 경우 보유기간에 따른 공제율은 6%~30%가 적용된다. 즉, 24%~80%가 적용되지 않는다.

① ㉠ ② ㉠, ㉡ ③ ㉡, ㉢ ④ ㉢ ⑤ ㉠, ㉡, ㉢

해설 모두 올바른 내용이다.

TYPE 08 세율

61. 양도소득세율로서 옳지 않은 내용은?

① 2년 이상 보유한 토지와 건물 및 부동산상의 권리를 양도한 경우에는 초과누진세율이 적용된다.
② 1년 이상 2년 미만 보유한 토지와 건물 및 부동산상의 권리를 양도한 경우에는 100분의 50의 세율이 적용된다.
③ 미등기자산을 양도한 경우에는 100분의 70의 세율이 적용된다.
④ 1세대 3주택 이상 소유자가 양도한 주택이 1년 미만 보유한 경우에 70%의 세율이 적용된다(2021.6.1 이후 양도분부터 적용).
⑤ 기타 자산의 경우는 언제나 초과누진세율(累進稅率)이 적용된다.

정답 60. ⑤ 61. ②

해설 **세율구조**(국내자산의 경우)
- 세율구조는 정률세와 초과누진세율 구조로 되어 있다.
  1) 토지, 건물, 부동산에 관한 권리
     ① 미등기 : 70%
     ② 보유기간
        ㉠ 1년 미만 : 50%(주택과 조합원입주권은 70% : 2021.6.1 이후 양도분부터 적용)
        ㉡ 1년 이상 2년 미만 : 40%(주택과 조합원입주권은 60% : 2021.6.1 이후 양도분부터 적용)
        ㉢ 2년 이상 : 초과누진세율
     ③ 조정(대상)지역
        ㉠ 1세대2주택 : 초과누진세율 + 20%
        ㉡ 1세대3주택 이상 : 초과누진세율 + 30%
        *2021.6.1 이후 양도분에 한함
  2) 기타 자산 : 초과누진세율
  3) 비상장법인의 주식, 대주주의 상장주식 등
     20%(중소기업주식 또는 출자지분의 경우에는 10%, 중소기업 외의 법인의 대주주등이 1년 미만 보유한 것은 30%)
  4) 파생상품 : 10%

62 양도소득세의 세율은 부동산 중에서도 등기 여부와 보유기간 등에 따라 다르게 적용된다. 다음 중에서 「소득세법」에 의한 양도소득세율로서 옳지 않은 것은?

① 2년 이상 보유한 토지와 건물 및 부동산상의 권리를 양도한 경우에는 초과누진세율이 적용된다.
② 2년 미만 보유한 토지와 건물 및 부동산상의 권리, 기타 자산을 양도한 경우에는 100분의 40의 세율이 적용된다.
③ 미등기자산을 양도한 경우에는 100분의 70의 세율이 적용된다.
④ 토지와 건물 및 부동산상의 권리는 그 보유기간의 구분에 따라 세율상 차이가 있다.
⑤ 1년 미만 보유한 부동산을 양도한 경우에는 50%의 세율이 적용된다.

해설 **세 율**
기타 자산은 무조건 초과누진세율이 적용된다.

63 양도소득세의 세율을 설명한 것 중 가장 올바른 내용은?
★
① 기타 자산인 골프회원권을 1년 미만 보유한 후 양도한 경우 적용되는 세율은 50%이다.
② 미등기부동산을 2년 미만 보유한 후 양도한 경우 적용되는 세율은 40%이다.
③ 부동산을 양도한 경우 세율적용에 있어서 보유기간은 등기일부터 양도일까지로 한다.
④ 상가를 취득등기하여 1년 6개월 보유한 후 양도한 경우 초과누진세율을 적용한다.
⑤ 상속받은 부동산을 양도한 경우 세율적용에 있어서 보유기간은 피상속인이 취득한 날부터 양도일까지로 한다.

정답 62. ② 63. ⑤

해설 **세 율**
① 기타 자산은 보유기간에 관계없이 초과누진세율이다.
② 70%이다.
③ 취득일부터 양도일까지이다.
④ 2년 이상 보유하여야 초과누진세율이 적용되고, 1년 이상 2년 미만 보유의 경우 40%가 적용된다.

64 다음 중 양도소득세의 세율에 대한 설명으로 틀린 것은?

① 2주택을 보유한 1세대가 양도하는 주택(보유기간 2년) : 초과누진세율
② 1년 이상 2년 미만 보유한 골프 회원권의 양도 : 비례세율 40%
③ 중소기업의 주식 양도 : 비례세율 10%
④ 2년 이상 보유한 분양권의 양도 : 초과누진세율
⑤ 비사업용 토지의 양도 : 초과누진세율 + 10%

해설 **세 율**
기타 자산은 보유기간에 관계없이 누진세율을 적용한다.
①의 경우 6~45% 초과누진세율을 적용한다.

09 신고와 납부

65 다음은 부동산에 관한 양도소득과세표준의 예정신고납부에 관련된 설명이다. 옳은 것은?

① 예정신고기한 이내에 예정신고가 이루어지지 않은 경우에는 당해 미신고 세액의 100분의 30에 상당하는 금액을 산출세액에 가산한다.
② 거주자가 부동산을 양도한 경우에는 양도일부터 2월 이내에 예정신고납부를 하여야 한다.
③ 고가주택을 양도한 경우에도 양도소득과세표준 예정신고와 확정신고를 하여야 한다.
④ 납부할 세액이 1,000만원을 초과하는 경우에는 확정신고납부에 한하여 분납이 가능하며 예정신고납부의 경우에는 분납할 수 없다.
⑤ 양도소득과세표준 확정신고를 신고기한 내에 신고와 납부를 한 경우에는 신고세액공제를 적용한다.

정답 64. ② 65. ③

해설 예정신고납부

① 양도소득과세표준 예정신고 미신고에 대한 신고불성실가산세 20%가 적용된다.
② 부동산을 양도한 경우에는 양도일이 속하는 달의 말일부터 2월 이내에 예정신고납부를 하여야 한다.
④ 예정신고납부와 확정신고납부 모두 분납이 가능하다.
⑤ 양도소득과세표준 예정 및 확정신고납부는 신고세액공제를 받을 수 없다.

66. 대금청산일이 2020.2.25, 토지거래허가일이 2021.3.31인 경우 양도소득세의 설명 중 틀린 내용은?

① 양도시기는 대금청산일인 2020.2.25이다.
② 예정신고를 할 경우 토지거래허가일이 속하는 달의 말일부터 2021.5.31까지이다.
③ 확정신고와는 다르게 예정신고를 하지 않을 경우 신고불성실가산세가 적용되지 않는다.
④ 양도소득세의 납세지는 양도자의 주소지 관할 세무서이다.
⑤ 1세대 1주택으로 비과세에 해당되는 주택과 부속토지를 양도한 경우 원칙적으로 예정신고의무가 없다.

해설 예정신고납부
신고불성실가산세가 적용된다.

67. 양도소득세 예정신고납부에 관한 다음 사항 중 「소득세법」 규정과 부합되지 않는 것은?

① 예정신고납부를 하더라도 확정신고납부와 동일하게 세액공제를 적용하지 아니한다.
② 해당 연도에 누진세율의 적용대상자산에 대해 2회 이상 양도차익예정신고를 하는 때에는 각각의 양도차익에 대하여만 신고하면 된다.
③ 양도차익예정신고납부를 한 자에 대하여는 확정신고를 하지 아니할 수 있다.
④ 부동산에 대한 양도차익예정신고는 양도일이 속하는 달의 말일부터 2월 이내에 하여야 한다.
⑤ 양도소득금액에서 차감하는 양도소득기본공제는 해당 연도 중 먼저 양도하는 자산부터 순차로 공제한다.

해설 예정신고납부
해당 연도에 누진세율의 적용대상자에 대해 2회 이상 양도차익예정신고를 하는 경우에는 2회 이후의 신고에는 그 이전에 신고한 금액과 합계하여 예정신고를 하여야 한다.

정답 66. ③ 67. ②

68. 부동산을 다음과 같이 양도한 경우 양도소득세 예정신고기한으로 맞는 것은?

> ㉠ 계약일 : 20△△년 2월 15일
> ㉡ 계약상 잔금지급일 : 20△△년 3월 15일
> ㉢ 사실상 잔금지급일 : 불분명
> ㉣ 등기·등록접수일 : 20△△년 4월 25일

① 20△△년 3월 31일까지
② 20△△년 4월 30일까지
③ 20△△년 5월 31일까지
④ 20△△년 6월 30일까지
⑤ 위 내용으로는 알 수 없음

해설 양도소득세 예정신고기한

대금청산일이 불분명하므로 등기·등록접수일(20△△년 4월 25일)이 양도시기이다. 따라서 예정신고기한은 양도일이 속하는 달의 말일부터 2월 이내이므로 20△△년 6월 30일까지이다.

69. 다음 설명 중 잘못된 것은?

① 납세지 관할 세무서장은 피상속인의 양도소득세를 2인 이상의 상속인에게 부과하는 경우에는 과세표준과 세액을 그 지분에 따라 배분하여 상속인별로 각각 통지하여야 한다.
② 거주자가 양도소득세 과세표준확정신고를 하지 아니한 경우에는 그 신고를 하지 아니한 해당 양도소득산출세액의 20%에 상당하는 신고불성실가산세액을 산출세액에 가산한다.
③ 거주자가 양도소득세액을 납부하지 아니하였거나 납부하여야 할 세액에 미달하게 납부한 때에는 그 납부하지 아니하였거나 미달한 세액에 대하여 1일 100,000분의 25를 적용하여 계산한 금액을 산출세액에 가산한다.
④ 양도소득세의 과세표준과 세액은 거주자의 신고에 의하여 납세의무가 확정된다.
⑤ 거주자가 양도소득세 과세표준확정신고 또는 양도소득세 납부를 하지 아니한 때에는 장기보유특별공제를 적용하지 아니한다.

해설 장기보유특별공제

3년 이상 보유·등기된 토지와 건물 및 조합원입주권은 신고납부 여부와 관계없이 장기보유특별공제를 적용받는다.

정답 68. ④ 69. ⑤

70. 양도소득세 과소신고불성실의 가산세로 옳은 것은?

① 과소신고세액의 10%
② 산출세액의 20%
③ 미납부세액의 40%
④ 미납부세액의 20%
⑤ 거래금액의 2%

해설 가산세

■ 가산세는 신고의무, 납부의무, 기타 협력의무 등을 이행하지 아니한 경우에 부과하는 일종의 행정벌이다. 양도소득세에 적용되는 가산세는 다음과 같다.

1) 신고불성실가산세 : 양도소득세 확정신고를 하지 아니하였거나 신고하여야 할 소득금액에 미달하게 신고한 때에는 다음과 같이 가산세를 부과한다. 단, 사기·부정·부당·고의신고위반은 40%이다.

① 무신고시의 가산세 : 가산세 = 무납부세액 $\times \dfrac{20}{100}$

② 과소신고시의 가산세 : 가산세 = 과소납부세액 $\times \dfrac{과소신고소득금액}{결정소득금액} \times \dfrac{10}{100}$

2) 납부지연가산세(① + ②)

① 미납부세액 ×(납부기한의 다음날~납부일) × 0.025%
② 납부고지 후 미납부세액 × 3%

3) 기장불성실가산세 : 대주주가 양도하는 주식 또는 출자지분에 대하여 거래내역 등을 기장하지 아니하였거나 누락한 때 산출세액 $\times \dfrac{누락소득금액}{양도소득금액} \times \dfrac{10}{100}$

단, 산출세액이 없는 경우에는 그 거래금액의 10,000분의 7
* 1)과 3)이 동시 적용될 때에는 큰 금액으로 하고 같을 때에는 1)만 적용한다.

71. 양도소득세의 납세절차 등을 설명한 것이다. 가장 올바른 것은?

① 거주자의 양도소득세 납세지는 양수자의 주소지 관할 세무서이다.
② 부동산, 부동산에 관한 권리, 기타 자산, 주식 등을 양도한 경우 양도일이 속하는 달의 말일부터 2월 이내에 예정신고하여야 한다.
③ 부동산을 양도한 경우 양도소득세의 확정신고는 양도일이 속하는 연도의 5월 1일부터 5월 31일까지 하여야 한다.
④ 양도소득세의 물납은 부동산으로 가능하다.
⑤ 양도소득세의 세액이 1천만원을 초과한 경우 납부기한이 지난 후 2개월 이내에 분할납부할 수 있다. 이 경우 확정신고와 예정신고의 경우 모두 분할납부할 수 있다.

해설 납세절차

① 양도자의 주소지 관할 세무서이다.
② 주식은 양도일이 속하는 반기의 말일부터 2월 이내이다.
③ 양도일이 속하는 연도의 다음 연도 5월 1일부터 5월 31일까지이다.
④ 양도소득세는 물납제도가 없다.

정답 70. ① 71. ⑤

72. 다음 설명 중 옳지 않은 것은?

① 양도소득금액을 계산함에 있어서 비상장주식 등의 양도로 인하여 발생한 소득 또한 파생상품의 양도로 인하여 발생한 소득과 기타의 양도소득세 과세대상재산에 대한 양도소득은 구분하여 계산하되, 각 소득금액을 계산함에 있어서 발생하는 결손금은 다른 소득과 통산(합산)하지 아니한다.
② 미등기양도자산에 대해서는 「소득세법」 또는 기타의 법률 중 양도소득에 대한 소득세의 비과세에 관한 규정을 일체 적용하지 아니한다.
③ 양도소득과세에 있어서 상속으로 인하여 여러 사람이 공동으로 한 주택을 소유하게 된 경우에는 지분이 가장 큰 상속인을 당해 주택의 소유자로 본다.
④ 거주자로서 납부할 양도소득세액이 1천만원을 초과하는 자는 그 납부할 세액의 일부를 납부기한 경과 후 2개월 이내에 분납할 수 있으며, 이러한 양도소득세의 분납은 양도소득세 확정신고자진납부시에만 적용된다.
⑤ 양도소득세 과세표준확정신고를 하여야 할 자는 해당 연도의 과세표준과 세액을 다음 연도 5월 1일부터 5월 31일까지 신고하여야 한다.

해설 분 납
양도소득세의 분납은 양도차익 예정신고납부시에도 할 수 있다.

이월과세, 국외자산 양도 등

73. 일정한 요건을 충족한 개인은 국외자산을 양도한 경우에도 양도소득세를 신고납부하여야 한다. 국내자산 양도와 국외자산 양도와의 차이점을 비교한 것으로 올바른 것은?

① 국내자산과 국외자산 모두 기준시가에 의하여 양도차익을 산출함을 원칙으로 한다.
② 부동산 임차권은 국내자산과 국외자산 모두 등기된 것을 과세대상자산으로 한다.
③ 국내자산과 국외자산 모두 납세의무자는 해당 자산의 양도일까지 계속 5년 이상 주소 또는 거소를 둔 자이다.
④ 부동산을 1년 미만 보유하고 양도하는 경우 국내자산은 50%세율이 적용되지만, 국외자산은 초과누진세율을 적용한다.
⑤ 국내자산과 국외자산 모두 3년 이상 보유한 부동산에 한하여 장기보유특별공제를 적용받을 수 있다.

정답 72. ④   73. ④

제2장 소득세(기본)

> **해설** 국외자산 양도
> ① 모두 실지거래가액에 의하여 양도차액을 산출함을 원칙으로 한다.
> ② 부동산 임차권의 양도는 국내자산은 등기된 경우에만 과세대상이고 국외자산은 등기여부를 따지지 않고 모두 과세대상으로 한다.
> ③ 국외자산 양도의 납세의무자는 해당 자산의 양도일까지 계속 5년 이상 주소 또는 거소를 둔 자이다.
> ⑤ 국외자산은 장기보유특별공제를 적용받을 수 없다.

74 ★ 아버지 甲이 자녀 乙에게 부동산을 증여한 후 乙이 타인에게 3년만에 양도하였다. 이월과세에 해당한다고 할 경우 양도소득세에 대한 설명 중 가장 틀린 내용은?

① 양도가액에 대응되는 취득가액은 증여자의 취득 당시 가액으로 한다.
② 장기보유특별공제, 세율을 적용할 때 보유기간은 증여자가 취득한 날부터 증여받은 자가 양도한 날까지의 보유기간을 적용한다.
③ 양도소득세의 납세의무자는 증여받은 배우자 또는 직계존비속이다.
④ 증여일부터 양도일까지 기간은 10년 이내이어야 한다.
⑤ 이월과세 적용대상자산은 양도소득세 과세대상자산인 부동산, 부동산에 관한 권리, 기타 자산 등이다.

> **해설** 이월과세
> 이월과세 적용대상자산은 부동산·부동산을 취득할 수 있는 권리 및 시설물이용권·회원권(권리부여주식 포함)이 해당된다.

75 ★ 아래 내용이 부당행위계산의 부인에 해당될 경우 ( )에 들어갈 내용으로 올바른 것은?

> 양도소득세에 대한 소득세를 부당하게 감소시키기 위하여 (㉠)에게 자산을 증여한 후 그 자산을 증여받은 자가 그 증여일부터 (㉡)년 이내에 다시 이를 타인에게 양도한 경우에는 (㉢)가 그 자산을 직접 (㉣)한 것으로 본다.

	㉠	㉡	㉢	㉣
①	배우자	10	배우자	증여
②	특수관계인	5	증여받은 자	취득
③	직계존비속	3	증여받은 자	취득
④	특수관계인	5	증여자	양도
⑤	배우자 또는 직계존비속	5	수증자	양도

정답 74. ⑤ 75. ④

[해설] 부당행위계산의 부인

구 분	부당행위계산의 부인
증여자와 수증자와의 관계	특수관계인
과세대상 적용자산	양도소득세 과세대상 자산
수증일로부터 양도일까지의 기간	증여 후 10년 이내(등기부상 소유기간)
양도소득세 납세의무자	당초 증여자(직접 양도한 것으로 간주)
증여세의 처리	증여세를 과세하지 않음, 납부했으면 환급
연대납세의무 규정	증여자가 무재산인 경우에도 채권확보(수증자가 연대납세의무)
조세부담의 부당한 감소여부	조세부담이 부당히 감소된 경우에만 적용
이월과세규정과의 적용우선순위	이월과세가 먼저 적용
취득가액 적용시점	당초 증여자의 취득일
장기보유특별공제·세율적용시 보유기간 기산일	

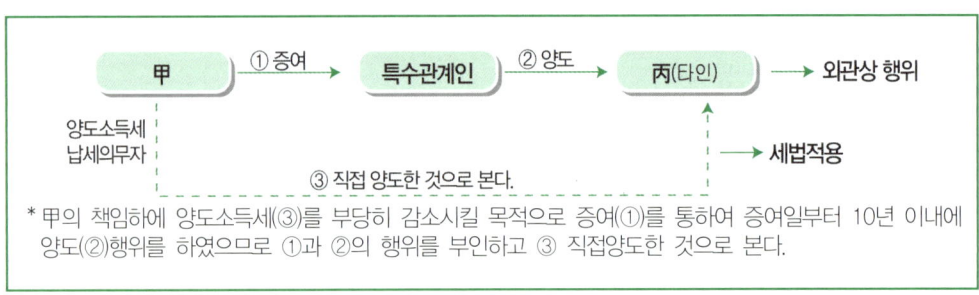

* 甲의 책임하에 양도소득세(③)를 부당히 감소시킬 목적으로 증여(①)를 통하여 증여일부터 10년 이내에 양도(②)행위를 하였으므로 ①과 ②의 행위를 부인하고 ③ 직접양도한 것으로 본다.

제2절 부동산임대소득 · 매매업소득

76 다음은 부동산임대소득(不動産賃貸所得)의 범위에 관한 설명이다. 다음 설명 중 부동산임대소득으로 과세되지 <u>않는</u> 것은?

① 부동산 또는 부동산상의 권리의 대여로 인하여 발생하는 소득
② 공장재단 또는 광업재단의 대여로 인하여 발생하는 소득
③ 광고용으로 토지, 가옥의 옥상 또는 측면 등을 사용하게 하고 그 사용대가를 받는 소득
④ 광업권자, 조광권자 또는 덕대가 채굴에 관한 권리를 대여함으로 인하여 발생하는 소득
⑤ 논·밭을 작물생산에 이용하게 함으로 인하여 발생한 소득

> **해설** 부동산임대소득
> 부동산임대소득 중 논·밭을 작물생산에 이용하게 함으로 인하여 발생하는 소득은 비과세소득에 해당한다.

77 부동산임대소득에 관한 설명이다. 맞지 <u>않는</u> 것은?

① 광업권자 등이 자본적 지출이나 수익적 지출의 일부 또는 전부를 부담하고 받는 분철료는 부동산임대소득에 해당되지 않는다.
② 자기소유의 부동산을 타인의 담보물로 사용하게 하고 그 대가를 받는 것은 부동산임대소득으로 본다.
③ 부동산매매업(不動産賣買業) 또는 건설업자가 판매를 목적으로 취득한 토지 또는 부동산을 일시적으로 대여하고 얻는 소득은 부동산임대소득으로 본다.
④ 광고용으로 토지, 가옥의 옥상 또는 측면 등을 사용하게 하고 받는 대가는 부동산임대소득으로 본다.
⑤ 부동산을 임대하고 받은 보증금을 은행에 예입하거나 채권을 구입하고 받는 이자는 부동산임대소득으로 본다.

> **해설** 부동산임대소득
> 부동산을 임대하고 받은 보증금을 은행에 예입하거나 채권을 구입하고 받는 이자는 이자소득으로 본다.

78 다음 중 「소득세법」상 부동산임대소득이 <u>아닌</u> 것은?

① 부동산 또는 부동산상의 권리의 대여로 인하여 발생하는 소득
② 등기 또는 등록된 선박, 항공기, 자동차, 중기의 대여로 인한 소득
③ 공장재단·광업재단의 대여로 인한 소득
④ 광업권자·조광권자 또는 덕대(德大)가 채굴에 관한 권리를 대여함으로 인한 소득
⑤ 부동산매매를 목적으로 취득한 부동산의 일시적 대여의 소득

정답 76. ⑤ 77. ⑤ 78. ②

> **해설** 부동산임대소득
> - 부동산소득은 당해 연도에 발생한 다음의 소득을 말한다.
>   1) 부동산 또는 부동산상의 권리의 대여로 인하여 발생하는 소득
>   2) 공장재단 또는 광업재단의 대여로 인하여 발생하는 소득
>   3) 광업권자·조광권자 또는 덕대가 채굴에 관한 권리를 대여함으로 인하여 발생하는 소득

79 「소득세법」에서의 부동산임대소득에 관한 설명 중 틀린 것은?

① 전세금을 받아 이를 예금하여 이자를 받는 것은 부동산임대소득이 아니다.
② 광업권을 대여하고 분철료를 받은 것은 부동산임대소득이 아니다.
③ 부동산을 타인의 담보물로 사용하게 하고 대가를 받는 것은 부동산임대소득이다.
④ 지상권을 대여하고 대가를 받는 것은 부동산임대소득이다.
⑤ 공장재단을 임대하고 대가를 받는 것은 부동산임대소득이다.

> **해설** 부동산임대소득
> 일반적인 지역권·지상권을 대여하고 받는 소득은 기타소득에 해당한다.

80 부동산임대소득의 총수입금액계산에 관한 내용으로서 틀린 것은?

① 전대인의 총수입금액은 전차인으로부터 받은 총수입금액으로 한다.
② 추계조사결정시 산식은 당해 과세기간의 임대보증금의 적수(積數) × 정기예금이자율을 참작하여 정하는 율 × 1/365로 한다.
③ 임대사업부분에서 발생한 수입이자, 할인료 및 배당금은 비치, 기장한 장부나 증빙서류에 의하여 임대보증금 등으로 취득한 것이 확인되는 금융자산으로부터 발생한 것에 한한다.
④ 일부만 전대한 경우에는 전대부분이 해당 부동산에서 차지하는 비율에 의하여 전대수입금액을 계산한다.
⑤ 전대부분이 당해 부동산에서 차지하는 비율은 전대면적비율에 의하나, 사업시설을 포함하는 경우에는 그 가액비율에 의하여 계산한다.

> **해설** 전대에 의한 부동산소득의 총수입금액
> 전차인으로부터 받은 총수입금액에서 그 목적물을 전세 또는 임차받기 위하여 지급한 전세금 또는 보증금과 전세하거나 전대하기 전까지 지급한 시설개량비에 대한 이자상당액과 임대료합계액을 차감하여 계산한 금액으로 한다.

정답 79. ④ 80. ①

81. 다음에서 부동산임대소득에 해당하지 아니하는 것은?

① 부동산매매를 전업으로 하여 발생하는 소득
② 전세권을 설정하고 그 대가를 받는 소득
③ 공장재단 또는 광업재단을 대여함으로 인하여 발생하는 소득
④ 광업권자, 조광권자 또는 덕대가 채굴에 관한 권리를 대여함으로 인하여 발생하는 소득
⑤ 논·밭을 광고용으로 사용하게 하고 대가를 받음으로서 발생하는 소득

해설 부동산임대소득
부동산매매를 전업으로 하는 경우에는 사업소득이다. 또한, 공장재단과는 별도로 기계등의 시설을 임대하는 경우에 발생하는 소득은 사업소득에 해당한다.

82. 토지 등 매매차익예정신고(賣買差益豫定申告)에 대한 다음 설명 중 타당하지 않은 것은?

① 부동산매매업자는 토지 등 매매차익을 매매일이 속하는 달의 말일부터 2개월 내에 예정신고하여야 하며 매매차익이 없거나 매매차손이 발생한 때에도 신고는 하여야 한다.
② 예정신고산출세액은 매매차익에 양도소득세의 세율을 곱하여 계산한다.
③ 토지 등 매매차익예정신고와 함께 자진납부를 한 자도 확정신고를 하여야 한다.
④ 부동산매매업에는 주택신축판매업을 제외한다.
⑤ 토지 등을 평가증하여 장부가액을 수정한 때에는 그 평가증한 후의 금액으로 매매차익을 계산한다.

해설 매매차익예정신고
토지 등을 평가증하여 장부가액을 수정한 때에는 그 평가증을 하지 아니한 장부가액으로 평가차익을 계산한다.

83. 부동산매매업자의 매매차익계산상 매매가액에서 공제되는 것이 아닌 것은?

① 필요경비(必要經費)에 상당하는 금액
② 장기보유특별공제액
③ 양도소득특별공제액상당액
④ 건설자금에 충당한 금액의 이자
⑤ 토지 등의 매도로 인하여 법률에 의하여 지급하는 공과금

정답 81. ① 82. ⑤ 83. ③

제3편 국세

해설 부동산매매업자의 매매차익계산
- 토지 등의 매매차익은 그 매매가액에서 다음의 금액을 공제한 것으로 한다.
  1) 양도자산의 필요경비
     ① 취득에 소요된 실지거래가액
     ② 자본적 지출액 등
     ③ 양도비
  2) 건설자금에 충당한 금액의 이자
  3) 법률에 의한 공과금
  4) 장기보유특별공제액

84. 토지 등 매매차익예정신고시 제출해야 할 서류에 해당하지 않는 것은?
① 토지 및 건물대장등본
② 자산의 양도·취득에 관한 계약서 사본
③ 감가상각비명세서
④ 자본적 지출명세서
⑤ 자산재평가시 재평가내역서

해설 매매차익예정신고
토지 등을 평가증하여 장부가액을 수정한 때에는 그 평가증을 하지 아니한 장부가액으로 매매차익을 계산하기 때문에 자산재평가내역서는 제출서류에 해당되지 아니한다.

85. 상가를 신축하여 분양하는 사업은 어디에 해당되는가?
① 부동산중개업
② 건설업
③ 부동산매매업
④ 건설업과 부동산업
⑤ 부동산건축업

해설 부동산매매업, 건설업, 부동산임대소득
1) 부동산매매업
   부동산매매업, 상가 신축분양, 토지분양
2) 건설업
   주택(임대주택분양 포함)을 신축하여 판매하는 사업
3) 부동산임대소득
   ① 묘지를 개발하여 분묘기지권을 설정하고 분묘설치자로부터 받는 지료
   ② 부동산매매업 또는 건설업자가 판매를 목적으로 취득한 부동산을 일시적으로 대여하고 얻는 소득
   ③ 자기소유의 부동산을 타인의 담보물로 사용하게 하고 받는 사용대가
   ④ 건물의 임대시 받은 금액으로서 계약만료시 반환하는 조건의 전세금의 간주임대료

정답 84. ⑤   85. ③

86. 개인이 부동산매매업을 영위하는 경우에 납부하는 세금에 관한 설명으로서 옳지 않은 것은?

① 부가가치세의 예정신고의무가 있다.
② 기준시가를 기준으로 하여 과세표준을 계산함이 원칙이다.
③ 1과세기간 중 1회 이상 부동산을 취득하고 2회 이상 판매하면 「부가가치세법」상 사업자가 된다.
④ 그 발생하는 소득은 사업소득으로서 종합소득에 합산된다.
⑤ 종합소득세의 확정신고의무가 있다.

해설 부동산매매업

- 양도가액 ─ 원 칙 : 실지거래가액
  └ 예 외 : 기준시가
- 취득가액 등 필요경비 ─ 양도 당시의 장부가액

87. 토지 등 매매차익의 조사결정에 관한 내용으로 옳지 못한 것은?

① 토지 등 매매차익예정신고납부한 자에 대하여는 신고납부일로부터 1월 내에, 무신고자에 대하여는 즉시 매매차익과 세액을 결정해야 한다.
② 부동산매매업자가 예정신고시 제출한 증빙서류 또는 비치기장한 장부에 의하여 매매차익을 계산할 수 있는 경우에는 기장과 증빙에 의하여 조사결정한다.
③ 장부가 없거나 기장내용이 허위인 경우의 매매차익은 매매가액에 소득표준율을 곱하여 계산할 수 있다.
④ 매매차익을 계산하는 경우에 원칙적으로 기준시가를 매매가액으로 본다.
⑤ 토지 등 매매차익예정신고결정을 한 경우에는 해당 납세자에게 통지하여야 한다.

해설 매매차익의 조사결정

매매차익계산시 원칙적으로 실지거래가액으로 한다.

88. 토지 등 매매차익 계산에 관한 다음 설명 중 적합하지 않은 것은?

① 해당 토지의 건설자금이자는 필요경비(必要經費)로 공제한다.
② 해당 자산을 평가증한 경우 평가증하여 수정한 장부가액에 의하지 아니하고 당초의 장부가액에 의하여 매매차익을 계산한다.
③ 토지 등과 기타 자산을 동시에 양도하는 경우 구분기장해야 하며 공통필요경비는 해당 자산의 매매차익비율로 안분계산(按分計算)한다.
④ 양도소득기본공제는 공제대상이 아니다.
⑤ 매매차익을 계산함에 있어서 장기보유특별공제액은 공제하는 항목이다.

정답 86. ② 87. ④ 88. ③

해설 **매매차익 계산**

부동산매매업자는 토지 등과 기타의 자산을 함께 매매하는 경우에는 각각 이를 구분하여 기장하고 공통되는 필요경비가 있는 경우에는 해당 자산의 가액에 따라 안분계산한다.

89 부동산매매업자의 토지 등 매매차익예정신고에 대한 다음의 설명 중 잘못된 것은?

① 토지 등 매매차익과 세액을 그 매매일이 속하는 달의 말일부터 2월 이내에 납세지 관할 세무서장에게 신고납부하여야 한다.
② 매매차손이 발생하는 경우에도 토지 등 매매차익예정신고를 하여야 한다.
③ 토지 등 매매차익에 양도소득세율을 곱하여 예정신고산출세액을 계산한다.
④ 예정신고시 산출세액은 확정신고시 기납부세액으로 공제받는다.
⑤ 예정신고산출세액계산시에는 소득공제를 한다.

해설 **매매차익예정신고**
1) 예정신고산출세액계산시 소득공제는 하지 않는다.
2) 부동산매매업자는 토지 등의 매매차익과 그 세액을 매매일이 속하는 달의 말일부터 2월 이내에 납세지 관할 세무서장에게 신고납부하여야 한다.

90 부동산매매업자의 토지 등 매매차익계산시 매매가액에서 공제되지 않는 것은?

① 양도자산의 필요경비에 해당되는 금액
② 당해 토지 등의 건설자금에 충당한 금액의 이자
③ 토지 등의 매도로 인하여 법률에 의하여 지급되는 공과금
④ 장기보유특별공제액
⑤ 양도소득기본공제금액

해설 **매매차익계산**

부동산매매업자의 토지 등 매매차익예정신고시 양도소득기본공제는 적용되지 아니한다.

정답 89. ⑤ 90. ⑤

91 다음은 토지 등 매매차익예정신고납부 및 결정에 관한 설명이다. 잘못 설명하고 있는 것은?

① 부동산매매업 중 주택신축판매업은 건설업으로 의제되므로 주택신축판매업자는 예정신고의무를 지지 않는다.
② 토지 등의 가액을 평가증하여 장부가액을 수정한 경우에도 평가증하지 아니한 장부가액으로 매매차익을 계산한다.
③ 당해 연도에 2회 이상 신고하는 경우 2회 이후 신고시에는 이미 신고한 매매차익을 합산하여 신고하여야 한다.
④ 예정신고납부한 자에 대하여는 그 신고 또는 신고납부가 있는 날로부터 3개월 이내에 결정한다.
⑤ 주소지 관할 세무서장은 매매차익예정신고를 하지 아니한 자에 대하여는 즉시 그 매매차익과 세액을 결정하고 당해부동산매매업자에게 통지하여야 한다.

해설 매매차익예정신고납부 및 결정
1) 토지의 매매차익계산시 실지거래가액이 확인되지 않을 경우에는 기준시가를 매매가액으로 한다.
2) 예정신고납부한 자에 대하여는 그 신고 또는 신고납부가 있는 날로부터 1개월 이내에 결정한다.

92 부동산매매업자의 토지 등 매매차익예정신고와 납부에 대한 설명으로 잘못된 것은?

① 부동산매매업자는 토지 등 매매차익과 그 세액을 매매일이 속하는 달의 말일부터 2개월이 되는 날까지 납세지 관할 세무서장에게 신고하여야 하며, 토지 등의 매매차익이 없거나 매매차손이 발생한 때에도 신고하여야 한다.
② 부동산매매업자가 토지 등 매매차익예정신고와 함께 자진납부를 한 때에는 그 산출세액을 확정신고시 기납부세액으로 공제한다.
③ 토지 등 매매차익은 양도자산의 필요경비에 상당하는 금액, 토지 등 건설자금에 충당하는 금액의 이자, 토지 등의 매도로 인하여 법률에 의하여 지급하는 공과금과 소정의 장기보유특별공제액을 그 매매가액에서 차감하여 계산한다.
④ 부동산매매업자는 토지 등과 기타의 자산을 함께 매매하는 경우에는 이를 구분하여 기장하고 공통되는 필요경비가 있는 경우에는 당해 자산의 가액에 따라 안분계산하여야 한다.
⑤ 토지 등을 평가증하여 장부가액을 수정한 때에는 수정한 장부가액을 기준으로 매매차익을 계산한다.

해설 매매차익예정신고와 납부
토지 등을 평가증하여 장부가액을 수정한 때에는 그 평가증을 하지 아니한 장부가액으로 매매차익을 계산한다.

정답 91. ④ 92. ⑤

93 주택을 신축하여 판매하는 경우에는 건설업으로 본다. 이에 대한 설명 중 맞는 것은?

① 동일지번상에 주택과 주택 이외 용도의 건물이 설치되어 있으면 전부를 주택으로 본다.
② 주택과 다른 목적의 건물이 각각의 매매단위로 매매되는 경우로서 다른 목적의 건물면적이 주택면적의 10% 이하인 경우에는 전체를 주택으로 본다.
③ 주택의 면적이 주택 이외 용도의 건물보다 큰 경우에는 전체를 주택으로 보지 아니한다.
④ 주택의 면적이 주택 이외 용도의 건물부분과 같은 경우에는 각각 주택과 주택 이외 용도의 건물로 본다.
⑤ 주택과 주택 이외 용도의 건물의 크기와는 관계없이 실지 용도대로 각각 주택과 주택 이외의 건물로 본다.

해설 양도소득과 사업소득의 구분

- 다음에 해당하는 경우에는 전체를 주택으로 본다.
  1) 주택과 다른 목적의 건물이 각각의 매매단위로 매매되는 경우로서 다른 목적의 건물면적이 주택면적의 10% 이하인 경우
  2) 주택에 부수되어 있는 다른 목적의 건물과 주택을 하나의 매매단위로 매매하는 경우로서 다른 목적의 건물면적이 주택면적보다 작은 경우

● 특별수험대책 ●

제1절 양도소득세

1 출제경향분석

(1) 양도소득세는 가장 많이 출제된 분야이다. 특히 9회부터 12회까지 부동산세법문제의 약 50%, 13회부터는 약 30%~40%에 해당하는 문제가 출제되었다. 따라서 문제 수에 있어서 가장 많은 시간을 투자해야 할 분야이다.

(2) 출제범위도 양도소득세의 모든 부분에서 골고루 출제되었으며, 난이도는 전반적으로 쉬운 내용이 출제되었다.

(3) 다만, 대법원판례(제9회), 「조세특례제한법」(제6회), 세목별 겸용주택의 규정(제8회)은 다소 어려운 내용이다. 대법원판례와 「조세특례제한법」은 평소에 수험시간을 투자할 수 없는 범위이다. 즉, 매우 어렵고 분량이 방대하여 투자한 수험시간에 비해 출제되지 않거나 출제되더라도 1문제정도 밖에 출제되지 않기 때문이다.

(4) 최근의 출제경향도 기본내용을 폭넓게 이해하고 있으면 거의 대부분의 문제를 해결할 수 있었다. 따라서 폭넓게 공부하기 바란다.

정답 93. ②

2 수험대책

부동산세법을 정복할 충분한 시간이 없는 수험생은 양도소득세 분야만 정확히 알면 세법문제의 약 40~50%를 맞출 수 있기 때문에 양도소득세 분야만 투자해도 충분하다.

➡ 단계별 수험전략

1단계
양도소득세의 과세대상, 과세표준의 계산흐름도, 비과세(1세대 1주택과 1세대 1주택 비과세에서 제외되는 고가주택 등 포함), 세율 등의 전반적인 내용을 체계적으로 정리해야 한다. 물론 쉽고 기본적인 개념만 정리한다.

2단계
기출문제를 집중분석하여 기출된 문제 중에서 그동안 개정된 최신법령부분을 집중투자하기 바란다.

3단계
국내자산과 국외자산의 양도소득의 범위, 양도·취득가액, 세율을 비교·정리한다. 또한 겸용주택에 대한 개념을 정확히 정리한다.

4단계
① 양도소득세 분야 중 특수한 분야를 정리하여야 한다. 예를 들면 부당행위계산에 관한 내용등을 깊이 있게 공부하여야 한다.
② 고가주택의 요건을 취득세의 고급주택의 요건과 비교한다.
③ 취득세의 취득시기와 양도소득세의 양도·취득시기를 비교·이해한다.

5단계
① 양도소득세 감면분야는 「조세특례제한법」에 규정되어 있으므로 「조세특례제한법」을 이해한다.
② 대법원판례 중에서 중요하거나 사회적으로 주요 이슈가 된 것을 중심으로 정리한다.
  * 그러나 당분간은 3단계까지 정리하면 충분하다고 본다.

제2절 부동산임대소득·부동산매매업

매우 기본적인 문제만 출제되었고 5회 이후에는 12회, 15회 그리고 20회부터 25회까지 1문제씩 출제된 바 있으므로 분석과 수험대책은 생략하고자 한다.

이 분야도 수험기간이 짧아서 공부할 시간이 없다면 부동산 임대소득의 범위만 정리하고 나머지는 과감히 생략하기 바란다.

제3편 국세

응용 출제예상문제

제1절 양도소득세

난이도 A 기본문제

01 양도의 개념

01 「소득세법」상 양도에 해당하는 것은? (단, 거주자의 국내자산으로 가정함) **28회 출제**
① 「도시개발법」이나 그 밖의 법률에 따른 환지처분으로 지목이 변경되는 경우
② 부담부증여시 그 증여가액 중 채무액에 해당하는 부분을 제외한 부분
③ 「소득세법 시행령」 제151조 제1항에 따른 양도담보계약을 체결한 후 채무불이행으로 인하여 해당 자산을 변제에 충당한 때
④ 매매원인 무효의 소에 의하여 그 매매사실이 원인무효로 판시되어 소유권이 환원되는 경우
⑤ 본인 소유 자산을 경매로 인하여 본인이 재취득한 경우

> **해설** 양도소득세 양도의 개념
> ① (×) 양도에서 제외
> ② (×) 채무액에 해당하는 부분을 제외한 부분은 양도가 아닌 증여이다.
> ③ (○) 양도담보계약을 체결한 후 채무불이행으로 인하여 해당 자산을 변제에 충당한 때에는 그 때에 이를 양도한 것으로 본다(영 제151조 제2항).
> ④와 ⑤도 양도로 보지 아니한다.

02 「소득세법」상 거주자의 양도소득세 과세대상이 아닌 것은? **24회 출제**
① 사업용 건물과 함께 영업권의 양도
② 「도시개발법」이나 그 밖의 법률에 따른 환지처분으로 지목 또는 지번의 변경
③ 등기된 부동산임차권의 양도
④ 지상권의 양도
⑤ 개인의 토지를 법인에 현물출자

> **해설** 양도소득의 범위
> 환지처분으로 지번 또는 지목이 변경되는 경우는 양도로 보지 아니한다.

정답 01. ③ 02. ②

제2장 소득세(응용)

03 거주자 甲이 아래의 국내 소재 상업용 건물을 특수관계인이 아닌 거주자 乙에게 부담부증여하고 乙이 甲의 해당 피담보채무를 인수한 경우 양도차익 계산시 상업용 건물의 취득가액은 얼마인가? 〔23회 출제〕

> - 취득 당시 실지거래가액 : 8천만원
> - 취득 당시 기준시가 : 5천만원
> - 증여일 현재 「상속세 및 증여세법」에 따른 평가액(감정가액) : 5억원
> - 상업용 건물에는 금융회사로부터의 차입금 1억원(채권최고액 : 1억2천만원)에 대한 근저당권이 설정되어 있음
> - 양도가액은 양도 당시 「상속세 및 증여세법」에 따른 평가액(감정가액)을 기준으로 계산함

① 1천만원   ② 1천2백만원   ③ 1천6백만원
④ 1천9백2십만원   ⑤ 8천만원

해설 양도차익의 계산

$$8\text{천만원} \times \frac{1\text{억원}}{5\text{억원}} = 16{,}000{,}000\text{원}$$

증여가액 5억원 중에서 채무부담액 1억원이 차지하는 비율이 부담부증여에 해당한다. 취득가액은 실지거래가액, 실지거래가액이 불분명할 경우에는 매매사례가액, 감정가액, 환산가액, 기준시가의 순으로 한다.

04 「소득세법」상 양도에 해당하는 것으로 옳은 것은? 〔26회 출제〕

① 법원의 확정판결에 의하여 신탁해지를 원인으로 소유권이전등기를 하는 경우
② 법원의 확정판결에 의한 이혼위자료로 배우자에게 토지의 소유권을 이전하는 경우
③ 공동소유의 토지를 공유자지분 변경 없이 2개 이상의 공유토지로 분할하였다가 공동지분의 변경 없이 그 공유토지를 소유지분별로 단순히 재분할 하는 경우
④ 본인 소유자산을 경매·공매로 인하여 자기가 재취득하는 경우
⑤ 매매원인 무효의 소에 의하여 그 매매사실이 원인무효로 판시되어 환원될 경우

해설 국세 양도소득세 - 양도개념
② 이외의 것은 모두 양도에 해당되지 않는다.

정답 03. ③   04. ②

양도·취득시기

05 「소득세법」상 양도차익 계산시 취득 및 양도시기로 틀린 것은?

① 대금을 청산한 날이 분명하지 아니한 경우 : 등기부·등록부 또는 명부 등에 기재된 등기·등록접수일 또는 명의개서일
② 증여에 의하여 취득한 자산 : 증여를 받은 날
③ 「공익사업을 위한 토지 등의 취득 및 보상에 관한 법률」에 따라 공익사업을 위하여 수용되는 경우 : 사업인정고시일
④ 대금을 청산하기 전에 소유권이전등기(등록 및 명의개서 포함)를 한 경우 : 등기부·등록부 또는 명부 등에 기재된 등기접수일
⑤ 상속에 의하여 취득한 자산 : 상속개시일

> **해설** **국세, 양도소득세** – 취득시기 및 양도시기
> 대금청산일, 수용개시일 또는 소유권이전등기접수일 중 빠른 날이다(영 제162조 제1항 제7호).

 과세대상

06 「소득세법」상 양도소득세 과세대상이 아닌 것은? **23회 출제**

㉠ 「도시개발법」에 따라 토지의 일부가 보류지로 충당되는 경우
㉡ 지방자치단체가 발행하는 토지상환채권을 양도하는 경우
㉢ 이혼으로 인하여 혼인 중에 형성된 부부공동 재산을 「민법」 제839조의 2에 따라 재산분할 하는 경우
㉣ 개인이 토지를 법인에 현물출자하는 경우
㉤ 주거용 건물건설업자가 당초부터 판매할 목적으로 신축한 다가구주택을 양도하는 경우

① ㉠, ㉡, ㉢   ② ㉠, ㉢, ㉤   ③ ㉡, ㉢, ㉣
④ ㉡, ㉣, ㉤   ⑤ ㉢, ㉣, ㉤

> **해설** **양도소득세 과세대상**
> 보류지 충당, 이혼시 재산분할청구에 의한 재산분할, 양도담보 등은 양도의 범위에서 제외한다. 주택신축판매업(=건설업)은 사업소득으로 종합소득에 해당하고, 양도소득으로 과세하지 아니한다.

정답 05. ③ 06. ②

07

「소득세법」상 양도소득의 과세대상자산을 모두 고른 것은? (단, 거주자가 국내 자산을 양도한 것으로 한정함)

> ㉠ 지역권
> ㉡ 등기된 부동산임차권
> ㉢ 건물이 완성되는 때에 그 건물과 이에 딸린 토지를 취득할 수 있는 권리
> ㉣ 영업권(사업에 사용하는 자산과 분리되어 양도되는 것)
> ㉤ 전세권

① ㉠, ㉡, ㉣ ② ㉡, ㉢, ㉤ ③ ㉢, ㉣, ㉤
④ ㉠, ㉡, ㉢, ㉣ ⑤ ㉠, ㉡, ㉢, ㉤

해설 국세 양도소득세 – 과세대상
㉠ 지역권은 과세대상자산이 아니다.
㉣ 영업권은 사업에 사용하는 자산과 함께 양도하여야 한다.

08

「소득세법」상 거주자의 양도소득세 과세대상에 관한 설명으로 틀린 것은? (단, 양도자산은 국내자산임) **28회 출제**

① 무상이전에 따라 자산의 소유권이 변경된 경우에는 과세대상이 되지 아니한다.
② 부동산에 관한 권리 중 지상권의 양도는 과세대상이다.
③ 사업용 건물과 함께 양도하는 영업권은 과세대상이다.
④ 법인의 주식을 소유하는 것만으로 시설물을 배타적으로 이용하게 되는 경우 그 주식의 양도는 과세대상이다.
⑤ 등기되지 않은 부동산임차권의 양도는 과세대상이다.

해설 양도소득세 과세대상
등기된 부동산임차권의 양도가 과세대상이다(법 제94조 제1항 제2호).

정답 07. ② 08. ⑤

04 양도·취득가액(기준시가 등)

09 거주자 甲이 특수관계 없는 자로부터 부동산을 취득하여 양도한 때 장부 등에 의하여 취득 당시 당해 자산의 실지거래가액을 확인할 수 없어 취득가액을 추계조사결정하는 경우 「소득세법」상 추계방법의 적용순서로 옳은 것은? **20회 출제**

> ㉠ 취득일 전후 3개월 이내 해당 자산과 동일성 또는 유사성이 있는 자산의 매매사례가액
> ㉡ 양도 당시의 실지거래가액 등을 취득 당시의 기준시가 등으로 환산한 가액
> ㉢ 취득일 전후 3개월 이내 당해 자산에 대하여 2 이상의 감정평가업자가 평가한 것으로서 신빙성이 있는 것으로 인정되는 감정가액의 평균액
> ㉣ 기준시가

① ㉠ → ㉡ → ㉢ → ㉣
② ㉠ → ㉢ → ㉡ → ㉣
③ ㉡ → ㉠ → ㉣ → ㉢
④ ㉢ → ㉣ → ㉠ → ㉡
⑤ ㉣ → ㉢ → ㉡ → ㉠

해설 추계조사결정

취득가액은 매매사례가액, 감정가액, 환산가액, 기준시가 순으로 적용한다. 양도가액은 매매사례가액, 감정가액, 기준시가 순으로 적용한다.

10 2016년 취득 후 등기한 토지를 2022.6.15에 양도한 경우 「소득세법」상 토지의 양도차익계산에 관한 설명으로 틀린 것은? (단 특수관계인과의 거래가 아님) **26회 출제**

① 취득 당시 실지거래가액을 확인할 수 없는 경우에는 매매사례가액, 환산가액, 감정가액, 기준시가를 순차로 적용하여 산정한 가액을 취득가액으로 한다.
② 양도와 취득시의 실지거래가액을 확인할 수 있는 경우에는 양도가액과 취득가액을 실지거래가액으로 산정한다.
③ 취득가액을 실지거래가액으로 계산하는 경우 자본적 지출액은 필요경비에 포함된다.
④ 취득가액을 매매사례가액으로 계산하는 경우 취득 당시 개별공시지가에 3/100을 곱한 금액이 필요경비에 포함된다.
⑤ 양도가액을 기준시가에 따를 때에는 취득가액도 기준시기에 따른다.

해설 국세, 양도소득세 – 양도취득가액의 결정

매매사례가액 → 감정가액 → 환산가액 → 기준시가의 순서로 한다.

정답 09. ② 10. ①

제2장 소득세(응용)

11 「소득세법」상 거주자의 양도소득세가 과세되는 부동산의 양도가액 또는 취득가액을 추계조사하여 양도소득과세표준 및 세액을 결정 또는 경정하는 경우에 관한 설명으로 틀린 것은? (단, 매매사례가액과 감정가액은 특수관계인과의 거래가액이 아님) **24회 출제**

① 양도 또는 취득 당시 실지거래가액의 확인을 위하여 필요한 장부·매매계약서·영수증 기타 증빙서류가 없거나 그 중요한 부분이 미비된 경우 추계결정 또는 경정의 사유에 해당한다.
② 매매사례가액, 감정가액, 환산가액, 기준시가를 순차로 적용한다.
③ 매매사례가액은 양도일 또는 취득일 전후 각 3개월 이내에 해당 자산과 동일성 또는 유사성이 있는 자산의 매매사례가 있는 경우 그 가액을 말한다.
④ 감정가액은 당해 자산에 대하여 감정평가기준일이 양도일 또는 취득일 전후 각 3개월 이내이고 2 이상의 감정평가업자가 평가한 것으로서 신빙성이 인정되는 경우 그 감정가액의 평균액으로 한다.
⑤ 환산가액은 양도가액을 추계할 경우에는 적용되지만 취득가액을 추계할 경우에는 적용되지 않는다.

해설 양도소득과세표준과 세액의 결정·경정
환산가액은 양도가액에 적용하지 않고 취득가액에 적용한다.

31회 출제

12 「소득세법」상 거주자의 국내 자산 양도소득세 계산에 관한 설명으로 옳은 것은?
① 부동산에 관한 권리의 양도로 발생한 양도차손은 토지의 양도에서 발생한 양도소득금액에서 공제할 수 없다.
② 양도일부터 소급하여 5년 이내에 그 배우자로부터 증여받은 토지의 양도차익을 계산할 때 그 증여받은 토지에 대하여 납부한 증여세는 양도가액에서 공제할 필요경비에 산입하지 아니한다.
③ 취득원가에 현재가치할인차금이 포함된 양도자산의 보유기간 중 사업소득금액 계산시 필요경비로 산입한 현재가치할인차금상각액은 양도차익을 계산할 때 양도가액에서 공제할 필요경비로 본다.
④ 특수관계인에게 증여한 자산에 대해 증여자인 거주자에게 양도소득세가 과세되는 경우 수증자가 부담한 증여세 상당액은 양도가액에서 공제할 필요경비에 산입한다.
⑤ 거주자가 특수관계인과의 거래(시가와 거래가액의 차액이 5억원임)에 있어서 토지를 시가에 미달하게 양도함으로써 조세의 부담을 부당히 감소시킨 것으로 인정되는 때에는 그 양도가액을 시가에 의하여 계산한다.

정답 11. ⑤ 12. ⑤

해설 국세 양도소득세, 양도가액, 필요경비의 계산

① 부동산, 부동산에 관한 권리, 기타자산을 하나의 그룹으로 보아 양도소득금액을 계산하므로 공제할 수 있다.
② 이월과세대상이다. 증여세는 양도가액에서 공제할 필요경비에 산입한다.
③ 사업소득금액 계산시 필요경비에 산입했으므로 양도차익을 계산할 때 양도가액에서 공제할 필요경비로 보지 않는다. 이중공제를 방지하기 위함이다.
④ 필요경비에 산입하지 아니한다.

05 과세표준계산 및 흐름도

13 다음 자료를 기초로 할 때 소득세법령상 거주자 甲이 확정신고시 신고할 건물과 토지 B의 양도소득과세표준을 각각 계산하면? (단, 아래 자산 외의 양도자산은 없고, 양도소득과세표준 예정신고는 모두 하지 않았으며, 감면소득금액은 없다고 가정함)

구분	건물 (주택아님)	토지 A	토지 B
양도차익(차손)	15,000,000원	(20,000,000원)	25,000,000원
양도일자	2024.3.10.	2024.5.20.	2024.6.25.
보유기간	1년 8개월	4년 3개월	3년 5개월

* 위 자산은 모두 국내에 있으며 등기됨
* 토지 A, 토지 B는 비사업용 토지 아님
* 장기보유 특별공제율은 6%로 가정함

	건물	토지B
①	0 원	16,000,000원
②	0 원	18,500,000원
③	11,600,000원	5,000,000원
④	12,500,000원	3,500,000원
⑤	12,500,000원	1,000,000원

해설 과세표준계산

과세표준 계산문제이다. ④번이 정답.
건물 : 15,000,000 − 0(장기보유특별공제) − 2,500,000(기본공제) = 12,500,000원
토지B : 25,000,000 − 1,500,000(장보특 6%) − 0(기본공제) − 20,000,000 = 3,500,000원

정답 13. ④

14. 「소득세법」상 거주자가 국내 소재 주택의 양도가액과 취득가액을 실지 거래된 금액을 기준으로 양도차익을 산정하는 경우 양도소득의 필요경비에 해당하지 않는 것은? (단, 지출액은 양도주택과 관련된 것으로 전액 양도자가 부담함)

22회 출제

① 주택의 취득대금에 충당하기 위한 대출금의 이자지급액
② 취득시 법령의 규정에 따라 매입한 국민주택채권을 만기 전에 법령이 정하는 금융기관에 양도함으로써 발생하는 매각차손
③ 양도 전 주택의 이용편의를 위한 방 확장 공사비용(이로 인해 주택의 가치가 증가됨)
④ 양도소득세를 신고하기 위하여 작성한 양도소득세 신고서 작성비용
⑤ 공인중개사에게 지급한 중개보수

해설 양도소득의 필요경비
일반적인 대출금의 이자지급액은 필요경비에 해당하지 아니한다.

15. 「소득세법」상 거주자가 국내자산을 양도한 경우 양도소득의 필요경비에 관한 설명으로 옳은 것은?

28회 출제

① 취득가액을 실지거래가액에 의하는 경우 당초 약정에 의한 지급기일의 지연으로 인하여 추가로 발생하는 이자상당액은 취득원가에 포함하지 아니한다.
② 취득가액을 실지거래가액에 의하는 경우 자본적 지출액도 실지로 지출된 가액에 의하므로 「소득세법」제160조의2 제2항에 따른 증명서류를 수취·보관하지 않더라도 지출사실이 입증되면 이를 필요경비로 인정한다.
③ 「소득세법」제97조 제3항에 따른 취득가액을 계산할 때 감가상각비를 공제하는 것은 취득가액을 실지거래가액으로 하는 경우에만 적용하므로 취득가액을 환산가액으로 하는 때에는 적용하지 아니한다.
④ 토지를 취득함에 있어서 부수적으로 매입한 채권을 만기 전에 양도함으로써 발생하는 매각차손은 채권의 매매상대방과 관계없이 전액 양도비용으로 인정된다.
⑤ 취득세는 납부영수증이 없으면 필요경비로 인정되지 아니한다.

해설 양도소득세 필요경비
② 자본적 지출액은 그 지출에 관한 증명서류를 수취·보관한 경우 필요경비로 인정한다.
③ 감가상각비는 추계(환산가액)의 경우에도 적용한다.
④ 금융기관 외의 자에게 양도한 경우에는 동일한 날에 금융기관에 양도하였을 경우 발생하는 매각차손을 한도로 한다.
⑤ 취득세는 납부영수증이 없어도 필요경비로 인정한다.

정답 14. ① 15. ①

제3편 국세

16. 「소득세법」상 거주자 甲이 2018.5.2 취득하여 2022.3.20 등기한 상태로 양도한 건물에 대한 자료이다. 甲의 양도소득세 부담을 최소화하기 위한 양도차익은?

> • 취득과 양도 당시 실지거래가액은 확인되지 않는다.
> • 취득 당시 매매사례가액과 감정가액은 없으며, 기준시가는 1억원이다.
> • 양도 당시 매매사례가액은 3억원이고 감정가액은 없으며, 기준시가는 2억원이다.
> • 자본적 지출액(본래의 용도를 변경하기 위한 개조비)은 1억4천만원, 양도비 지출액(공증비용·인지대·소개비)은 2천만원이다.

① 1억4천만원 ② 1억4천2백만원 ③ 1억4천3백만원
④ 1억4천7백만원 ⑤ 1억4천9백만원

해설 국세, 양도소득세 – 양도차익계산

■ 취득과 양도 당시 실지거래가액이 확인되지 않으므로 다음과 같이 계산한다.
  1) 양도가액 = 매매사례가액, 감정가액, 기준시가의 순으로 한다. 그러므로 양도가액은 3억원이다.
  2) 취득가액 = 매매사례가액, 감정가액, 환산취득가액, 기준시가의 순으로 한다. 그러므로 취득가액은 환산가액인 1억5천만원이다.
  3) 이 경우 필요경비계산은 취득가액+필요경비개산공제이다. 그러나 한 가지 예외가 있다. 환산가액으로 할 경우에는 다음의 둘 중 큰 금액으로 필요경비를 계산하여 공제할 수 있다(세금부담최소화).
    ① 취득가액(= 환산가액) + 필요경비개산공제
      ($\frac{3억원 \times 1억원}{2억원}$ = 1억5천만원 = 환산가액) + (필요경비개산공제 = 1억원 × 3% = 3백만원)
      = 153백만원
    ② 자본적 지출액 + 양도비용
      (1억4천만원 = 자본적 지출액) + (2천만원 = 양도비용) = 1억6천만원
    따라서 ①과 ② 중 큰 금액인 1억6천만원이 필요경비이다. 그 결과 3억원(= 양도가액) – 1억6천만원(= 필요경비) = 1억4천만원(양도차익)이다.

정답 16. ①

17 「소득세법」상 사업소득이 있는 거주자가 실지거래가액에 의해 부동산의 양도차익을 계산하는 경우 양도가액에서 공제할 자본적지출액 또는 양도비에 포함되지 <u>않는</u> 것은? (단, 자본적 지출액에 대해서는 법령에 따른 증명서류가 수취·보관되어 있음) **27회 출제**

① 자산을 양도하기 위하여 직접 지출한 양도소득세과세표준신고서 작성비용
② 납부의무자와 양도자가 동일한 경우 「재건축초과이익 환수에 관한 법률」에 따른 재건축부담금
③ 양도자산의 이용편의를 위하여 지출한 비용
④ 양도자산의 취득 후 쟁송이 있는 경우 그 소유권을 확보하기 위하여 직접 소요된 소송비용으로서 그 지출한 연도의 각 사업소득금액 계산시 필요경비에 산입된 금액
⑤ 자산을 양도하기 위하여 직접 지출한 공증비용

> **해설** 국세, 양도소득세 - 자본적 지출액 또는 양도비용
> 사업소득금액 계산시 필요경비에 산입된 금액은 제외한다. 왜냐하면 양도소득세 과세표준계산시 다시 공제하면 이중으로 공제하기 때문이다.

28회 출제

18 다음은 거주자가 국내 소재 1세대 1주택을 양도한 내용이다. 양도차익은 얼마인가?

(1) 취득 및 양도 내역(등기됨)

구 분	가 액		거래일자
	실지거래가액	기준시가	
양 도	10억원	5억 원	2019. 3. 2.
취 득	확인 불가능	3억 5천만원	2015. 2. 4.

(2) 자본적 지출 및 양도비용은 1천7백만원이다.
(3) 주어진 자료 외는 고려하지 않는다.

① 27,900,000원　　② 28,300,000원　　③ 28,950,000원
④ 283,000,000원　　⑤ 289,500,000원

> **해설** 양도소득세 고가주택의 양도차익계산
> ■ 1세대 1주택 비과세요건을 갖춘 고가주택의 양도차익
> 　양도가액은 10억원(실지거래가액). 취득가액의 실지거래가액이 확인 불가능하므로 매매사례가액 ⇒ 감정가액 ⇒ 환산가액의 순서로 결정한다.
> 　매매사례가액, 감정가액이 없으므로 환산가액으로 한다. 그러므로 환산가액은 10억원×(3억5천만원/5억원)=7억원이다.
> 　필요경비개산공제금액은 취득 당시 기준시가의 3%(등기)이므로 3억5천만원의 3%는 10,500,000원이다. 취득가액을 포함한 총필요경비가 710,500,000원이다.
> 　따라서, 양도차익은 10억원-710,500,000원=289,500,000원이다. 그러나 1세대 1주택 비과세요건을 갖춘 고가주택이므로 289,500,000원×(10억-9억)/10억이 정답이다.
> 　따라서 289,500,000 × 1/10 = 28,950,000원이다.

정답　17. ④　18. ③

19 甲이 2019.3.5 특수관계인인 乙로부터 토지를 3억1천만원(시가 3억원)에 취득하여 2022.10.5 甲의 특수관계인인 丙에게 그 토지를 5억원(시가 5억 6천만원)에 양도한 경우 甲의 양도차익은 얼마인가? (다만, 토지는 등기된 국내 소재의 「소득세법」상 비사업용토지이고, 취득가액 외의 필요경비는 없으며, 甲·乙·丙은 거주자이고, 배우자 및 직계존비속 관계가 없음) **21회 개작**

① 1억7천1백만원 ② 1억9천만원 ③ 2억2천5백만원
④ 2억5천만원 ⑤ 2억6천만원

해설 양도소득금액
취득가액과 양도가액을 얼마로 할 것인가?라는 문제이다. 취득가액은 3억1천만원(= 시가와 거래가액의 차액 1천만원이 시가 × 5%인 1천5백만원에 미달하므로 취득시 거래가액을 인정)이고, 양도가액은 시가 5억6천만원(= 시가와 거래가액의 차액이 6천만원으로 시가 × 5%인 2천8백만원 이상에 해당되어 시가가 양도가액이 됨)이다. 따라서 양도차익은 2억5천만원(= 5억6천만원 − 3억1천만원)이다.

20 20△△년 6월에 양도한 거주자의 국내 소재 등기된 토지(보유기간 1년 6개월)의 자료이다. 양도소득 과세표준은 얼마인가? (단, 20△△년 중 다른 양도거래는 없음) **24회 출제**

- 취득시 기준시가는 7천만원
- 취득시 실지거래가액은 9천만원
- 양도시 기준시가는 1억원
- 양도시 실지거래가액은 1억2천5백만원
- 자본적 지출액 및 양도비 지출액은 2백만원

① 2천7백5십만원 ② 3천만원 ③ 3천5십만원
④ 3천3백만원 ⑤ 3천5백만원

해설 양도소득과세표준
125,000,000 − (90,000,000 + 2,000,000) − 0 − 2,500,000 = 30,500,000원

21 「소득세법」상 장기보유특별공제에 관한 설명으로 틀린 것은? (다만, 양도자산은 비과세되지 아니함) **20회 출제**

① 법령이 정하는 1세대 1주택에 해당하는 자산의 경우 10년 이상 보유시 100분의 80의 공제율이 적용된다.
② 법령이 정하는 비사업용 토지에 해당하는 경우에도 적용된다.
③ 법원의 결정에 의하여 양도 당시 취득에 관한 등기가 불가능한 부동산에 대하여는 적용되지 아니한다.
④ 등기된 토지 또는 건물은 그 자산의 보유기간이 3년 이상인 것에 대하여 적용한다.
⑤ 양도소득금액은 양도차익에서 장기보유특별공제를 공제한 금액으로 한다.

정답 19. ④ 20. ③ 21. ③

제2장 소득세(응용)

> **해설** 장기보유특별공제

미등기제외 자산에 해당되므로 장기보유특별공제를 적용하여야 한다. 장기보유특별공제와 미등기제외 자산을 알고 있느냐의 문제이다. 즉 미등기자산은 원칙적으로 장기보유특별공제를 적용하지 아니하나, 미등기에서 제외되는 자산은 장기보유특별공제를 적용한다.

- **다음의 자산은 미등기자산으로 보지 아니한다.**
  1) 장기할부조건으로 취득한 자산으로서 그 계약조건에 의하여 양도 당시 그 자산의 취득에 관한 등기가 불가능한 자산
  2) 법률의 규정 또는 법원의 결정에 의하여 양도 당시 그 자산의 취득에 관한 등기가 불가능한 자산
  3) 농지의 분합·교환 또는 대토(代土)로 인해 취득하는 농지 및 8년 이상 자경농지
  4) 1세대 1주택으로서 「건축법」에 의한 건축허가를 받지 아니하여 등기가 불가능한 자산
  5) 「도시개발법」에 따른 도시개발사업이 종료되지 않아 토지취득등기를 하지 않고 양도하는 토지
  6) 건설업자가 「도시개발법」에 따라 공사용역 대가로 취득한 체비지를 토지구획환지처분공고 전에 양도하는 토지

22. 「소득세법」상 거주자가 국내 소재 부동산을 양도한 경우 양도소득세에 관한 설명으로 틀린 것은?   **23회 출제**

① 1세대 2주택을 3년 이상 보유한 자가 등기된 주택을 양도한 경우 장기보유특별공제를 적용받을 수 있다.
② 1세대 1주택에 대한 비과세 규정을 적용함에 있어 하나의 건물이 주택과 주택 외의 부분으로 복합되어 있는 경우 주택의 연면적이 주택 외의 연면적보다 클 때에는 그 전부를 주택으로 본다.
③ 증여자인 매형의 채무를 수증자가 인수하는 부담부증여인 경우에는 증여가액 중 그 채무액에 상당하는 부분은 그 자산이 유상으로 사실상 이전되는 것으로 본다.
④ 양도한 토지에서 발생한 양도차손은 5년 이내에 양도하는 토지의 양도소득금액에서 이월하여 공제받을 수 있다.
⑤ 1세대 1주택인 고가주택을 양도한 경우 양도가액 중 12억원을 초과하는 부분의 양도차익에 대해서는 양도소득세가 과세된다.

> **해설** 양도차손
>
> 양도차손은 이월하여 공제할 수 없다.

정답 22. ④

23. 다음 자료를 기초로 할 때 소득세법령상 국내 토지A에 대한 양도소득세에 관한 설명으로 옳은 것은? (단, 甲, 乙, 丙은 모두 거주자임) [35회 출제]

> ○ 甲은 2018.6.20. 토지A를 3억원에 취득하였으며, 2020.5.15. 토지A에 대한 자본적 지출로 5천만원을 지출하였다.
> ○ 乙은 2022.7.1. 직계존속인 甲으로부터 토지A를 증여받아 2022.7.25. 소유권이전등기를 마쳤다(토지A의 증여 당시 시가는 6억원임).
> ○ 乙은 2024.10.20. 토지A를 甲 또는 乙과 특수 관계가 없는 丙에게 10억원에 양도하였다.
> ○ 토지A는 법령상 협의매수 또는 수용된 적이 없으며, 소득세법 제97조의2 양도소득의 필요경비 계산 특례(이월과세)를 적용하여 계산한 양도소득 결정세액이 이를 적용하지 않고 계산한 양도소득 결정세액보다 크다고 가정한다.

① 양도차익 계산시 양도가액에서 공제할 취득가액은 6억원이다.
② 양도차익 계산시 甲이 지출한 자본적 지출액 5천만원은 양도가액에서 공제할 수 없다.
③ 양도차익 계산시 乙이 납부하였거나 납부할 증여세 상당액이 있는 경우 양도차익을 한도로 필요경비에 산입한다.
④ 장기보유 특별공제액 계산 및 세율 적용시 보유기간은 乙의 취득일부터 양도일까지의 기간으로 한다.
⑤ 甲과 乙은 양도소득세에 대하여 연대납세의무를 진다.

해설 양도소득세 이월과세
양도소득세 이월과세 내용이다. 2~3년에 한 번씩 출제되고 있다. "필요경비에 산입한다." ③번이 정답.

24. 「소득세법」상 장기보유특별공제와 양도소득기본공제에 관한 설명으로 틀린 것은? (단, 거주자의 국내 소재 부동산을 양도한 경우임) [24회 출제]

① 보유기간이 3년 이상인 토지 및 건물(미등기양도자산 및 비사업용 토지 포함)인 경우 장기보유특별공제가 적용된다.
② 1세대 1주택이라도 장기보유특별공제가 적용될 수 있다.
③ 장기보유특별공제액은 해당 자산의 양도차익에 보유기간별 공제율을 곱하여 계산한다.
④ 등기된 비사업용 토지를 양도한 경우 양도소득기본공제 대상이 된다.
⑤ 장기보유특별공제 계산시 해당 자산의 보유기간은 그 자산의 취득일부터 양도일까지로 하지만 「소득세법」 제97조 제4항에 따른 배우자 또는 직계존비속간 증여재산에 대한 이월과세가 적용되는 경우에는 증여한 배우자 또는 직계존비속이 해당 자산을 취득한 날부터 기산한다.

정답 23. ③ 24. ①

해설 「소득세법」상 장기보유특별공제와 양도소득기본공제

미등기양도자산은 장기보유특별공제가 적용되지 아니한다.

25. 「소득세법」상 건물의 양도에 따른 장기보유특별공제에 관한 설명으로 틀린 것은? [26회 출제]

① 보유기간이 3년 이상인 등기된 상가건물은 장기보유특별공제가 적용된다.
② 100분의 70의 세율이 적용되는 미등기 건물에 대해서는 장기보유특별공제를 적용하지 아니한다.
③ 1세대 1주택 요건을 충족한 고가주택(보유기간 2년 6개월)이 과세되는 경우 장기보유특별공제가 적용된다.
④ 장기보유특별공제액은 건물의 양도차익에 보유기간별 공제율을 곱하여 계산한다.
⑤ 보유기간이 12년인 등기된 상가건물의 보유기간별 공제율은 100분의 24이다.

해설 국세, 양도소득세 - 장기보유특별공제

보유기간 3년 이상이어야 한다.

26. 「소득세법」상 거주자의 양도소득세에 관한 설명으로 틀린 것은? (단, 국내 소재 부동산의 양도임) [28회 출제]

① 같은 해에 여러 개의 자산(모두 등기됨)을 양도한 경우 양도소득기본공제는 해당 과세기간에 먼저 양도한 자산의 양도소득금액에서부터 순서대로 공제한다. 단, 감면소득금액은 없다.
② 「소득세법」제104조 제3항에 따른 미등기 양도자산에 대하여는 장기보유특별공제를 적용하지 아니한다.
③ 「소득세법」제97조의2 제1항에 따라 이월과세를 적용받는 경우 장기보유특별공제의 보유기간은 증여자가 해당 자산을 취득한 날부터 기산한다.
④ A법인과 특수관계에 있는 주주가 시가 3억원(「법인세법」제52조에 따른 시가임)의 토지를 A법인에게 5억원에 양도한 경우 양도가액은 3억원으로 본다. 단, A법인은 이 거래에 대하여 세법에 따른 처리를 적절하게 하였다.
⑤ 특수관계인간의 거래가 아닌 경우로서 취득가액인 실지거래가액을 인정 또는 확인할 수 없어 그 가액을 추계결정 또는 경정하는 경우에는 매매사례가액, 감정가액, 기준시가의 순서에 따라 적용한 가액에 의한다.

정답 25. ③ 26. ⑤

해설 **양도소득세 과세표준계산의 흐름**
매매사례가액 ⇒ 감정가액 ⇒ 환산가액 ⇒ 기준시가의 순서에 따라 적용한 가액에 의한다.

27 소득세법령상 거주자의 국내자산 양도에 대한 양도소득세에 관한 설명으로 옳은 것은? [35회 출제]

① 부담부증여의 채무액에 해당하는 부분으로서 양도로 보는 경우에는 그 양도일이 속하는 달의 말일부터 2개월 이내에 양도소득세를 신고하여야 한다.
② 토지를 매매하는 거래당사자가 매매계약서의 거래가액을 실지거래가액과 다르게 적은 경우에는 해당 자산에 대하여 「소득세법」에 따른 양도소득세의 비과세에 관한 규정을 적용할 때, 비과세 받을 세액에서 '비과세에 관한 규정을 적용하지 아니하였을 경우의 양도소득 산출세액'과 '매매계약서의 거래가액과 실지거래가액과의 차액' 중 큰 금액을 뺀다.
③ 사업상의 형편으로 인하여 세대전원이 다른 시·군으로 주거를 이전하게 되어 6개월 거주한 주택을 양도하는 경우 보유기간 및 거주기간의 제한을 받지 아니하고 양도소득세가 비과세된다.
④ 토지의 양도로 발생한 양도차손은 동일한 과세기간에 전세권의 양도로 발생한 양도소득금액에서 공제할 수 있다.
⑤ 상속받은 주택과 상속개시 당시 보유한 일반주택을 국내에 각각 1개씩 소유한 1세대가 상속받은 주택을 양도하는 경우에는 국내에 1개의 주택을 소유하고 있는 것으로 보아 1세대 1주택 비과세 규정을 적용한다.

해설 **양도소득세**
양도소득세 혼합문제이다. ④번이 정답.

28 「소득세법」상 거주자의 양도소득과세표준 계산에 관한 설명으로 옳은 것은? [29회 출제]

① 양도소득금액을 계산할 때 부동산을 취득할 수 있는 권리에서 발생한 양도차손은 토지에서 발생한 양도소득금액에서 공제할 수 없다.
② 양도차익을 실지거래가액에 의하는 경우 양도가액에서 공제할 취득가액은 그 자산에 대한 감가상각비로서 각 과세기간의 사업소득금액을 계산하는 경우 필요경비에 산입한 금액이 있을 때에는 이를 공제하지 않은 금액으로 한다.
③ 양도소득에 대한 과세표준은 종합소득 및 퇴직소득에 대한 과세표준과 구분하여 계산한다.
④ 1세대 1주택 비과세 요건을 충족하는 고가주택의 양도가액이 15억원이고 양도차익이 2억원인 경우 양도소득세가 과세되는 양도차익은 3억원이다.
⑤ 2018.4.1 이후 지출한 자본적지출액은 그 지출에 관한 증명서류를 수취·보관하지 않고 실제 지출 사실이 금융거래 증명서류에 의하여 확인되지 않는 경우에도 양도차익 계산 시 양도가액에서 공제할 수 있다.

정답 27. ④ 28. ③

해설 양도소득세, 과세표준계산

① 같은 자산그룹에 속하므로 공제할 수 있다.
② 공제한 후의 금액으로 한다.
④ 2억원 × $\dfrac{15억 - 12억}{15억}$ = 4천만원이다.
⑤ 확인되어야 공제할 수 있다.

 세율

22회 개작

29 「소득세법」상 거주자가 2020.7.1 국내소재 주택을 취득하여 등기한 후 해당 주택을 2021.6.10 양도하였다. 이에 따른 양도소득 과세표준이 1천만원인 경우 적용되는 양도소득세율은? (단, 양도시 비과세 대상이 아닌 1세대 2주택자이며, 조합원입주권은 없음)

① 6%   ② 15%   ③ 24%   ④ 70%   ⑤ 60%

해설 양도소득세율
1년 미만 보유한 주택이므로 70%이다.

27회 출제

30 「소득세법」상 등기된 국내 부동산에 대한 양도소득 과세표준의 세율에 관한 내용으로 옳은 것은?

① 1년 6개월 보유한 1주택 : 100분의 70
② 2년 1개월 보유한 상가건물 : 100분의 40
③ 10개월 보유한 상가건물 : 100분의 50
④ 6개월 보유한 1주택 : 100분의 60
⑤ 1년 8개월 보유한 상가건물 : 100분의 50

해설 국세, 양도소득세 - 세율
① 60%   ② 초과누진세율   ④ 70%   ⑤ 40%

정답 29. ④   30. ③

제3편 국세

 비과세

31 「소득세법」상 1세대 1주택(고가주택 제외) 비과세규정에 관한 설명으로 틀린 것은? (단, 거주자의 국내주택을 가정) **24회 출제**

① 1세대 1주택 비과세규정을 적용하는 경우 부부가 각각 세대를 달리 구성하는 경우에도 동일한 세대로 본다.
② 「해외이주법」에 따른 해외이주로 세대전원이 출국하는 경우 출국일 현재 1주택을 보유하고 있고 출국일로부터 2년 이내에 해당 주택을 양도하는 경우 보유기간 요건을 충족하지 않더라도 비과세한다.
③ 1주택을 보유하는 자가 1주택을 보유하는 자와 혼인함으로써 1세대가 2주택을 보유하게 되는 경우 혼인한 날부터 5년 이내에 먼저 양도하는 주택(보유기간 4년)은 비과세한다.
④ 「건축법 시행령」[별표 1] 제1호 다목에 해당하는 다가구주택은 해당 다가구주택을 구획된 부분별로 분양하지 아니하고 하나의 매매단위로 하여 양도하는 경우 그 구획된 부분을 각각 하나의 주택으로 본다.
⑤ 양도일 현재 「공공주택 특별법」에 따른 공공건설임대주택 1주택만을 보유하는 1세대는 해당 건설임대주택의 임차일부터 해당 주택의 양도일까지의 거주기간이 5년 이상인 경우 보유기간 요건을 충족하지 않더라도 비과세한다.

해설 1세대 1주택 비과세
다가구주택을 하나의 매매단위로 하여 양도하는 경우 전체를 하나의 주택으로 본다.

정답 31. ④

32 「소득세법」상 농지교환으로 인한 양도소득세와 관련하여 ( )에 들어갈 내용으로 옳은 것은?

20회 출제

> 경작상의 필요에 의하여 농지를 교환하는 경우 교환에 의하여 새로이 취득하는 농지를 (㉠) 이상 농지소재지에 거주하면서 경작하는 경우[새로운 농지의 취득 후 (㉡)이내에 법령에 따라 수용 등이 되는 경우 포함]로서 교환하는 쌍방 토지가액의 차액이 가액이 큰 편의 (㉢) 이하이면 농지의 교환으로 인하여 발생하는 소득에 대한 양도소득세를 비과세한다.

	㉠	㉡	㉢
①	3년	2년	3분의 1
②	2년	3년	4분의 1
③	3년	1년	2분의 1
④	3년	3년	4분의 1
⑤	2년	2년	2분의 1

해설 농지교환으로 인한 양도소득세

농지의 교환에 대한 양도소득세 비과세에 관한 내용이다. 지문의 내용을 숙지하기 바란다.

33 「소득세법」상 거주자의 양도소득세 비과세에 관한 설명으로 옳은 것은?

27회 출제

① 국내에 1주택만을 보유하고 있는 1세대가 해외이주로 세대전원이 출국하는 경우 출국일부터 3년이 되는 날 해당 주택을 양도하면 비과세된다.
② 법원의 결정에 의하여 양도 당시 취득에 관한 등기가 불가능한 미등기주택은 양도소득세 비과세가 배제되는 미등기양도자산에 해당하지 않는다.
③ 직장의 변경으로 세대전원이 다른 시로 주거를 이전하는 경우 6개월간 거주한 1주택을 양도하면 비과세된다.
④ 양도 당시 실지거래가액이 10억원인 1세대 1주택의 양도로 발생하는 양도차익 전부가 비과세된다.
⑤ 농지를 교환할 때 쌍방 토지가액의 차액이 가액이 큰 편의 3분의 1인 경우 발생하는 소득은 비과세된다.

해설 국세, 양도소득세 – 비과세

① 2년 이내에 양도하여야 한다.
③ 1년 이상 거주한 주택이어야 한다.
④ 12억원까지 비과세하고 12억원 초과부분만 과세한다.
⑤ 차액이 1/4 이하인 경우 비과세한다.

정답 32. ④ 33. ②

제3편 국세

34 「소득세법」상 양도소득세 비과세 대상인 1세대1주택을 거주자 甲이 특수관계 없는 乙에게 다음과 같이 양도한 경우 양도소득세의 비과세에 관한 규정을 적용할 때 비과세 받을 세액에서 뺄 금액은 얼마인가? (단, 다음 제시된 사항만 고려함) **22회 출제**

- 매매(양도)예약 체결일 : 2022.7.10.
- 매매(양도)계약서상의 거래가액 : 3억 5천만원
- 양도시 시가 및 실지거래가액 : 3억원
- 甲의 주택에 양도소득세 비과세에 관한 규정을 적용하지 않을 경우 양도소득 산출세액 : 3천만원

① 0원 ② 1천만원 ③ 2천만원 ④ 3천만원 ⑤ 5천만원

해설 양도소득세 비과세

- 1세대 1주택 비과세가 적용될 경우 양도자가 실제거래금액 3억원보다 많은 금액 3억5천만원을 거래한 것처럼 매매계약서상 금액으로 기재해 준 경우 불이익을 주기 위한 것이다.
- 비과세를 적용하지 않았을 경우 양도소득세 산출세액 3천만원과 계약서상의 거래가액(3억5천만원)과 실지거래가액(3억원)의 차액인 5천만원 중 적은 금액을 뺀다.

35 국내에 주택 1채와 토지를 국외에 1채의 주택을 소유하고 있는 거주자 甲이 2022년 중 해당 소유 부동산을 모두 양도하는 경우 이에 관한 설명으로 틀린 것은? (단, 국내소재 부동산은 모두 등기되었으며, 주택은 고가주택이 아님)

① 甲이 국내주택을 먼저 양도하는 경우 2년 이상 보유한 경우라도 1세대 2주택에 해당하므로 양도소득세가 과세된다.
② 甲이 국외주택의 양도일까지 계속 5년 이상 국내에 주소를 둔 거주자인 경우 국외주택의 양도에 대하여 양도 소득세 납세의무가 있다.
③ 甲의 부동산양도에 따른 소득세의 납세지는 甲의 주소지를 원칙으로 한다.
④ 국외주택 양도소득에 대하여 납부하였거나 납부할 국외주택 양도소득세액은 해당 과세기간의 국외주택 양도소득금액 계산상 필요경비에 산입할 수 있다.
⑤ 국외주택의 양도에 대하여는 연 250만원의 양도소득기본공제를 적용받을 수 있다.

해설 1세대 1주택

1세대 1주택이란 국내에 1세대가 1주택을 2년 이상 보유한 후 양도한 주택을 말한다. 즉, 1세대 1주택 비과세 여부를 판정할 때 국외소재 주택은 주택수에 포함하지 아니한다.

정답 34. ④ 35. ①

36. 다음은 「소득세법 시행령」 제155조 '1세대 1주택의 특례'에 관한 조문의 내용이다. ( )에 들어갈 법령상의 숫자를 순서대로 옳게 나열한 것은?

29회 출제

> - 1주택을 보유하는 자가 1주택을 보유하는 자와 혼인함으로써 1세대가 2주택을 보유하게 되는 경우 혼인한 날부터 ( )년 이내에 먼저 양도하는 주택은 이를 1세대 1주택으로 보아 제154조 제1항을 적용한다.
> - 주택을 보유하고 1세대를 구성하는 자가 1주택을 보유하고 있는 ( )세 이상의 직계존속(배우자의 직계존속을 포함하며, 직계존속 중 어느 한 사람이 ( )세 미만인 경우를 포함)을 동거봉양하기 위하여 세대를 합침으로써 1세대가 2주택을 보유하게 되는 경우 합친 날부터 ( )년 이내에 먼저 양도하는 주택은 이를 1세대 1주택으로 보아 제154조 제1항을 적용한다.

① 3, 55, 55, 5 ② 3, 60, 60, 5 ③ 3, 60, 55, 10
④ 5, 55, 55, 10 ⑤ 5, 60, 60, 10

해설 양도소득세, 1세대 1주택

5년, 60세, 60세, 10년이다.

08 국외자산양도소득

37. 「소득세법」상 국외자산 양도에 관한 설명으로 옳은 것은?

① 양도차익 계산시 필요경비의 외화환산은 지출일 현재 「외국환거래법」에 의한 기준환율 또는 재정환율에 의한다.
② 미등기 국외토지에 대한 양도소득세율은 70%이다.
③ 국외자산 양도시 양도소득세의 납세의무자는 국외자산의 양도일까지 계속하여 3년간 국내에 주소를 둔 거주자이다.
④ 장기보유특별공제는 국외자산의 보유기간이 3년 이상인 경우에만 적용된다.
⑤ 국외자산의 양도가액은 실지거래가액이 있더라도 양도 당시 현황을 반영한 시가에 의하는 것이 원칙이다.

해설 국세, 양도소득세 – 국외자산

② 국외 양도자산은 미등기 여부를 가리지 아니한다. 등기제도가 없는 나라도 있을 수 있기 때문이다.
③ 3년이 아니라 5년이다.
④ 장기보유특별공제는 적용하지 아니한다.
⑤ 원칙이 실지거래가액이다.

정답 36. ⑤ 37. ①

38. 「소득세법」상 국외자산의 양도에 대한 양도소득세 과세에 있어서 국내자산의 양도에 대한 양도소득세 규정 중 준용하지 않는 것은?

① 비과세 양도소득
② 양도소득과세표준의 계산
③ 기준시가의 산정
④ 양도소득의 부당행위계산
⑤ 양도 또는 취득의 시기

> **해설** 국세, 양도소득세 - 국외자산의 양도
> 기준시가, 장기보유특별공제, 미등기양도자산 등은 준용하지 않는다.

39. 소득세법령상 거주자가 2024년에 양도한 국외자산의 양도소득세에 관한 설명으로 틀린 것은? (단, 거주자는 해당 국외자산 양도일까지 계속 5년 이상 국내에 주소를 두고 있으며, 국외 외화차입에 의한 취득은 없음)   **35회 출제**

① 국외자산의 양도에 대한 양도소득이 있는 거주자는 양도소득 기본공제는 적용받을 수 있으나 장기보유 특별공제는 적용받을 수 없다.
② 국외 부동산을 양도하여 발생한 양도차손은 동일한 과세기간에 국내 부동산을 양도하여 발생한 양도소득금액에서 통산할 수 있다.
③ 국외 양도자산이 부동산임차권인 경우 등기여부와 관계없이 양도소득세가 과세된다.
④ 국외자산의 양도가액은 그 자산의 양도 당시의 실지거래가액으로 한다. 다만, 양도 당시의 실지거래가액을 확인할 수 없는 경우에는 양도자산이 소재하는 국가의 양도 당시 현황을 반영한 시가에 따르되, 시가를 산정하기 어려울 때에는 그 자산의 종류, 규모, 거래상황 등을 고려하여 대통령령으로 정하는 방법에 따른다.
⑤ 국외 양도자산이 양도 당시 거주자가 소유한 유일한 주택으로서 보유기간이 2년 이상인 경우에도 1세대 1주택비과세 규정을 적용받을 수 없다.

> **해설** 국세, 양도소득세 - 거주자, 국외자산 등
> 국외자산 양도에 관한 문제이다. ②번 "있다"가 "없다"가 되어야 맞다.

정답 38. ③   39. ②

제2장 소득세(응용)

40 「소득세법」상 양도소득세에 관한 설명으로 옳은 것은? 『27회 출제』

① 거주자가 국외 토지를 양도한 경우 양도일까지 계속해서 10년간 국내에 주소를 두었다면 양도소득과세표준을 예정신고하여야 한다.
② 비거주자가 국외 토지를 양도한 경우 양도소득세 납부 의무가 있다.
③ 거주자가 국내 상가건물을 양도한 경우 거주자의 주소지와 상가건물의 소재지가 다르다면 양도소득세 납세지는 상가건물의 소재지이다.
④ 비거주자가 국내 주택을 양도한 경우 양도소득세 납세지는 비거주자의 국외 주소지이다.
⑤ 거주자가 국외 주택을 양도한 경우 양도일까지 계속해서 5년간 국내에 주소를 두었다면 양도소득금액 계산시 장기보유특별공제가 적용된다.

해설 국세, 양도소득세 – 비거주자, 국외자산 등
② 비거주자는 국내원천소득에 대하여만 납세의무를 진다.
③ 양도소득세 납세지는 양도자의 주소지이다.
④ 양도한 국내의 주택소재지이다.
⑤ 국외자산양도에 대하여 장기보유특별공제는 적용하지 않는다.

09 신고납부

41 「소득세법」상 양도소득세의 납세의무에 관한 설명으로 틀린 것은? (다만, 양도자산은 비과세되지 아니함) 『20회 출제』

① 거주자는 국내에 있는 토지의 양도로 발생하는 소득에 대하여 양도소득세 납세의무가 있다.
② 거주자가 양도일까지 계속하여 국내에 5년 이상 주소 또는 거소를 둔 경우 국외에 있는 토지의 양도로 인하여 발생하는 소득에 대하여 양도소득세 납세의무가 있다.
③ 비거주자는 국내에 있는 토지의 양도로 인하여 발생하는 소득에 대하여 양도소득세 납세의무가 있다.
④ 비거주자는 국외에 있는 건물의 양도로 인하여 발생하는 소득에 대하여 양도소득세 납세의무가 있다.
⑤ 출국일 현재 국내에 1주택을 보유한 1세대가 해외이주법에 따른 해외이주로 세대전원이 출국한 경우 출국일부터 2년 이내에 동 주택의 양도로 인하여 발생하는 소득에 대하여는 양도소득세가 비과세된다.

해설 납세의무
비거주자는 국내원천소득에 대하여만 납세의무를 진다.

정답 40. ① 41. ④

42. 「소득세법」상 거주자의 양도소득세에 관한 설명으로 틀린 것은? [21회 출제]

① 법령으로 정하는 근무상 형편으로 취득한 수도권 밖에 소재하는 등기된 주택과 그 밖의 등기된 일반주택을 국내에 각각 1개씩 소유하는 1세대가 부득이한 사유가 해소된 날부터 3년 이내에 일반주택을 양도하는 경우 법정요건을 충족하면 비과세된다.
② 법령이 정한 장기할부조건부로 부동산을 매매한 경우 그 취득 및 양도시기는 소유권이전등기접수일·인도일·사용수익일 중 빠른 날로 한다.
③ 부동산의 양도에 대한 양도소득세를 양수자가 부담하기로 약정한 경우 양도시기인 대금청산일 판단시 그 대금에는 양도소득세를 제외한다.
④ 국내 소재 부동산에 대한 양도소득세는 양도인 소유의 다른 부동산으로 물납할 수 있다.
⑤ 양도소득세 과세대상인 국내 소재의 등기된 토지와 건물을 같은 연도 중에 양도시기를 달리 하여 양도한 경우에도 양도소득기본공제는 연 250만원을 공제한다.

해설 거주자의 양도소득세
양도소득세는 물납 제도가 없다.

43. 甲이 등기된 국내소재 공장(건물)을 양도한 경우 양도소득 과세표준 예정신고 및 확정신고에 관한 설명으로 옳은 것은? (단, 甲은 「소득세법」상 부동산매매업을 영위하지 않는 거주자이며 「국세기본법」상 기한연장 사유는 없음) [22회 출제]

① 2021.3.15에 양도한 경우 예정신고기한은 2021.6.15이다.
② 예정신고시 예정신고납부세액공제(산출세액의 10%)가 적용된다.
③ 예정신고 관련 무신고가산세가 부과되는 경우 그 부분에 대하여 확정신고와 관련한 무신고가산세가 다시 부과된다.
④ 예정신고납부를 할 때 납부할 세액은 양도차익에서 장기보유특별공제와 양도소득 기본공제를 한 금액에 해당 양도소득세 세율을 적용하여 계산한 금액을 그 산출세액으로 한다.
⑤ 확정신고 기간은 양도일이 속한 연도의 다음 연도 6월 1일부터 6월 30일까지이다.

해설 양도소득 예정신고납부
① 예정신고기한은 양도일이 속하는 달의 말일부터 2개월 이내이다. 그러므로 5월 31일이다.
② 예정신고시 세액공제는 없다.
③ 예정신고시 적용된 가산세는 중복하여 적용하지 아니한다.
⑤ 다음 연도 5.1 ~ 5.31이다.

정답 42. ④ 43. ④

제2장 소득세(응용)

44 「소득세법」상 양도소득세의 신고와 납부에 관한 설명으로 옳은 것은?

① 양도소득세의 납세의무자는 주소지 관할 시·군·구에 신고하여야 한다.
② 양도소득 과세표준을 과소신고한 경우 가산세는 20%이다.
③ 양도소득세액이 1,000만원을 초과한 경우 부동산으로 물납할 수 있다.
④ 양도소득세의 분할납부는 예정신고납부시에는 적용되지 않고 확정신고납부시에만 적용된다.
⑤ 거주자가 양도소득세 확정신고에 따라 납부할 세액이 3천600만원인 경우 최대 1천800만원까지 분할납부할 수 있다.

해설 국세, 양도소득 – 물납, 분납
① (X) 주소지 관할 세무서장이다.
② (X) 과소신고가산세는 10%이다.
③ (X) 양도소득세는 물납제도가 없다.
④ (X) 예정신고납부시에도 적용한다.
⑤ (○) 2천만원을 초과하므로 최대 50%인 1,800만원까지 분할납부할 수 있다.

45 「소득세법」상 사업자가 아닌 거주자 甲이 20△△.5.15에 토지(토지거래계약에 관한 허가구역 외에 존재)를 양도하였고, 납부할 양도소득세액은 1천5백만원이다. 이 토지의 양도소득세 신고납부에 관한 설명으로 틀린 것은? (단, 과세기간 중 해당 거래 이외에 다른 양도거래는 없고, 답지항은 서로 독립적이며 주어진 조건 외에는 고려하지 않음) [26회 개작]

① 20△△.7.31까지 양도소득과세표준을 납세지 관할 세무서장에게 신고하여야 한다.
② 예정신고를 하지 않은 경우 확정신고를 하면, 예정신고에 대한 가산세는 부과되지 아니한다.
③ 예정신고하는 경우 양도소득세의 분할납부가 가능하다.
④ 예정신고를 한 경우에는 확정신고를 하지 아니할 수 있다.
⑤ 양도소득세는 물납제도가 없다.

해설 국세, 양도소득세 – 예정신고가산세
예정신고를 하지 않은 경우 가산세가 부과된다. 다만, 예정신고 가산세가 부과된 경우 다시 확정신고 때 가산세가 부과되지는 않는다.

정답 44. ⑤ 45. ②

46. 「소득세법」상 거주자의 양도소득과세표준의 신고 및 납부에 관한 설명으로 옳은 것은? [27회 출제]

① 202△.3.21에 주택을 양도하고 잔금을 청산한 경우 202△.6.30에 예정신고할 수 있다.
② 확정신고납부시 납부할 세액이 1천6백만원인 경우 6백만원을 분납할 수 있다.
③ 예정신고납부시 납부할 세액이 2천만원인 경우 분납할 수 없다.
④ 양도차손이 발생한 경우 예정신고하지 아니한다.
⑤ 예정신고하지 않은 거주자가 해당 과세기간의 과세표준이 없는 경우 확정신고하지 아니한다.

해설 국세, 양도소득세 - 신고와 납부
① 5월 31일까지 예정신고하여야 한다.
③ 예정신고할 경우에도 분납할 수 있다.
④ 양도차익이었거나 양도차손이 발생한 경우에도 예정신고하여야 한다.
⑤ 과세표준이 없거나 결손금액이 있는 경우에도 확정신고하여야 한다.

47. 「소득세법」상 거주자의 양도소득세 신고 및 납부에 관한 설명으로 옳은 것은? [29회 출제]

① 토지 또는 건물을 양도한 경우에는 그 양도일이 속하는 분기의 말일부터 2개월 이내에 양도소득과세표준을 신고해야 한다.
② 양도차익이 없거나 양도차손이 발생한 경우에는 양도소득과세표준 예정신고 의무가 없다.
③ 건물을 신축하고 그 신축한 건물의 취득일부터 5년 이내에 해당 건물을 양도하는 경우로서 취득 당시의 실지거래가액을 확인할 수 없어 환산가액을 그 취득가액으로 하는 경우에는 양도소득세 산출세액의 100분의 5에 해당하는 금액을 양도소득 결정세액에 더한다.
④ 양도소득과세표준 예정신고 시에는 납부할 세액이 1천만원을 초과하더라도 그 납부할 세액의 일부를 분할납부할 수 없다.
⑤ 해당 연도에 누진세율의 적용대상 자산에 대한 예정신고를 2회 이상 한 자가 법령에 따라 이미 신고한 양도소득금액과 합산하여 신고하지 아니한 경우 양도소득세 확정신고를 해야 한다.

해설 양도소득세, 신고납부
① 양도일이 속하는 달의 말일부터 2개월 이내에 신고하여야 한다.
② 예정신고의무가 있다.
③ 해당 건물 환산가액의 100분의 5에 해당하는 금액을 양도소득결정세액에 더한다.
④ 예정신고시에도 분할납부할 수 있다.

정답 46. ② 47. ⑤

제2장 소득세(응용)

48 「소득세법」상 거주자의 국내 토지에 대한 양도소득과세표준 및 세액의 신고·납부에 관한 설명으로 틀린 것은?　31회 출제

① 법령에 따른 부담부증여의 채무액에 해당하는 부분으로서 양도로 보는 경우 그 양도일이 속하는 달의 말일부터 3개월 이내에 양도소득과세표준을 납세지 관할 세무서장에게 신고하여야 한다.
② 예정신고납부를 하는 경우 예정신고 산출세액에서 감면세액을 빼고 수시부 과세액이 있을 때에는 이를 공제하지 아니한 세액을 납부한다.
③ 예정신고납부할 세액이 2천만원을 초과하는 때에는 그 세액의 100분의 50 이하의 금액을 납부기한이 지난 후 2개월 이내에 분할납부할 수 있다.
④ 당해 연도에 누진세율의 적용대상 자산에 대한 예정신고를 2회 이상 한 자가 법령에 따라 이미 신고한 양도소득금액과 합산하여 신고하지 아니한 경우에는 양도소득 과세표준의 확정신고를 하여야 한다.
⑤ 양도차익이 없거나 양도차손이 발생한 경우에도 양도소득 과세표준의 예정신고를 하여야 한다.

해설 양도소득세 신고납부
② 공제한 세액을 신고납부한다.

미등기양도자산

49 「소득세법」상 미등기양도자산에 관한 설명으로 옳은 것은?　29회 출제

① 미등기양도자산도 양도소득에 대한 소득세의 비과세에 관한 규정을 적용할 수 있다.
② 건설업자가 「도시개발법」에 따라 공사용역 대가로 취득한 체비지를 토지구획환지처분공고 전에 양도하는 토지는 미등기양도자산에 해당하지 않는다.
③ 미등기양도자산의 양도소득금액 계산 시 양도소득 기본공제를 적용할 수 있다.
④ 미등기양도자산은 양도소득세 산출세액에 100분의 70을 곱한 금액을 양도소득 결정세액에 더한다.
⑤ 미등기양도자산의 양도소득금액계산시 장기보유특별공제를 적용할 수 있다.

해설 양도소득세, 미등기양도 자산
① 비과세에 관한 규정을 적용할 수 없다.
③ 기본공제를 적용할 수 없다.
④ 산출세액을 산출할 때 70% 세율이 적용된다.
⑤ 장기보유특별공제를 적용할 수 없다.

정답　48. ②　49. ②

TYPE 11 일반적인 내용

50 「소득세법」상 거주자의 양도소득세에 관한 설명으로 <u>틀린</u> 것은? (단, 국내소재 부동산을 양도한 경우임) **22회 출제**

① 양도소득 과세표준은 종합소득 및 퇴직소득에 대한 과세표준과 구분하여 계산한다.
② 양도차익 계산시 증여에 의하여 취득한 토지는 증여를 받은 날을 취득시기로 한다.
③ 양도소득의 총수입금액은 양도가액으로 한다.
④ 양도차익은 양도가액에서 장기보유특별공제액을 공제하여 계산한다.
⑤ 100분의 70의 양도소득세 세율이 적용되는 미등기 양도 자산에 대해서는 양도소득 과세표준 계산시 양도소득 기본공제는 적용되지 않는다.

해설 양도차익의 계산
양도차익은 양도가액에서 필요경비를 차감한다.

51 「소득세법」상 거주자의 국내소재 부동산과 '부동산에 관한 권리'의 양도에 관한 설명으로 <u>틀린</u> 것은? **21회 출제**

① 부동산매매계약을 체결한 거주자가 계약금만 지급한 상태에서 유상으로 양도하는 권리는 양도소득세의 과세대상이다.
② 상속받은 부동산을 양도하는 경우 기납부한 상속세는 양도차익 계산시 이를 필요경비로 공제받을 수 있다.
③ 상속받은 부동산의 취득시기는 상속이 개시된 날로 한다.
④ 상속받은 부동산을 양도하는 경우 양도소득세 세율을 적용함에 있어서 보유기간은 피상속인이 그 부동산을 취득한 날부터 상속인이 양도한 날까지로 한다.
⑤ 부동산을 취득할 수 있는 권리의 양도시 기준시가는 양도일까지 불입한 금액과 양도일 현재의 프리미엄에 상당하는 금액을 합한 금액으로 한다.

해설 부동산에 관한 권리의 양도
기납부한 상속세는 양도차익계산시 필요경비로 공제받을 수 없다.

정답 50. ④ 51. ②

제2장 소득세(응용)

난이도 B 중급문제

01 TYPE 세목별 겸용주택의 규정

52 1세대 1주택 요건을 충족하는 거주자 甲이 다음과 같은 단층 겸용주택(주택은 국내 상시 주거용이며, 도시지역 내에 존재)을 7억원에 양도하였을 경우 양도소득세가 과세되는 건물면적과 토지면적으로 옳은 것은? (단 주어진 조건 외에는 고려하지 않음)

> • 건물 : 주택 80m², 상가 120m²   • 토지 : 건물 부수토지 800m²

① 건물 120m², 토지 320m²
② 건물 120m², 토지 400m²
③ 건물 120m², 토지 480m²
④ 건물 200m², 토지 400m²
⑤ 건물 200m², 토지 480m²

해설 국세, 양도소득세 - 1세대 1주택에 해당되는 겸용주택
1) 과세되는 상가건물(= 120m²)과 부속토지(= 480m²)
2) 부속토지 = 800m² - 비과세되는 토지면적(320m²)
3) 비과세 토지면적 = 적은 면적{80 × 5 = 400, $\frac{800 \times 80}{80 + 120}$ = 320} = 320
4) 과세되는 토지면적 = 800 - 320 = 480m²

02 TYPE 부당행위계산 부인, 이월과세 등

53 「소득세법」상 거주자 甲이 특수관계인인 거주자 乙에게 등기된 국내 소재의 건물(주택 아님)을 증여하고 乙이 그로부터 4년 후 그 건물을 甲·乙과 특수관계 없는 거주자 丙에게 양도한 경우에 관한 설명으로 틀린 것은? **21회 출제**

① 乙이 甲의 배우자인 경우 乙의 양도차익 계산시 취득가액은 甲이 건물을 취득한 당시의 취득가액으로 한다.
② 乙이 甲과 증여 당시에는 혼인관계에 있었으나 양도 당시에는 혼인관계가 소멸한 경우 乙의 양도차익 계산시 취득가액은 甲이 건물을 취득한 당시의 취득가액으로 한다.
③ 乙이 甲의 배우자인 경우 건물에 대한 장기보유특별공제액은 건물의 양도차익에 甲이 건물을 취득한 날부터 기산한 보유기간별 공제율을 곱하여 계산한다.
④ 乙이 甲의 배우자 및 직계존비속 외의 자인 경우 乙의 증여세와 양도소득세를 합한 세액이 甲이 직접 丙에게 건물을 양도한 것으로 보아 계산한 양도소득세보다 큰 때에는 甲이 丙에게 직접 양도한 것으로 보지 아니한다.
⑤ 乙이 甲의 배우자인 경우 건물의 양도소득에 대하여 甲과 乙이 연대납세의무를 진다.

정답 52. ③   53. ⑤

해설 특수관계인

이월과세에 해당될 경우 연대납세의무가 없다. 乙이 납세의무자이고 甲은 아무런 관계가 없다.

54. 「소득세법」상 거주자인 甲이 국내 소재 토지를 甲의 사촌 형인 거주자 乙에게 양도한다고 가정하는 경우 이에 관한 설명으로 틀린 것은? [23회 출제]

① 만일 甲이 乙에게 토지를 증여한 후 乙이 이를 그 증여일부터 6년이 지나 다시 타인에게 양도한 경우에는 甲이 그 토지를 직접 타인에게 양도한 것으로 보아 양도소득세가 과세된다.
② 甲과 乙은 「소득세법」상 특수관계인에 해당한다.
③ 甲이 양도한 토지가 법령이 정한 비사업용토지에 해당하는 경우 보유기간에 불구하고 장기보유특별공제를 적용받을 수 없다.
④ 甲이 「상속세 및 증여세법」에 따라 시가 8억원으로 평가된 토지를 乙에게 7억5천만원에 양도한 경우 양도차익 계산시 양도가액은 8억원으로 계산한다.
⑤ 해당 토지가 미등기된 것으로서 법령이 정하는 미등기 양도제외자산이 아니라면 70%의 세율이 적용된다.

해설 양도소득세 과세대상

양도소득세가 과세되는 경우는 증여일부터 5년 이내에 양도한 경우에만 해당된다. 지문의 경우는 6년이 지난 상태이므로 양도소득세가 과세되지 않는다.

55. 「소득세법」상 거주자 甲이 2014.1.20에 취득한 건물(취득가액 3억원)을 甲의 배우자 乙에게 2018.3.5자로 증여(해당 건물의 시가 8억원)한 후, 乙이 2021.5.20에 해당 건물을 甲·乙의 특수관계인이 아닌 丙에게 10억원에 매도하였다. 해당 건물의 양도소득세에 관한 설명으로 옳은 것은? (단, 취득·증여·매도의 모든 단계에서 등기를 마침)

① 양도소득세 납세의무자는 甲이다.
② 양도소득금액 계산시 장기보유특별공제가 적용된다.
③ 양도차익 계산시 양도가액에서 공제할 취득가액은 8억원이다.
④ 乙이 납부한 증여세는 양도소득세 납부세액 계산시 세액공제된다.
⑤ 양도소득세에 대해 甲과 乙이 연대하여 납세의무를 진다.

해설 국세, 양도소득 – 이월과세

① (×) 납세의무자는 乙이다.
② (○) 취득가액, 장기보유특별공제, 세율 적용시 甲의 취득일인 2014.1.20을 적용하여 계산한다. 그러므로 장기보유특별공제가 적용된다.
③ (×) 취득가액은 3억원이다.
④ (×) 세액공제가 아니고 필요경비에 산입한다.
⑤ (×) 연대납세 의무규정이 없다.

정답 54. ① 55. ②

제2절 부동산임대소득·부동산매매업

56 거주자 甲이 국내 소재 상시주거용 건물(이하 '주택'이라 함)을 임대하고 있는 경우 「소득세법」상 설명으로 틀린 것은? (다만, 고가주택이 아니며, 부수토지는 고려하지 아니함) `20회 개작`

① 2주택 이하의 주택을 임대하면서 받은 보증금의 간주임대료는 과세되지 아니한다.
② 주택임대로 인하여 발생하는 소득에 대한 총수입금액의 수입할 시기는 계약에 의하여 지급일이 정하여진 경우 그 정하여진 날로 한다.
③ 만일 해당 주택이 국외에 소재하는 경우라면 주택임대로 인하여 발생하는 소득은 주택수에 관계없이 과세된다.
④ 주택임대로 인하여 발생하는 소득에 대한 비과세 여부를 판단함에 있어서 甲과 그 배우자가 각각 주택을 소유하는 경우 이를 합산하여 주택수를 계산한다.
⑤ 주택을 임대하면서 받은 임대료는 사업소득으로 과세되지 아니한다.

> **해설** 부동산임대소득
> 거주자가 주택을 임대하여 발생된 소득은 부동산임대소득이다. 부동산임대소득은 사업소득으로 과세된다.

57 「소득세법」상 거주자가 국내 소재 1주택만을 소유하는 경우에 관한 설명으로 틀린 것은?

① 임대한 과세기간종료일 현재 기준시가가 10억원인 1주택(주택부수토지 포함)을 임대하고 지급받은 소득은 사업소득으로 과세된다.
② 양도 당시의 실지거래가액이 10억원인 법정요건을 충족하는 등기된 1세대1주택을 양도한 경우 양도차익에 최대 100분의 80의 보유기간별 공제율을 적용받을 수 있다.
③ 법령이 정한 1세대1주택으로서 「건축법」에 의한 건축허가를 받지 아니하여 등기가 불가능한 주택을 양도한 때에는 이를 미등기양도자산으로 보지 아니한다.
④ 甲과 乙이 고가주택이 아닌 공동소유 1주택(甲지분율 40%, 乙지분율 60%)을 임대하는 경우 주택임대소득의 비과세 여부를 판정할 때 甲과 乙이 각각 1주택을 소유한 것으로 보아 주택 수를 계산한다.
⑤ 소유하고 있던 공부상 주택인 1세대1주택을 전부 영업용 건물로 사용하다가 양도한 때에는 양도소득세 비과세 대상인 1세대1주택으로 보지 아니한다.

> **해설** 1주택만을 소유하는 경우
> 지분이 가장 큰 자가 1주택을 소유한 것으로 본다.

정답 56. ⑤ 57. ④

58 소득세법령상 거주자의 부동산과 관련된 사업소득에 관한 설명으로 옳은 것은? [35회 출제]

① 해당 과세기간의 종합소득금액이 있는 거주자(종합소득과세표준이 없거나 결손금이 있는 거주자를 포함한다)는 그 종합소득 과세표준을 그 과세기간의 다음 연도 5월 1일부터 5월 31일까지 대통령령으로 정하는 바에 따라 납세지 관할 세무서장에게 신고하여야 하며, 해당 과세기간에 분리과세 주택임대소득이 있는 경우에도 이를 적용한다.
② 공장재단을 대여하는 사업은 부동산임대업에 해당되지 않는다.
③ 해당 과세기간의 주거용 건물 임대업을 제외한 부동산임대업에서 발생한 결손금은 그 과세기간의 종합소득과세표준을 계산할 때 공제한다.
④ 「공익사업을 위한 토지 등의 취득 및 보상에 관한 법률」 제4조에 따른 공익사업과 관련하여 지역권을 설정함으로써 발생하는 소득은 부동산업에서 발생하는 소득에 해당한다.
⑤ 사업소득에 부동산임대업에서 발생한 소득이 포함되어 있는 사업자는 그 소득별로 구분하지 않고 회계처리하여야 한다.

해설 부동산임대소득

부동산임대소득 중에서 주택임대소득에 관한 내용이다. 분리과세 주택임대소득도 신고하여야 한다. ①번이 정답.

59 「소득세법」상 거주자의 주택임대소득의 비과세 및 총수입금액에 관한 설명으로 옳은 것은? (단, 주택은 상시 주거용으로 사업을 위한 주거용이 아님) [22회 출제]

① 임대하는 국내소재 1주택의 비과세 여부 판단시 가액은 「소득세법」상 기준시가 6억원을 기준으로 판단한다.
② 「소득세법」상 기준시가 5억원인 국외소재 1주택을 임대하는 경우에는 비과세된다.
③ 본인과 배우자가 각각 국내소재 주택을 소유한 경우 이를 합산하지 아니하고 각 거주자별 소유 주택을 기준으로 주택임대소득 비과세 대상인 1주택 여부를 판단한다.
④ 국내 소재 3주택을 소유한 자가 받은 주택임대보증금의 합계액이 4억원인 경우 그 보증금에 대하여 법령에서 정한 산식으로 계산한 금액을 총수입금액에 산입한다.
⑤ 과세기간 종료일 현재 소유중인 국내소재 주택에 대한 주택임대소득의 비과세 여부 판단시 기준시가는 과세기간 개시일을 기준으로 한다.

해설 부동산임대소득 종합

① (×) 9억원이다
② (×) 과세한다.
③ (×) 배우자의 주택을 합산한다.
④ (○) 3억원을 초과한 금액에 대하여 일정한 산식에 의하여 계산한 금액을 임대소득으로 본다.
⑤ (×) 과세기간 종료일을 기준으로 한다.

정답 58. ① 59. ④

60 「소득세법」상 거주자의 부동산임대업에서 발생하는 소득에 관한 설명으로 옳은 것은?

23회 출제

① 지역권을 대여함으로써 발생하는 소득은 사업소득이다.
② 지상권을 대여함으로써 발생하는 소득은 사업소득이다.
③ 미등기부동산을 임대하고 그 대가로 받는 것은 사업소득이 아니다.
④ 자기소유의 부동산을 타인의 담보로 사용하게 하고 그 사용대가로 받는 것은 사업소득이다.
⑤ 국외소재주택을 임대하고 그 대가로 받는 것은 사업소득이 아니다.

해설 임대사업소득

공익사업과 관련된 지역권과 지상권의 대여는 기타소득에 해당하고, 미등기부동산 임대도 임대사업소득이다. 거주자는 국내외 모든 사업소득에 대하여 과세한다.

61 「소득세법」상 거주자의 부동산 임대와 관련하여 발생한 소득에 관한 설명으로 틀린 것은?

24회 출제

① 국외에 소재하는 주택임대소득은 주택 수에 관계없이 과세된다.
② 3주택(법령에 따른 소형주택 아님)을 소유하는 자가 받은 보증금의 합계액이 2억원인 경우 법령으로 정하는 바에 따라 계산한 간주임대료를 사업소득 총수입금액에 산입한다.
③ 2주택(법령에 따른 소형주택 아님)과 2개의 상업용 건물을 소유하는 자가 보증금을 받은 경우 2개의 상업용 건물에 대하여만 법령으로 정하는 바에 따라 계산한 간주임대료를 사업소득 총수입금액에 산입한다.
④ 주택임대소득이 과세되는 고가주택은 과세기간 종료일 현재 기준시가 9억원을 초과하는 주택을 말한다.
⑤ 사업자가 부동산을 임대하고 임대료 외에 전기료·수도료 등 공공요금의 명목으로 지급받은 금액이 공공요금의 납부액을 초과할 때 그 초과하는 금액은 사업소득 총수입금액에 산입한다.

해설 부동산임대소득의 총수입금액

3억원을 초과하여야 한다.

정답 60. ④ 61. ②

62
「소득세법」상 국내에 소재한 주택을 임대한 경우 발생하는 소득에 관한 설명으로 틀린 것은? (단, 아래의 주택은 상시 주거용으로 사용하고 있음)

① 주택 1채만을 소유한 거주자가 과세기간 종료일 현재 기준시가 10억원인 해당 주택을 전세금을 받고 임대하여 얻은 소득에 대해서는 소득세가 과세되지 아니한다.
② 주택 2채를 소유한 거주자가 1채는 월세계약으로 나머지 1채는 전세계약의 형태로 임대한 경우 월세계약에 의하여 받은 임대료에 대해서만 소득세가 과세된다.
③ 거주자의 보유주택 수를 계산함에 있어서 다가구주택은 1개의 주택으로 보되, 구분등기된 경우에는 각각을 1개의 주택으로 계산한다.
④ 주택의 임대로 인하여 얻은 과세대상 소득은 사업소득으로서 해당 거주자의 종합소득금액에 합산된다.
⑤ 주택을 임대하여 얻은 소득은 거주자가 사업자등록을 한 경우에 한하여 소득세 납세의무가 있다.

해설 국세, 부동산임대소득

사업자등록 여부와 관계없이 주택을 임대하여 얻은 소득은 소득세 납세의무가 있다. 실질과세원칙이 적용된다.

63
「소득세법」상 거주자가 국내소재 부동산 등을 임대하여 발생하는 소득에 관한 설명으로 틀린 것은? **28회 출제**

① 공익사업과 관련된 지상권의 대여로 인한 소득은 부동산임대업에서 발생한 소득에서 제외한다.
② 부동산임대업에서 발생한 소득은 사업소득에 해당한다.
③ 주거용 건물 임대업에서 발생한 결손금은 종합소득 과세표준을 계산할 때 공제한다.
④ 부부가 각각 주택을 1채씩 보유한 상태에서 그 중 1주택을 임대하고 연간 1,800만원의 임대료를 받았을 경우 주택임대에 따른 과세소득산정시 분리과세할 수 있다.
⑤ 임대보증금의 간주임대료를 계산하는 과정에서 금융수익을 차감할 때 그 금융수익은 수입이자와 할인료, 수입배당금, 유가증권처분이익으로 한다.

해설 종합소득세 부동산임대소득

수입이자와 할인료, 수입배당금은 포함하나 유가증권처분이익은 제외한다.

정답 62. ⑤ 63. ⑤

64 「소득세법」상 거주자의 부동산과 관련된 사업소득에 관한 설명으로 옳은 것은? 31회 출제

① 국외에 소재하는 주택의 임대소득은 주택 수에 관계없이 과세하지 아니한다.
② 공익사업을 위한 토지 등의 취득 및 보상에 관한 법률에 따른 공익사업과 관련하여 지역권을 대여함으로써 발생하는 소득은 부동산업에서 발생하는 소득으로 한다.
③ 부동산임대업에서 발생하는 사업소득의 납세지는 부동산 소재지로 한다.
④ 국내에 소재하는 논·밭을 작물생산에 이용하게 함으로써 발생하는 사업소득은 소득세를 과세하지 아니한다.
⑤ 주거용 건물 임대업에서 발생한 결손금은 종합소득 과세표준을 계산할 때 공제하지 아니한다.

해설 사업소득
① 과세한다.
② 기타 소득으로 한다.
③ 거주자의 주소지이다.
⑤ 공제대상이다.

정답 64. ④

알고 보니 경록이다

우리나라 부동산전문교육의 본산 경록 1957

한방에 합격은
경록이다

제1회 시험부터 수많은 합격자를 배출한 전문성 - 경록

시험장에서
눈을 의심할 만큼,
진가를 합격으로 확인하세요

정가 29,000원

1회 시험부터 수많은 합격자를 배출한 독보적 교재
공인중개사 문제집
2차 ❻ 부동산세법

27년연속99%
독보적 정답률
SINCE 1957

발　행	2025년　2월　28일
인　쇄	2025년　2월　20일
연　대	최초 부동산학 연구논문에서부터 현재까지
	(1957년 원전 ~ 현재)
편　저	경록 공인중개사 교재편찬위원회, 신한부동산연구소 편
발 행 자	이 성 태 / 李 星 兌
발 행 처	경록 / 景鹿
주　소	서울시 강남구 영동대로 114길 7
	(삼성동 91-24) 경록메인홀
문　의	02)3453-3993 / 02)3453-3546
홈페이지	www.kyungrok.com
팩　스	02)556-7008
등　록	제16-496호
I S B N	979-11-94560-14-2　14320

시험최적화 대한민국 1등 교재
(100인의 부동산학 대학교수진, 2021)
최초로 부동산학을 정립한 부동산학의
모태(원조)로서 부동산전문교육
1위 인증(한국부동산학회)
대한민국 부동산교육 공헌대상(한국부동산학회)
4차산업혁명대상(대한민국 국회)
고객만족대상(교육부)
고객감동 1위(중앙일보)
고객만족 1위(조선일보)
고객감동경영 1위(한국경제)
한국소비자만족도 1위(동아일보) 등 석권

대표전화 1544-3589

이 책의 무단전재·복제를 금함

이 책은 저작권법에 의해 저작권이 보호됩니다. 무단전재 및 복제행위는 이 법 제136조에 의해 5년 이하의 징역 또는 5,000만원 이하의 벌금에 처하거나 병과(倂科)할 수 있습니다.

부동산전문교육 68년 전통과 노하우

개정법령 및 정오사항 등은 경록 홈페이지에서 서비스됩니다.